RELATIVIERUNG DER WAHRHEIT?

W0068556

QUAESTIONES DISPUTATAE

Begründet von
KARL RAHNER UND HEINRICH SCHLIER

Herausgegeben von
PETER HÜNERMANN UND THOMAS SÖDING

170

RELATIVIERUNG DER WAHRHEIT?

Internationaler Marken- und Titelschutz: Editiones Herder, Basel

RELATIVIERUNG DER WAHRHEIT?

KONTEXTUELLE CHRISTOLOGIE AUF DEM PRÜFSTAND

BARBARA HALLENSLEBEN
HANS KESSLER
KARL-JOSEF KUSCHEL
GERHARD LUDWIG MÜLLER
KARL-HEINZ OHLIG
DOROTHEA SATTLER
FELIX WILFRED
JOSEF WOHLMUTH

HERAUSGEGEBEN VON
RAYMUND SCHWAGER

HERDER

FREIBURG · BASEL · WIEN

Die Deutsche Bibliothek – CIP-Einheitsaufnahme

Relativierung der Wahrheit? : kontextuelle Christologie auf dem Prüfstand / hrsg. von Raymund Schwager. – Freiburg im Breisgau ; Basel ; Wien : Herder, 1998
  (Quaestiones disputatae ; 170)
  ISBN 3-451-02170-6
NE: Schwager, Raymund [Hrsg.]; GT

Reproduktionsvorlage: Willibald Sandler, Innsbruck

Druck und Bindung: Difo-Druck, Bamberg 1998
Gedruckt auf umweltfreundlichem, chlorfrei gebleichtem Papier
ISBN 3-451-02170-6

Inhalt

Vorwort

Der wirtschaftliche Globalisierungsprozeß und die Tendenzen zur medialen und technischen Einheitswelt zeigen zunehmend ambivalente Auswirkungen. Einerseits führen sie eine weltweite konsumorientierte 'US-Zivilisation' herbei, anderseits sensibilisieren sie für das Bewußtsein regionaler und kultureller Unterschiede. Unbeabsichtigt verstärken sie damit den regionalen Widerstand und führen zum Ruf nach Kontextualisierung und Pluralismus. Das an diesem Vorgang geschärfte Bewußtsein empfindet umfassende Glaubens- und Kulturentwürfe, die sich von der ‚Einheitszivilisation‘ abheben, als störend, ja ärgerlich. Die Weltreligionen und vor allem das jüdisch-christliche Bekenntnis geraten deshalb unter den Verdacht des Fundamentalismus und des kulturellen Imperialismus. Auch in der Kirche entsteht ein starkes Unbehagen wegen ihrer einheitlichen Lehre, die von vielen als abstrakt, fremdartig und lebensfern empfunden wird. Kontextualität steht deshalb auch hier auf der Tagesordnung. Dabei geht es nicht bloß um die pastorale Anpassung der christlichen Botschaft an unterschiedliche Kulturen; das Zentrum der christlichen Lehre – das trinitarische und christologische Dogma – wird selber in die Debatte hineingezogen. Manche sehen in ihm das Produkt eines bestimmten (hellenistischen) Kontextes und fordern die Freiheit, es heute unter ganz anderen kulturellen Voraussetzungen kreativ neu entwerfen zu dürfen. Wird damit die Gestalt Jesu für die Menschen anderer Kontinente lebensnaher, oder droht eine Relativierung der Wahrheit?

Die Arbeitsgemeinschaft der katholischen Dogmatiker und Fundamentaltheologen des deutschen Sprachraums hat sich in ihren letzten beiden Arbeitstagungen intensiv mit diesen Fragen beschäftigt. Ging es 1994 vor allem um die pluralistische Religionstheologie (vgl. Christus allein? Hg. von R. Schwager [QD 160]), so war die Tagung von 1996 auf die Problematik der kontextuellen Christologie zentriert. Das Thema wurde – dem Programm der Kontextualität entsprechend – in verschiedenen Zusammenhängen angegangen. Zunächst wurde die Frage gestellt, ob das kirchliche Dogma selber tatsächlich als Ausdruck der hellenistischen Kultur zu verstehen ist (Karl-Heinz Ohlig, Barbara Hallensleben). Dann kam eine indische Stimme zur Sprache (Felix Wilfred), auf die eine europäische antwortete (Hans Kessler). Schließlich wurden besondere Bereiche angesprochen und auf ihre Bedeutung für die Christologie befragt (Gerhard L. Müller, Josef Wohlmuth, Dorothea Sattler).

Bei allen Fragestellungen gingen die Meinungen stark auseinander. Sie reichten von einer Position, die im kirchlichen Dogma nur eine widersprüchliche Verbindung von gegensätzlichen kulturellen Heilserwartungen sieht, bis zum Vorschlag, das Thema Kontextualität in seiner jetzigen Form bald wieder fallen zu lassen.

Diese Spannung zeigt, daß es bei den anstehenden Fragen nicht bloß um ein ‚Theologengezänk‘ geht, sondern daß Wesentliches auf dem Spiel steht, nämlich die Identität des Christlichen und der Kirche. Soll das Christentum Widerstand leisten oder sich der Vorgabe des religiösen und kulturellen Pluralismus anpassen und sich nur noch als regional begrenzte religiöse Weltanschauung verstehen, um sich so möglichst konfliktfrei ins bunte Gebilde der Religionen und Kulturen einfügen zu können? Die pluralistische Religionstheologie schlägt diesen Weg vor. Gäbe das Christentum, wenn es diesem Weg folgen würde, aber nicht sein spezifisches Erbe preis, das es ihm ermöglichte, zwischen Gott und den Götzen zu unterscheiden? Ist diese Unterscheidung nicht eine theologische Notwendigkeit, wenn man im bunten Angebot des religiösen Marktes unterscheiden und der sich anbahnenden Globalkultur gegenüber kritisch sein will?

Die vorliegende Quaestio bietet einen Einblick in die Problematik und in das Ringen um die christliche Identität in den verschiedenen Kontexten. Aus ihr wird zugleich deutlich, daß noch viel an Arbeit und an geduldigen Auseinandersetzungen nötig sein wird, bis sich wieder ein größerer Konsens einstellen kann.

Als erster Text, der dem ersten Vortrag an der Tagung entspricht (Karl-Josef Kuschel), findet sich ein andersgearteter Beitrag, nämlich ein Überblick über die Wirkkraft der Gestalt Jesu in außerchristlichen Romanen. Dieser Einstieg in die Thematik wurde bewußt gewählt, weil er eindrücklich illustriert, daß Aspekte aus dem Wirken und Leiden Jesu faszinierend auf Menschen einwirken können, auch wenn diese anderen wesentlichen Elementen der christlichen Botschaft gegenüber distanziert oder ablehnend bleiben. Ähnliche Hinweise finden sich auch in den Ausführungen von Felix Wilfred. Diese Tatsache zeigt, daß die Inkulturationsproblematik über den unmittelbar kirchlichen Bereich hinausreicht und ein generelles Problem der modernen weltweiten Kultur anspricht.

Innsbruck, September 1997   *Raymund Schwager*
Leiter der Arbeitsgemeinschaft der katholischen Dogmatiker und Fundamentaltheologen des deutschen Sprachraums (1992-1996)

I
Jesus im Kontext der Dichter

Große Jesus-Romane des 20. Jahrhunderts
im interkulturellen Vergleich

Karl-Josef Kuschel

Der Ausdruck „kontextuelle Theologie" verrät seine Herkunft aus der Literaturwissenschaft, ihren Sprach- und Texttheorien sowie der in ihr angewandten Hermeneutik.[1] Auf die einzelnen wissenschaftstheoretischen Erkenntnisschübe bei der genauen Zuordnung von Text und Kontext im Prozeß des Verstehens literarischer Texte ist hier nicht im einzelnen einzugehen. Doch ob man von der Rezeptionsästhetik eines *Wolfgang Iser* und *Hans Robert Jauß* herkommt oder der hermeneutischen Theorie *Paul Ricoeurs* oder der noch radikaleren Text-Theorie des Dekonstruktivismus eines *Jacques Derrida*, so kann man doch einige gemeinsame Grunderkenntnisse literaturwissenschaftlicher Text-Kontext-Analysen so skizzieren: Es gibt grundsätzlich eine Kontextgebundenheit des „Verstehens" literarischer Texte. Die Auslegungsvielfalt, welche die Geschichte von Rezeption und Interpretation literarischer Werke kennzeichnet, ist nicht Ergebnis ungezügelter Deutungslust oder unangemessenen Umgangs mit den Texten. Diese Auslegungsvielfalt ist vielmehr Ausdruck der Beschaffenheit literarischer Werke selber.

Wenn es aber so ist, daß literarische Texte mit Kontexten verknüpft werden müssen, um Bedeutung zu gewinnen, dann heißt das nichts anderes, als daß diese „Bedeutung" auch nur in Abhängigkeit von gewählten Kontexten greifbar wird. Es gibt keine andere als kontextabhängige Bedeutung. Und das wiederum zwingt dazu, den Gedanken endgültig aufzugeben, Texte könnten eine Bedeutung an sich, eine

---

[1] Guten Überblick über die literaturwissenschaftliche Diskussion bieten: *P. V. Zima*, Literarische Ästhetik. Methoden und Modelle der Literaturwissenschaft, Tübingen 1991. H. Brackerth / J. Stückrath (Hg.), Literaturwissenschaft. Ein Grundkurs, Hamburg 1992.

unabhängig von Kontexten existierende Bedeutung besitzen. Selbst wenn man eine solche Bedeutung theoretisch annimmt, sie bliebe unerreichbar, weil Bedeutung nur in derjenigen Form entstehen kann, die der Kontext vorgibt. Alle Bedeutung ist daher immer nur partiale Bedeutung; der Kontext aktualisiert Teilbedeutungen, neben denen andere Teilbedeutungen möglich, ja unumgänglich sind. Aus diesem Grund kann keine Interpretation die Bedeutungsmöglichkeiten eines literarischen Textes ausschöpfen, weil keine Interpretation alle anwendbaren Kontexte auch tatsächlich zur Anwendung bringen kann. Diese Einsicht ist für unsere spezifisch theologischen Fragestellungen von doppeltem Interesse:

1. Das Verhältnis von Text und Kontext muß auch in der christlichen Theologie im Blick auf Verstehen (nach rückwärts) und Verkündigen (nach vorwärts) stets neu bedacht werden. Solange christliche Theologie an normative Texte rückgebunden und auf eine auszulegende Botschaft verpflichtet ist, ist ihr ein doppelter Kontextbezug wesentlich: der Kontext ihrer normativen Urkunden (die Ursprungssituation des Christus-Ereignisses) sowie der Kontext des jeweiligen Auslegers und Verkündigers (Situation heutiger Vermittlung). Die programmatische Herausbildung von „kontextuellen Theologien" wie der Befreiungstheologie Lateinamerikas, der schwarzen Theologie Nordamerikas, der sogenannten Dritte-Welt-Theologie Asiens und Afrikas, aber auch der feministischen Theologie trägt diese Einsicht in eine notwendige und vom Verstehen christlicher Texte unlösbare Kontextualisierung Rechnung. Es gibt die Universalität der durch die Texte verkörperten christlichen Botschaft nur in der Brechung partikulärer Kontexte. Verstehen und Verkündigen gibt es nur als Prozeß von bewußter Kontextualisierung und Rekontextualisierung.

2. Die literaturwissenschaftliche Herkunft des Wortes „kontextuelle Theologie" macht einen Blick in das Medium Literatur unverzichtbar, insbesondere dort, wo es um die Vermittlung der zentralen Gestalt des Christentums, Jesus selber, geht. Der literarische Einstieg ist dabei nicht das kulturelle Rahmenprogramm für eine Theologentagung, die erst danach „zur Sache" zu kommen meint, sondern ist Paradigma von Kontextualisierung überhaupt: Bewußtmachung des interkulturellen Kontextes des 20. Jahrhunderts in der Auslegung der Jesus-Geschichte. Ich versuche somit, anhand literarischer Texte das Problem von Text und Kontext, Universalität und Partikularität, Inkulturation und Exkul-

turation klarzumachen. Und dieser Versuch ist ein erster programmatischer Problemaufriß.[2]

Am Ende dieses Jahrhunderts ist es leichter als vorher zu übersehen, welche Jesus-Romane literarisch von Rang sind – auch im internationalen Vergleich. In allen großen Kulturen (sieht man von Asien und Afrika einmal ab) sind in diesem Jahrhundert Jesus-Romane entstanden, die zu Marksteinen der Weltliteratur gehören. Ich möchte mich an diesen Texten orientieren, um auch interkulturell vergleichen zu können. Wer sind die Gestalten der Literatur unseres Jahrhunderts, die ihren Schatten von Jesus empfingen und ihr Licht auf ihn zurückwerfen? Unter welchen Namen lebt er bei Autoren in den USA, in Europa, in Rußland, in Lateinamerika, in Ägypten? Diese Romane sind gewissermaßen Entwürfe zu einer Art „kontextueller Theologie", noch bevor es das Wort gab und ohne daß sie selbstverständlich Theologie sein wollen. An diesen Experimenten aber lassen sich – was aus Raumgründen nur skizzenhaft geschehen kann – Grundzüge von Kontextualisierung thematisieren.

1. Kontext USA: William Faulkners „Eine Legende"(1954)

Er war längst ein angesehener Autor, als er den Ureinfall hatte, ein Buch mit dem Titel „A Fable" („Eine Legende") zu schreiben. Mit Romanen wie „The Sound and the Fury" (1929; „Schall und Wahn") sowie „Light in August" (1932; „Licht im August") hatte er sich als Autor des Südens in die Literaturgeschichte der Vereinigten Staaten bereits unübersehbar eingeschrieben. Sein Kontext sind die sozialen Konflikte in den von Rassenunruhen erschütterten Südstaaten. Die mythische Urlandschaft seiner Dichtung ist das Lafayette Country mit der Hauptstadt Oxford, Mississippi, wo Faulkner die meisten Jahre seines Lebens verbringt. Dieses Land erfährt in seiner Dichtung eine Umwandlung ins Poetische und erscheint unter der Chiffre Yoknapatawpha (eine Zusammensetzung aus zwei indianischen Worten: Yocnoa

---

[2] Was hier nur skizziert werden kann, habe ich in meinem Buch breit ausgeführt: *K.-J. Kuschel*, Im Spiegel der Dichter. Mensch, Gott und Jesus in der Literatur des 20. Jahrhunderts, Düsseldorf 1997. In diesem Buch ausführliche Analysen u.a. zu W. Faulkner, N. Machfus, A. Roa Bastos, C. Ajtmatov.

– Fluß und Petopha – aufgeteiltes Land) mit der Hauptstadt Jefferson. Dessen Bewohner sind Farmer und Waldarbeiter, Kleinstädter und reisende Händler, Weiße, Neger, Indianer und zahlreiche Mischlinge. Deren Beziehungen zueinander sind Thema dieser einzigartigen Dichtung. Und wie ein dunkler Cantus firmus durchzieht all diese Geschichten die Auseinandersetzung mit dem Thema der Gewalt.

Als die große Gewalt ausbricht und die Vereinigten Staaten nach dem japanischen Überfall auf Pearl Harbor 1942 in den Weltkrieg eingreifen, sieht Faulkner ein großes Menschheitsdesaster kommen. Militärisch konnte er sich aus Alters- und Gesundheitsgründen nicht beteiligen. Aber zumindest wollte er einen Beitrag für eine Welt leisten, die auf den Weltenbrand folgen sollte. Da kam ihm – während seiner Arbeit für Filmproduktionsfirmen in Hollywood – im Jahr 1944 der Grundeinfall. Einem Freund schreibt er:

„Es geht darum (in der Legende), daß Christus mitten im jetzigen Krieg wiederkam und wieder gekreuzigt wurde (eine Bewegung innerhalb der Menschheit, die dem Krieg für immer ein Ende machen will). Wir wiederholen es, wir sind wieder mitten im Krieg. Angenommen, Christus gibt uns noch eine Chance, vielleicht die letzte: werden wir ihn dann wieder kreuzigen? Das ist's in groben Umrissen; predigen will ich überhaupt nicht. Doch das ist das Argument: wir haben es 1918 getan; 1944 *darf es nicht* wieder geschehen; es *soll nicht wieder geschehen, d.h. wollen wir es wieder geschehen lassen?*, jetzt, wo wir uns in einem Krieg befinden und wo uns vielleicht die dritte und allerletzte Chance geboten wird, ihn zu retten."[3]

Im Kontext des Krieges eine kontrafaktische Christusvision von einer Welt ohne Gewalt zu liefern – darum ging es Faulkner. Und wie dringend diese Arbeit war, machte ihm das Kriegsgeschehen deutlich. Um einen langen Feldzug zu vermeiden, setzten die USA 1945 eine neue, grauenhafte Waffe ein. In der japanischen Stadt Hiroshima sterben 100.000 Menschen, 73.000 werden verletzt, viele von ihnen durch die

---

[3] W. *Faulkner*, Brief an R.K. Haas vom 15. Januar 1944, in: Briefe. Ausgewählt und aus dem Amerikanischen übersetzt von E. Schnack, Zürich 1980, 145. Zur *Rezeption des Romans* vgl. *St.B.* Oates, William Faulkner. Sein Leben. Sein Werk. Aus dem Amerikanischen von M. Müller, Zürich 1990. Zur *Deutung des Romans: S.* Opfermann, Der Mythos der neuen Welt im amerikanischen Europa-Roman, Erlangen 1985, 127-217 (Lit!).

radioaktive Hitzeschockwelle verbrannt und verstümmelt; weitere 70.000 gehen in der Hafenstadt Nagasaki zugrunde. Und wer konnte ermessen, wie sich die Jahre des Mordens und der Brutalität auf das moralische Gefüge der Menschheit ausgewirkt hatten? Faulkner jedenfalls wollte mit seiner „Legende" Hoffnung auf geistige Wiederauferstehung machen, und zwar mit einer Geschichte vom zweiten Erscheinen Christi mitten im Krieg. Mehr als 10 Jahre arbeitet er an seinem Roman, der 1954 erscheint. In der Zwischenzeit, 1950, hatte er den Nobelpreis für Literatur bekommen, aber das dann endlich vollendete Werk empfand er stets als sein bestes.

Die *Hauptfigur* des Romans ist ein Korporal namens Stefan, ein französischer Soldat im Ersten Weltkrieg. Dessen Lebenslauf wird dem von Jesus weitgehend nacherzählt. Stefan ist ein schlichter, des Lesens unkundiger Mann, von nichts anderem durchdrungen als unendlicher Geduld, einer unerhörten Fähigkeit im Ertragen von Leiden, einer ungewöhnlichen Güte und Nachsicht. Er sammelt zwölf Kameraden um sich und zettelt eine Meuterei gegen den Tötungswahnsinn an. Diese Meuterei inspiriert englische und deutsche Soldaten gleichermaßen; auch sie legen die Waffen nieder und hören mit dem Morden auf. Für kurze Zeit kommt der Krieg an allen Fronten zum Erliegen. Aber wie Jesus wird der Korporal von einem seiner „Jünger" verraten und kommt mit seinen Getreuen ins Gefängnis. Längst hatten die Generalitäten aller Kriegsparteien verabredet, die Meutererkompanien zu vernichten und den Krieg an allen Fronten fortzusetzen.

Höhepunkt des Romans ist die direkte Konfrontation zwischen dem Korporal und dem obersten Befehlshaber der alliierten Streitkräfte, der, wie sich herausstellt, in Stefan seinen Sohn vor sich hat. Eindringlich versucht er ihn zu überreden, von der Friedenssuche abzulassen und sich in Sicherheit zu bringen. Er bietet ihm „die Welt". Doch Stefan, standhaft und wortkarg, weist seinen Vater wie einst Jesus den teuflischen Versucher zurück, überzeugt, daß sein Martyrium einer umkämpften Welt Ruhe und Frieden bringen wird. Zum Schluß läßt der alte General seinen Sohn zwischen zwei Dieben hinrichten, und Stefans Halbschwester begräbt ihn auf dem Familienfriedhof. Als der Krieg wieder aufflammt, wird Stefans Leichnam von einem Artilleriegeschoß aus seinem Grab gesprengt. Zufällig landet er in den Katakomben unter Fort Valaumont. Die französischen Behörden lassen ihn bergen, ohne zu ahnen, um wessen Leichnam es sich handelt, und begraben ihn schließlich unter dem Triumphbogen als Frankreichs Unbekannten Soldaten. Faulkners Grundidee war damit umgesetzt. Mitten in einem mörderischen Gemetzel kommt Christus wieder, und wieder wird er gekreuzigt. Christus gab den Menschen noch eine Chance, aber wieder wurde die Chance verspielt. Als Unbekannter wird er verscharrt. Endet dieser Roman damit in Zynismus und Resignation? Nein, denn die Wiederholung der Christus-Geschichte ist auch die Wiederholung einer *unausrottbaren Hoffnung*. Und der Einfall, daß ausgerechnet der Kriegsdienstverweigerer ins Heldengrab für alle Soldaten gelegt wird, entbehrt nicht einer hintersinnigen Dialektik: In diesem Unbekannten verehren die Menschen – so weiß es der Leser – in Wirklichkeit Christus, ohne daß sie es wissen. Im entscheidenden Gespräch zwischen dem obersten Befehlshaber und dem Korporal war denn auch schon deutlich geworden, daß es in diesem Roman um die *Gestaltung von zwei Grundeinstellungen* geht, wie man die Welt betrachten kann. Faulkner legt dies dem Oberbefehlshaber in den Mund:

„...ich, Vertreter dieser weltlichen Erde, die, ob ich ihr zustimme oder nicht, existiert, und in die ich kam, ohne darum gebeten zu haben, der aber ich, da ich nun einmal hier bin, während der mir zubestimmten Zeit, nicht nur ein Halt entgegensetzen, sondern die zum Halten zu bringen ich beabsichtigen muß; du, Vertreter eines esoterischen Reiches der grundlosen Hoffnung des Menschen und seiner unbegrenzten Fähigkeit für – nein: Leidenschaft für – das Untatsächliche. Nein, sie stehen sich in Wirklichkeit nicht feindlich gegenüber, sie bekämpfen sich nicht wirklich; sie können sogar Seite an Seite in dieser Arena existieren, und würden es auch, hätte Deine sich nicht eingemischt in meine."[4]

In dieser von Jesus verkörperten Leidenschaft für das Untatsächliche liegt für Faulkner eine Verheißung für die Menschheit. Hier liegt das Kraftzentrum, aus dem heraus die Welt des obersten Generals konterkariert, ja letztlich aus den Angeln gehoben werden kann – in der gerade für Jesus so eigentümlichen Dialektik von Ohnmacht und Macht. Faulkners Allegorik darf deshalb gerade nicht simpel dualistisch verstanden werden. In der alles überragenden Szene zwischen dem alten Oberbefehlshaber und dem Meutererkorporal ist zwar unübersehbar auf die Versuchung Jesu angespielt. Aber nicht die Prinzipien Gut und Böse stehen sich hier gegenüber, Gott und Satan, sondern – wenn man so will

---

[4] *W. Faulkner*, A Fable (1955), dt.: Eine Legende. Roman. Aus dem Amerikanischen übersetzt von K.H. Hansen, Zürich 1982, 408 (Diogenes-TB).

– Welt und Nicht-Welt. Die Welt der Faktizität, die sich zynisch als Realismus des „so und nicht anders" ausgibt, und die Welt des Untatsächlichen, die sich in der schlichten Geste des Verweigerns und Aussteigens manifestiert und die Kostbarkeit des kleinen Lebens des Einzelnen gegen die Globalprogramme der Befehlshaber verteidigt. Dieser Roman ist dem *Geheimnis der Gewaltüberwindung* auf der Spur, letztlich der Frage, von welcher Gegenkraft her die Welt des Realen und der Fakten überwunden werden kann. Die große Phrase des Vater-Generals „Nimm die Erde!" (er spricht im Großen und Globalen, denkt eben in Armeen und Generationen) steht gegen die „kleine" Gegenfrage des Sohn-Korporals, die in der entscheidenden Begegnung als einziger Satz des Sohnes refrainartig wiederholt wird: „Und die anderen zehn?" Das ist die Proportion dieses Gegenspiels im Geiste Jesu: die zehn Treugebliebenen gegen die Macht über die Erde; das kleine Leben gegen die Verwaltung der Jahrhunderte; das bescheiden Humane gegen das menschenverheizende Weltpolitische.

Dabei kommt Faulkners eigene Zuversicht, seine „grundlose Hoffnung", nicht etwa aus einem kirchlichen Christusglauben. Sein Roman ist nicht einfach zu vereinnahmen und auf ein christologisches Habenkonto zu buchen. Faulkners Glauben kommt nicht aus einer Heilsgewißheit, sondern einzig aus dem Vertrauen auf den Menschen, trotz dessen Verführbarkeit und Abgründigkeit. Was auch diesen Roman an Glaubensbekenntnis durchzieht, hatte Faulkner in unnachahmlicher Dichte schon in seiner kurzen *Nobelpreisrede* so zusammengefaßt:

„Ich weigere mich, das Ende des Menschen zu akzeptieren. Es ist leicht dahingesagt, daß der Mensch unsterblich ist, simpel weil er durchhalten will ... Ich akzeptiere das nicht. Ich glaube vielmehr, daß der Mensch nicht einfach nur durchhält: Er wird obsiegen. Er ist unsterblich, nicht weil er allein unter den Kreaturen eine unerschöpfliche Stimme hat, sondern weil er eine Seele hat, einen Geist, fähig des Mitleids, des Opfers und des Durchhaltens. Die Aufgabe des Poeten, des Schriftstellers ist es, über diese Dinge zu schreiben. Es ist sein Privileg, Menschen beim Ertragen zu helfen durch Hebung des Herzens, durch Erinnerung an den Mut, die Ehre, die Hoffnung, den Stolz, das Mitleid, das Mitgefühl und die Opferbereitschaft, die die Ehre seiner Vergangenheit gewesen sind. Des Dichters Stimme braucht nicht bloß vom Menschen zu berichten, sie kann eine der Grundlagen, der Säulen sein, die ihm helfen durchzustehen und zu obsiegen."[5]

---

[5] *W. Faulkner*, Address upon Receiving the Nobel Prize for Literature (Stockholm, December 10, 1950), in: Essays, Speeches, Public Letters by

2. Kontext Paraguay: Roa Bastos' „Menschensohn" (1985)

Kontextualisierung Jesu heißt für Schriftsteller Gegenbilder gegen herrschende Kontexte entwerfen. Der 1917 in Paraguay geborene Augusto Roa Bastos hat dies auf seine Weise getan. Er gilt als einer der bedeutendsten Schriftsteller Lateinamerikas.[5] Sein Ruhm gründet sich nicht zuletzt auf den Jesus-Roman „Menschensohn", 1960 in Buenos Aires erstmals veröffentlicht, in den 80er Jahren durchgesehen und überarbeitet. Diesem Buch wird von Kritikern der gleiche Rang zugemessen wie einem der Schlüsselromane lateinamerikanischer Literatur: „Hundert Jahre Einsamkeit" (1967) des Nobelpreisträgers Gabriel García Márquez. In einem imponierenden Zeitfresko geht es denn auch bei Roa Bastos um hundert Jahre lateinamerikanischer Geschichte, exemplarisch präsentiert am Beispiel Paraguay. Erzählt wird von gescheiterten Revolutionsversuchen, von Bauernaufständen, von menschenverschlingenden Kriegen, von Jahrzehnten der Diktatur. Erzählt wird also eine Geschichte steter Ausplünderung und Unterdrückung der eingeborenen Bevölkerung, die Geschichte von Latifundienbesitzern und der bettelarmen Mehrheit der Landbewohner.

Augusto Roa Bastos, selber der bürgerlichen Klasse angehörend und wegen seiner politischen Einstellung ins Exil vertrieben, schreibt einen Roman im Interesse der revolutionären Veränderung. Im Zentrum steht bei ihm der einfache Mensch, der „Menschensohn" eben, und diese Figur ist niemand anderer als das unterdrückte, verspottete, vertriebene und eingeschüchterte paraguayanische Volk, die Guaranis. Ein Motto des Romans ist dem Buch des Propheten Ezechiel entnommen. Ein anderes dem Totengesang der Guaranis:

William Faulkner, ed. by J.B. Meriwether, New York 1965, 119-121, Zitat S. 120.

[6] Zum *Werk von A. Roa Bastos* vgl. bes.: *R. Bariero Saguier*, Augusto Roa Bastos und die zeitgenössische Erzählkunst Paraguays, in: M. Strausfeld (Hg.), Lateinamerikanische Literatur, Frankfurt a.M. 1989, 167-183. *Ch. Strosetzki*, Kleine Geschichte der lateinamerikanischen Literatur im 20. Jahrhundert, München 1994, 193-198. *Zum Roman „Menschensohn"* vgl. bes.: *W. Lustig*, Christliche Symbolik und Christentum im spanischsprachigen Roman des 20. Jahrhunderts, Frankfurt a.M. 1989, 417-491.

„Ich will machen, daß die Stimme wieder durch die Knochen fließe;
Und ich werde machen, daß die Sprache wieder Fleisch werde.
Nachdem diese Zeit vorbei ist und eine neue Zeit anbricht."

Es geht also in diesem Roman um die Geschichte der Ängste und Leiden des Volks von Paraguay. Seine neun Kapitel sind – nach Aussagen des Autors – „Variationen über die Widerstandskraft des Menschen, nicht nur der physischen Ausrottung, sondern auch der moralischen Erniedrigung gegenüber".[7] In diese Geschichte eingespielt werden denn auch *Symbole der Errettung*, voller wilder Poesie und grausiger Schönheit, wie z.b. die Geschichte des leprösen *Christus von Itapé*. Er ist das Werk eines leprakranken gitarrespielenden Holzschnitzers, das nicht in die offizielle Kirche vor Ort getragen werden darf. Daher verehren ihn die Dorfbewohner im Freien auf einem Hügel. So wird gerade dieses Kreuz ihr Zeichen des Widerstandes und der Hoffnung. Eine der Figuren liefert den Schlüssel zum Verständnis des ganzen Romanes:

„Ich denke nicht nur an die beiden. Ich denke an die anderen, die in der gleichen Lage und bis zum Äußersten entwürdigt sind, so als sei der leidende, gequälte Mensch immer und überall der Einzige, schicksalhaft Unsterbliche. Es muß einen Ausweg geben aus dem ungeheuerlichen Wahnsinn, daß der Mensch von Menschen gekreuzigt wird. Sonst müßte man glauben, daß das Menschengeschlecht für immer verflucht ist, daß *dies* die Hölle ist und wir keine Erlösung erhoffen dürfen. Es muß einen Ausweg geben, denn sonst ..."[8]

Augusto Roa Bastos' Roman vom „Menschensohn" ist also ein *moderner Passionsroman* mit einer befreiungstheologischen Pointe vor aller Befreiungstheologie.[9] Er liegt nicht nur quer zur politischen „Kultur" seines Landes, widerständig gegenüber den Herrschenden, Gericht haltend über die Gewalt der Diktatoren und der sie tragenden herrschenden Klassen. Er liegt auch quer zur etablierten christlich-kirchlichen Kultur seines Landes. Ein symbolisches Zeichen dafür sind die immer wieder aufgegriffenen Riten der „wilden Religion". Sie werden

---

[7] Zitiert nach *R. Bariero Saguier*, a.a.O., 174 (s. Anm. 6).

[8] *A. Roa Bastos*, Hijo de Hombre (1960), dt.: Menschensohn. Roman. Aus dem paraguayanischen Spanisch übersetzt von C. Meyer-Clason, München-Wien 1991, Taschenbuch-Ausgabe, Frankfurt a.M. 1994, 362 (Fischer TB 11600).

[9] Dies hat überzeugend herausgearbeitet: *W. Lustig*, a.a.O., 483 (s. Anm. 6).

sichtbar, als die kirchlichen Autoritäten dem „leprösen Christus" den Einlaß in die Kirche verweigern. Folglich entwickelt sich die religiöse Praxis der Menschen „im Freien". Und dies ist dem Kult der einheimischen Bevölkerung sehr nahe, der ohnehin keine Gotteshäuser kennt, sondern „direkten" Kontakt zu den Gottheiten sucht. Der Christus von Itapé ist Ausdruck der christlichen Kultur und Protestation dagegen zugleich.

3. Kontext Kirgisien: Ajtmatovs „Der Richtplatz" (1986)

Noch in der damals existierenden Sowjetunion erschien im Jahre 1986 eines der umstrittensten Bücher, das dann auch international große Beachtung fand: der Roman des 1928 geborenen Cingiz Ajtmatov.[10] Umstritten war das Buch nicht zuletzt deshalb, weil sein Autor wie kaum ein anderer sowjetischer Schriftsteller zuvor es gewagt hatte, die sozialen Probleme der UdSSR, Alkoholismus, Drogenkonsum, alltägliche Gewalteskalation, offen anzuprangern. Umstritten aber auch, weil in diesem Roman – in der Tradition des russischen Schriftstelles Michail Bulgakow – in einer Traumvision ein Dialog zwischen Pilatus und Jesus eingeblendet ist.

Der *Autor* dieses Buches ist in sich ein *interkulturelles Phänomen*. Er ist Kirgise und zugleich Produkt der multikulturellen früheren Sowjetunion, der er seine Ausbildung zunächst als Zootechniker, dann als Literat verdankt. Er ist Muslim, der sich dann der russisch-christlichen Geschichte öffnet und mit russischen Literaturpreisen ausgezeichnet wird. Er entstammt bäuerlich-kleinbürgerlichen Verhältnissen, und es gelingt ihm, in der Zeit der Perestroika zum Mitglied des Rates des Präsidenten aufzusteigen. Und auch sein *Roman* ist schon von der Form her eine *interkulturelle Mischung*. Er hat eine kirgisische Ebene (die Geschichte des Hirten Boston), eine archaisch-animalische (die Ge-

---

[10] Zum *Werk von C. Ajtmatov* vgl. bes.: *B. Clebnikov / N. Franz*, Cingiz Ajtmatov, München 1993 (edition text und kritik). *J.B. Mozur, Jr.*, Parables from the Past. The Prose Fiction of Cingiz Ajtmatov, Pittsburgh-London 1995 (Lit!). Zum Roman „Der Richtplatz" vgl. bes.: *N. Franz*, Vom Logos zum Mythos. Die Christusfigur in C. Ajtmatovs Roman „Plakha", in: E. Wedel (Hg.), Neueste Tendenzen in der Entwicklung der russischen Literatur und Sprache, Hamburg 1992, 23-38.

schichte der Wölfin Akbara) und, erstmalig in Ajtmatovs Schaffen, eine russisch-christliche – die Geschichte des aus dem Priesterseminar ausgeschlossenen Popen-Sohnes und Gott-Suchers Awdij Kallistratow. Er ist in dieser Geschichte ein Journalist, der den Drogenanbau und -handel öffentlich anprangert, mit der Folge, daß er von der Drogen-Mafia verfolgt, gefangen und gefoltert wird. In der Nachfolge Christi erleidet er am Ende den Martertod am „Kreuz".

Vorher aber waren in seine Geschichte – in Variation von Bulgakows berühmtem Roman „Der Meister und Margarita" – Szenen eingeblendet worden mit Gesprächen zwischen Christus und Pilatus. Und in diesen Gesprächen werden genau die Fragen verhandelt, um die es dem Helden des Buches, um die es aber auch seinem Autor zu tun ist. „Jesus" verkörpert bei Ajtmatov den utopischen Überschuß in aller Kultur und steht für das Prinzip „Glück und Gleichheit für alle Menschen". Er ist damit die Gegenfigur zu Pilatus, Verkörperung des unausrottbaren Zynismus, der die Rebellen und Idealisten zu verspotten und zugleich ans Kreuz zu schicken pflegt. Ein Reich der Gerechtigkeit? Das kann es niemals geben! Das ist ein Hirngespinst! „Jesus" dagegen ist das Wunschbild des Menschen von sich selbst, das stets mit der brutalen Realität zusammenprallt; das zwar angesichts der Verhältnisse scheitert, ohne aber widerlegt zu sein.

Der Dialog zwischen Jesus und Pilatus weist zurück auf die Geschichte des Awdij selber. Dieser träumt nicht nur von Christus, er wird selber immer mehr von seinen Gegnern in die *Christus-Rolle* gedrängt. Schon vor dieser Vision war Awdij höhnisch als „neuer Christus" bezeichnet worden, der gekommen sei, um die Menschen – in diesem Fall die Drogenhändler – von ihrem unwürdigen Dasein zu „erlösen". Dabei ist sich auch Awdij darüber im klaren, daß die christliche Religion, seit uralten Zeiten in der Welt, nichts wirklich an den Zuständen der Erde geändert habe. Im Gegenteil: Habe nicht „die materialistische Wissenschaft den Espenpfahl in das Grab des christlichen Glaubens" längst eingeschlagen? Sei nicht die „militärische Überlegenheit" die jetzt allein „vorherrschende Religion"?

Und doch behält für diesen Jesus redivivus aus Kirgisien die Geschichte des Nazareners ihre widerständige Kraft. Das *Kreuz* wirkt in einem Kontext von Brutalität und Unterdrückung, in einer Wolfgesellschaft, in der das Gesetz des Stärkeren herrscht, als *kontrafaktische Gegenmacht der Ohnmacht*. Die Schlüsselstelle von Awdijs Jesus-Meditationen lautet:

„Und du, Meister, machst dich bereit zur grausamsten Hinrichtung, auf daß der Mensch sich für Güte und Mitgefühl öffne, daß er vernehme, was im Urgrund den Vernünftigen vom Unvernünftigen unterscheidet, denn mühselig ist der Weg des Menschen auf Erden, tief wurzelt in ihm das Böse. Erreichen wir etwa auf dem Weg das absolute Ideal – den Verstand, den die Freiheit des Denkens beflügelt? Und die erhabene Persönlichkeit, die in sich das Böse für alle Zeiten überwindet, so wie eine ansteckende Krankheit besiegt werden kann? Oh, wenn dies zu erreichen wäre! Mein Gott, welch eine Bürde hast du dir auferlegt, eine unverbesserliche Welt zu bessern?"[11]

Aber wie der visionär geschaute Jesus scheitert auch der Idealist Awdij, und in seinem Scheitern wird die zuvor angedeutete Christustypologie vollendet: Gefoltert und mißhandelt von alkoholisierten Horden, wird er, der „neue Christus", an einen Baum gehängt und ist nun seinem Christus zum Verwechseln ähnlich.

Auch Cingiz Ajtmatovs Roman, entstanden in einem völlig anderen kulturellen Kontext als die Romane von Faulkner und Roa Bastos, ist ein Stück *Literatur des Widerstandes*. Denn die Probleme, die er spiegelt, sind denen im Süden der USA und denen Lateinamerikas strukturell analog. In beiden Fällen geht es um die Erfahrung von Gewalt, Unterdrückung und Brutalität, kurz um Mächte, die unter der Maske des zynischen Realismus in der Welt zu triumphieren scheinen; sie stehen hinter den ewig scheinenden Passionsgeschichten der Menschheit. Und doch vermögen auch sie die in Jesus verkörperte Realvision des Menschen nicht zu widerlegen: Der Roman lebt von der Hoffnung, daß es eine Zeit geben wird, in der der Mensch aufhört, der Wolf des Menschen zu sein, und in der er sich erinnert, daß „alle Menschen zusammengenommen Gottes Ebenbild auf Erden" sind ...

4. Kontext Ägypten: Machfus' „Die Kinder unseres Viertels "(1959)

Deutlich ist schon jetzt: die Auseinandersetzung mit Jesus ist kulturübergreifend die Auseinandersetzung mit der Frage, von welchen Grundkräften diese Welt beherrscht wird. Und genau diese Frage steht auch im Zentrum des wohl bedeutendsten Romans des ägyptischen

---

[11] *C. Ajtmatov*, Plakha (1986), dt.: Der Richtplatz. Aus dem Russischen übersetzt von F. Hitzer, Zürich 1987, 247.

Schriftstellers Nagib Machfus „Die Kinder unseres Viertels" (abgeschlossen 1959, erstmals erschienen 1967 in Beirut). Der 1912 in Kairo geborene Autor wurde einer Weltöffentlichkeit mit einem Schlag bekannt, als er 1988 den Nobelpreis für Literatur erhielt – als erster Autor der arabisch sprechenden Kultur überhaupt.[12] Damit rückte er auch ins Licht der Öffentlichkeit, da es um diesen Roman bereits während des Erscheinens religionspolitische Kontroversen gegeben hatte, die bis heute um Werk und Person von Machfus anhalten. Fundamentalistische islamische Kreise hetzten schon früh gegen diesen Autor, stießen Todesdrohungen aus, und einem Anschlag ist denn auch der mittlerweile 84jährige vor nicht allzulanger Zeit in Kairo nur knapp entronnen ...

Der Roman „Die Kinder unseres Viertels" mutet denn auch traditionellen islamischen Ohren Ungeheures zu. Das Nachdenken nämlich darüber, wie es um den Zustand der Welt bestellt ist, obwohl doch mit den Religionen Judentum, Christentum und Islam alles das geoffenbart wurde, was der Welt zum Heile dienen sollte. War denn nicht die ganze Welt den Menschen von Gott als Geschenk übergeben worden, damit sie gerecht verteilt werde? Warum aber dann die Ungerechtigkeiten, all die Korruption und der Terrorismus? Hatten die Menschen die Botschaft nicht verstanden? Hatten die Religionen möglicherweise versagt? Waren die großen Stifter, Moses, Jesus und Mohammed, umsonst gekommen?

Die Kapitel des Romans halten sich denn auch – in allegorischer Verkleidung – an die vom Islam seit jeher erzählte „Heilsgeschichte". Im „Prolog" erfahren wir – die Geschichte spielt im Kairoer Altstadtviertel –, daß ein alter Gutsbesitzer, Gabalawi, vor uralten Zeiten eine Stiftung eingerichtet habe, damit es allen Menschen im Viertel gut gehe. Aber das Gegenteil war eingetreten. Statt der Weisheit des Gutsbesitzers herrschte die Korruption brutaler Verwalter, die mit Hilfe einer Schar

---

[12] Zum *Werk von N. Machfus* vgl. bes.: *M. Peled*, Religion, My Own. The Literary Works of N. Machfus, New Brunswick/London 1993. *H. Fähndrich*, Nagib Machfus, München 1991 (edition text und kritik) (Lit!). Zum *Roman „Die Kinder unseres Viertels "* vgl. bes.: *H. Kiesel*, Brudermord, Streit. Machfus' Roman über die Religionen, in: Frankfurter Allgemeine Zeitung vom 2.10.1990. *H. Fähndrich*, Politisches und Religiöses bei N. Machfus, in: Neue Zürcher Zeitung vom 3.12.1990. *J.Ch. Bürgel*, „Gott ist tot" auf Ägyptisch. N. Machfus' Roman „Die Kinder unseres Viertels", in: *ders.*, Allmacht und Mächtigkeit. Religion und Welt im Islam, München 1991, 351-353.

von Wächtern die Bewohner des Viertels terrorisieren. Da kommt es zum Auftritt der drei großen Propheten. Jeder versucht, die Zustände im Viertel, die mittlerweile zum Himmel schreien, zu beseitigen. Aber bald nach ihrem Auftritt reißen die alten Zustände wieder ein. Das Porträt, das Machfus von den Religionen und ihren Wirkungen zeichnet, könnte nüchterner nicht sein.

Nüchtern ist vor allem auch das *Porträt von Jesus*, der unter der Gestalt des Rifaa in diesem Roman auftaucht. Auch der Kontext seines Auftritts ist der tiefer sozialer Entfremdung: „Wie sieht es denn aus, das Leben der Armen? Der Nacken geschwollen von Schlägen, der Rücken brennend von Fußtritten, die Augen gesäumt von Fliegen, der Kopf wimmelt von Läusen. ,Warum hat uns Gabalawi vergessen?' "[13] Diese Grundfrage nach der Abwesenheit Gabalawis ist Leitmotiv des ganzen Buches. Da tritt Rifaa auf, ein junger Mann, dessen Gesichtszüge „von unendlicher Friedfertigkeit und Güte" sprechen. Von seinem Vater war er zum Tischler bestimmt, aber von Anfang an wird er als „Fremder" eingeführt. Er ist anders als andere Jungen im Viertel: von der Konstitution her zarter, den Mädchen gegenüber schüchterner, in seinen Gedanken versonnener und träumerischer. Er liebt es, die Geschichten von der uralten Stiftung zu hören, und saugt alles in sich hinein, was mit dem Geheimnis der Dämonenaustreibung zu tun hat. Davon überzeugt, daß die Krankheiten der Menschen von den Dämonen im Innern des Menschen kommen, und daß Heilung durch Reinigung geschieht, erlernt dieser Junge die Kunst von Dämonenaustreibung und Krankenheilung. *Das Böse durch Wandel des Innern besiegen* – das ist sein Ansatz. Jeder bürgerlichen Karriere ist er deswegen abhold, an Besitz ist er nicht interessiert, weltliche Macht verabscheut er. Er liebt die Wüste, die Einsamkeit, den eigenen Weg ...

Eines Tages glaubt er die Stimme von Gabalawi in der Wüste zu hören, und ihm geht auf, was seine Bestimmung ist: Nicht wie Gabal-Mose vor ihm und Kasim-Mohammed nach ihm für die gerechte Verteilung des Stiftungsvermögens zu kämpfen, sondern jeden Menschen innerlich frei zu machen von den Dämonen der Gier, die die eigentlich Schuldigen an Not und Armut sind. Nicht anzutreten zum Kampf für soziale Gerechtigkeit, sondern zum Kampf gegen die Mächte, die tief

---

[13] *N. Machfus*, Awlad Haratina (1959), dt.: Die Kinder unseres Viertels. Aus dem Arabischen übersetzt von D. Kilias, Zürich 1990, 219f.

im Innern jedes Menschen hausen und diesem sein Glück verwehren. Und doch gerät Rifaa mit dieser Einstellung in Konflikt mit den Wärtern des Viertels. Die Armen von den Dämonen befreien bringt Unruhe in die Machtstrukturen, zumal Rifaa behauptet, im Namen von Gabalawi zu sprechen, was den Alleinvertretungsanspruch des Verwalters in Frage stellt. Rifaas Leben ist in Gefahr, er muß fliehen, aber die Wächter stellen ihn und bringen ihn auf bestialische Weise um.

Längst freilich hatte sich eine kleine Anhängergemeinde um Rifaa gesammelt, und diese kämpft nun für ihren Glauben an Rifaa. Ein gewisser Ali setzt sich an die Spitze der Anhängerschaft, und nach Kämpfen gelingt es ihr, sich im Viertel als eigene Gemeinschaft der Rifaaiten zu etablieren. Diese bekommt nun auch Anteil am Stiftungsvermögen, und so ist die weltliche Macht dieser Schar etabliert. Und mit aller Ironie endet dieses Kapitel:

„Dem toten Rifaa wurde aber soviel an Ehrerbietung und Liebe zuteil, wie er sich nie im Leben hätte erträumen können. Überall wurde die herrliche Geschichte seines Lebens erzählt ... Ali hingegen hielt alle seine Rechte an der Stiftung fest in der Hand. Er heiratete und rief zur Erneuerung der Rifaa-Gemeinschaft auf. Rifaa, so erklärte er, hatte nicht die Stiftung an sich gehaßt, sondern hatte beweisen wollen, daß man auch ohne sie wahrhaft glücklich sein kann. Er wollte nur das Böse beseitigen, das aus der Gier entsteht. Wenn also nun das Vermögen gerecht verteilt und damit Gutes getan würde, dann führten die Menschen das glücklichste Leben aller Zeiten ... Warum ist nur das Vergessen die Seuche unseres Viertels?"[14]

Dieser Roman wäre als Geringschätzung der Religionen völlig mißverstanden. Die Religionen werden nicht abgelehnt, sondern – wie übrigens auch die Technik der Moderne, die nach Mohammed in einem eigenen Kapitel ironisch gebrochen geschildert wird – daraufhin befragt, was sie zum Wohle von Massen unterprivilegierter Menschen beitragen. Machfus' Roman gilt dem *Problem von Macht und Repression*.[15] Nicht um eine respektlose Entstellung der Glaubensinhalte von Judentum, Christentum und Islam ist es ihm zu tun, sondern um den Aufweis der Diskrepanz zwischen den Heilsversprechen und der unheiligen Realität. Ein Grundstrom realistischer Skepsis durchzieht hier den

---

[14] *N. Machfus*, a.a.O., 307f.
[15] Dies hat gut herausgearbeitet *H. Fähndrich*, Nagib Machfus, 104 (s. Anm. 12).

Roman, gerade auch im Blick auf die Leistungen der Religionen, aber auch auf die Leistungen der Technik der Moderne. Mit dem ihm eigenen hintersinnigen Humor läßt Machfus denn auch seinen Roman enden:

„Aber die Menschen ließen alle Ungerechtigkeiten über sich ergehen und faßten sich in Geduld. Sie hielten an ihrer großen Hoffnung fest. Wann immer ihnen ein Leid geschah, sagten sie: ‚Wie der Tag die Nacht ablöst, so wird auch die Tyrannei ihr Ende finden. Wahrlich, wir werden noch den Untergang der Gewaltherrschaft erleben. Mit eigenen Augen werden wir den Anbruch der lichten Zeit der Wunder erblicken.'"[16]

Dieser einzigartige arabische Erzähler verbindet in sich drei Kulturen: die Kultur der Pharaonen, die Kultur des Islam und die Kultur des westlichen Moderne. In seiner *Nobelpreisrede* hat er diese Einflüsse ausführlicher beschrieben und an deren Ende sein Glaubensbekenntnis gesetzt:

„Trotz allem, was um uns herum geschieht, werde ich bis an mein Lebensende ein Optimist bleiben, und ich werde nicht wie der Philosoph Kant sagen, daß das Gute erst in der nächsten Welt siegt. Nein, es erringt täglich einen Sieg, und vielleicht ist das Böse sogar schwächer, als wir gemeinhin denken. Unsere ersten Vorfahren, die den wilden Tieren, den Insekten, den Unbillen der Natur, den Seuchen, der Angst und dem Egoismus schutzlos ausgeliefert waren, sind der unwiderlegbare Beweis für meine Behauptungen. Ohne den täglichen Sieg des Guten hätten sie ebenso wenig überlebt wie die Menschheit sich hätte weiterentwickeln, Staaten errichten, sich ausbreiten, Erfindungen machen, den Kosmos erobern und die Menschenrechte verkünden können. Und doch ist das Böse ein Ungeheuer, das brüllend um sich schlägt, und bekanntlich empfindet der Mensch viel intensiver das, was ihm Schmerzen bereitet, als das, was ihn erfreut. Deshalb hat unser Dichter Abu el-Ala Al-Maarri recht, als er sagte: Die Trauer in der Stunde des Todes ist um ein Mehrfaches tiefer als das Glücksgefühl, das einen in der Stunde der Geburt durchströmt."[17]

Im Spannungsfeld der drei Kontexte ist es die Leistung dieses großen Erzählers, daß er die Auseinandersetzung mit den Religionen bis hin zur Frage nach den Zuständen in der Schöpfung, den Machtverhältnissen

---

[16] *N. Machfus*, a.a.O., 560.
[17] *N. Machfus*, Rede anläßlich der Verleihung des Nobelpreises für Literatur (1988), in: H. Fähndrich, Nagib Machfus, 150-154, Zitat S. 154 (s. Anm. 12).

auf Erden, ja auch bis zur Gottesfrage vorantrieb. Denn die Beschreibung der Zustände auf Erden ist für Machfus mit der bohrenden Frage verbunden, ob es diesen Gott überhaupt noch gibt oder ob er in seiner Anwortlosigkeit sich längst verflüchtigt hat. Gerade diese Auseinandersetzung mit der Gottesfrage im Zusammenhang mit der Gestalt Jesu wird in einem neuesten Roman aus dem europäischen Kontext noch einmal radikalisiert.

5. Kontext Portugal: José Saramagos „Das Evangelium nach Jesus Christus" (1991)

Er gehört zu den bedeutendsten Autoren Portugals, der 1922 in eine Landarbeiterfamilie der Provinz Ribatejo hineingeborene José Saramago, der später als Journalist bei verschiedenen Lissaboner Zeitungen arbeiten wird, bevor er sich 1966 verstärkt der schriftstellerischen Tätigkeit zuwendet. Romane wie „Das Memorial" (1982) und „Geschichte der Belagerung von Lissabon" (1989) machen ihn auch international bekannt. Sein 1991 erschienener Jesus-Roman sieht auf den ersten Blick erzähltechnisch konventionell aus.[18] Saramago scheint hier das vertraute Schreibmuster in der europäischen Jesus-Roman-Literatur von Ernest Renans „Vie de Jesus" (1863) bis Giovanni Papini „Storia di Cristo" (1921) und Max Brod „Der Meister" (1953) zu variieren. Wiederum tritt Jesus als Figur seiner Zeit in einem vom Autor historisierend nachgezeichneten geschichtlichen Kontext auf. Wieder erweckt ein Autor den Eindruck, er könne einen Jesus schildern, wie er gewesen ist.

Und doch fällt sofort eine *doppelte Problematisierung* auf, die alle traditionellen Erzählschemata sprengt und den Jesus von Saramago nicht weniger fiktiv sein läßt als den Jesus von Faulkner, Roa Bastos,

---

[18] *J. Saramago*, O Evangelho segundo Jesus Cristo (1991), dt.: Das Evangelium nach Jesus Christus. Aus dem Portugiesischen von A. Klotsch, Hamburg 1993. Zu diesem Roman vgl. bes.: *R. Görling*, Eine Auferstehung. „Das Evangelium nach Jesus Christus" – ein Roman von J. Saramago, in: Frankfurter Rundschau vom 6.10.1993. *K.-H. Kramberg*, Eine neue Geschichte Jesu. Das Evangelium des J. Saramago, in: Süddeutsche Zeitung vom 24.12.1993. *H. Thorau*, Nicht Statt, sondern Weib. J. Saramago korrigiert die portugiesische Geschichte, in: DIE ZEIT vom 25.3.1994. *K. Berger*, Ein Jesus-Porno und Gott als Teufel, in: Rheinischer Merkur vom 3. Juni 1994.

Ajtmatov und Machfus. Denn Kontextualisierung Jesu heißt bei Saramago *Psychologisierung Jesu*. Da sind z.B. die Schuldgefühle, von denen der Saramagosche Jesus schon früh gequält wird. Kinder mußten seinetwegen sterben; seine Geburt ist mit Opfern verbunden ... Und da ist vor allem die Ebene der Problematisierung Gottes. Das eigentlich Kontextkritische, ja Kontextsprengende an diesem Jesus-Buch eines europäischen Autors dürfte gerade darin liegen, daß im Spiegel der Jesu-Geschichte Gott selbst, sein Handeln in der Schöpfung und sein Verhalten gegenüber seinem Sohn Jesus, radikal in die Krise gerät. Was als konventioneller Jesus-Roman beginnt, steigert sich zu einem *Roman der Gotteskrise*, ja der zynischen Gotteszweifel.

Ein Autor aus einer christlichen Kultur entzieht damit dieser ihre *religiöse Legitimation*. Diese besteht seit Jahrhunderten darin, die Jesus-Geschichte als Ausdruck des Willens Gottes, als Erlösungs- und Heilsweg zu schildern. Was mit Jesus geschah, beruht auf Gottes gnädigem Erbarmen und liebender Fürsorge. Diese selbstverständliche Übereinkunft sprengt der Roman. Gott selber wird zur fragwürdigen Figur, da er im Zusammenspiel mit dem Teufel seinen Sohn Jesus dazu mißbraucht, mit Hilfe von dessen dramatischem und effektvollem Opfertod „vom Gott der Hebräer zum Gott der Katholiken" aufzusteigen.[19] Macht und Ruhm könne Jesus haben, aber nur nach dessen Tod; er sei nun einmal als „Lamm Gottes" vorgesehen, dessen Tod Gott für seine universale Selbstdurchsetzung in der Menschheit brauche. Ändern werde sein Opfertod nichts, denn es folge „eine nicht endende Geschichte an Eisen und Blut, an Feuer und Asche, ein unendliches Meer an Leiden und Tränen".[20]

Und warum ist das so? Warum will Gott auf diese Weise sich durchsetzen? Das ist die Urfrage des Romans; sie aber bleibt unbeantwortet, und weder Jesus noch dessen Jünger können sie auflösen. Sie ist das bleibende Rätsel bis zum Tode Jesu am Kreuz, und der Samaragosche Jesus stirbt, ohne daß er begreift, warum dieser sein Tod so sein muß:

„Jesus stirbt, stirbt hin, schon will ihn das Leben ganz verlassen, plötzlich tut sich über seinem Haupt der Himmel weit auf, Gott erscheint ..., er spricht, und seine Stimme hallt über die ganze Erde, er spricht, Du bist mein geliebter Sohn, an dir habe ich Gefallen gefunden. Da begriff Jesus, daß er so hinter

---

[19] *J. Saramago*, a.a.O., 423.
[20] *J. Saramago*, a.a.O., 437.

das Licht geführt worden war, wie man das Lamm zur Opferbank führt, daß sein Leben und Sterben seit aller Anfänge Beginn vorgezeichnet gewesen war, ihm fiel ein, welch ein Strom an Blut und Erleiden von ihm ausgehen und die ganze Welt schwemmen werde, und in den offenen Himmel auf, wo Gott lächelte, schrie er, Menschen, vergebt ihm, denn er weiß nicht, was er getan hat."[21]

6. *Das Paradox*

Diese Streiflichter über fünf Jesus-Romane der großen Literatur legen Strukturen von Kontextualisierungen Jesu frei. Drei Grundeinsichten zeichnen sich ab:
(1) In verschiedenen kulturellen Kontexten erscheint Jesus je unter anderem Namen. Seine Geschichte wird je neu wiedererzählt:

* als die Geschichte eines schlichten Korporals, der in einem einfachen Akt der Verweigerung die Mordmaschinerie des Krieges für kurze Zeit anzuhalten vermag und ob dieser seiner „Bedrohung" von den Befehlshabern exekutiert wird;
* als die Geschichte eines ausgebeuteten, unterdrückten und verachteten Volkes, in dem trotz allem die Sehnsucht nach Erlösung und Befreiung glimmt;
* als die Geschichte eines Journalisten, der sich mit dem zynischen Machtkartell einer Drogenmafia anlegt und trotzdem von der Vision nicht loskommt, daß „alle Menschen zusammengenommen das Ebenbild Gottes auf Erden sind";
* als die Geschichte eines sanften, lebensuntüchtigen Dämonenaustreibers, der die Menschen von den inneren Ursachen ihrer Entfremdung, der Lebensgier und dem Machttrieb befreien will und gerade so mit den Machthabern und Lebensbeherrschern zusammenstößt;
* als die Geschichte eines Menschen, der sich angesichts seines grauenhaften Todes als Opfer Gottes entdeckt, dazu auserwählt, die universale Selbstdurchsetzung Gottes vom „Gott der Hebräer zum Gott der Katholiken" zu bewirken.

Verschiedener also könnten die Kontexte nicht sein, die der Vereinigten Staaten, Paraguays, Kirgisiens, Kairos und Portugals. Verschiedener könnten die Namen nicht sein, die Rollen, unter denen Jesus im Kontext

---

[21] *J. Saramago*, a.a.O., 511.

des 20. Jahrhunderts neu auftaucht und seine Geschichte neu durchlebt: Stefan, der meuternde Korporal; das Volk von Paraguay; Awdij Kalistratow, Rifaa oder ein Mensch aus Nazaret selber. Neue Kontexte filtern die Geschichte Jesu neu, selektieren sie, akzentuieren sie, entdekken Dimensionen, die die bisherige theologisch-kirchliche Auslegungstradition unbewußt verdrängte, bewußt ausschied, nicht wahrnahm, an den Rand drückte.

(2) Diese Jesusgeschichten sind nicht einfach christologisch zu vereinnahmen. Sie haben ihren eigenen ästhetisch-autonomen Wahrheitsanspruch. Jesus von Nazaret steht hier nicht als Glaubensgestalt isoliert da, sondern im Ensemble großer universaler Gestalten der Weltliteratur. Es gibt nur wenige solcher großen archetypischen, d.h. in Raum und Zeit universalen Gestalten in der Literatur der Welt: Don Juan gehört dazu, Hamlet, Hiob, Odysseus, Ödipus, aber auch Antigone und Kassandra. Sie alle deuten Grundsituationen der conditio humana. Sie verkörpern Glanz und Elend des Menschen: seine Verführbarkeit; seine bohrende Sinnsuche, sein rastloses Streben nach Heimat; seine Tragik der Wahrheitssuche; seine das Selbstopfer nicht scheuenden Widerstandsbereitschaft; seine Ahnungen von Katastrophen. In dieser Reihe steht auch Jesus. Auch er ist eine solche universale Menschheitsgestalt.

Im Kreis dieser großen archetypischen Figuren aber, deren Schicksal mythenhaft sich stets aufs neue erzählen läßt, hat auch Jesus sein unverwechselbares Profil. In seiner Geschichte kommt es zu einer einzigartigen Verbindung von Utopie, Untergang und neuer Utopie, von Liebesbotschaft, Hinrichtung und Aufrichtung; von Güte, Ausrottung und unausrottbarer Hoffnung. Niemand in der Weltliteratur verkörpert wie er die Dialektik von Ohnmacht und Macht, Scheitern und Sieg, Niederlage und Größe. Niemand ist wie er – um eine Formulierung William Faulkners aufzugreifen – the „matchless example of suffering and sacrifice and the promise of hope". Die Gestalten, unter denen er in unserem Jahrhundert wieder auftritt, haben alle etwas Gemeinsames: Sie zeigen die Macht des Untatsächlichen: daß bei allem offensichtlichen Scheitern die in Jesus verkörperte unsterbliche Idee des Menschen von sich selbst noch nicht widerlegt ist:

- daß (mit Faulkner gesprochen) die Erkenntnis von der Unabänderlichkeit des Leidens mit der Überzeugung verknüpft ist, daß der Mensch die Kräfte hat, es zu ertragen und durchzuhalten – aus der

Überzeugung, daß der Mensch eine Seele hat, einen Geist, fähig des Mitleids, des Opfers und des Durchhaltens;

- daß (mit Augusto Roa Bastos gesprochen) es einen Ausweg geben muß aus dem ungeheuerlichen Wahnsinn, daß der Mensch von Menschen gekreuzigt wird;
- daß (mit Ajtmatov gesprochen) das Böse für alle Zeiten überwindbar ist;
- daß (mit Nagib Machfus gesprochen) die Güte täglich gegen das Böse sich durchsetzt.

(3) Literatur ist ein kritisches Gespräch der kulturellen Kontexte mit sich selbst. Ist sie ästhetisch-kreativ, gelingt es ihr, die Plausibilität traditioneller Kontexte aufzukündigen: d.h. standardisierte Sehgewohnheiten zu konterkarieren und verfestigte Deutungsmuster aufzusprengen. Große Kunstwerke sind deshalb immer Ausdruck von Kontextualisierungen und zugleich Widerstand gegen überkommene Kontextualisierungen, Kultur und Gegenkultur, Inkulturation und Exkulturation zugleich. Große Kunstwerke weisen deshalb immer eine paradoxe Struktur auf, wie die Jesus-Romane eindrücklich zeigen: Sie zeigen Jesus als Teil der Kultur, aber zugleich machen sie bewußt, daß kein kultureller Kontext die Gestalt des Nazareners wirklich „aufzusaugen" vermag. Sie zeigen Jesus als authentischen Ausdruck der Kultur, aber zugleich, daß keine Kultur seine Person zur Harmlosigkeit nivellieren kann. An dieser Gestalt kristallisieren sich Kontextüberlagerungen, Kontextüberschneidungen und Kontextkonflikte. Ganz Bestandteil der Kultur, kann Jesus zugleich Kontexte sprengen.

Diese Kraft zur Kontextualisierung und zugleich zum Widerstand gegen die Nivellierung auf herrschende Kontexte ist von größter theologischer Relevanz. Denn dieses Zugleich von Kulturimmanenz und von Kulturtranszendenz ist für Jesus und die Botschaft von ihm als dem Messias Israels und dem Kyrios der Welt von Anfang an charakteristisch.[22] Diese Kraft zur Transzendierung aber ist Ausdruck der Hoffnung, daß die kulturellen Kontexte – im Geiste Christi – sich immer wieder als veränderbare erweisen.

---

[22] Dies kann in diesem Zusammenhang nur angedeutet werden. Ausführlicher begründet ist dies in: K.-J. Kuschel, Geboren vor aller Zeit? Der Streit um Christi Ursprung, München 1990.

II
Warum diese und keine anderen Christologien?[1]

Zu den ‚Kausalitäten' für die Ausbildung des christlichen Dogmas in altkirchlicher Zeit

Karl-Heinz Ohlig

1. Christologie und Soteriologie

1.1 Es gibt viele Definitionen von dem, was „Religionen" sind. Gleichgültig, wie man sie im einzelnen verstehen mag, läßt sich doch wenigstens eine *formale Gemeinsamkeit* feststellen, die auch in den neueren religionswissenschaftlichen Diskussionen zunehmend für den Religionsbegriff eine Rolle spielt: sie alle haben damit zu tun, die Sinnoffenheit und Unerlöstheit des Menschen zu thematisieren, Perspektiven einer Lösung aufzuzeigen, ein hieraus resultierendes Handeln in Kult und Ethik zu propagieren und entsprechende Lebensformen zu institutionalisieren.

Im Gefolge unserer Evolution haben wir Menschen unseren naturalen „Ort" verloren und sind auf die Suche nach Ganzheit, Sinn oder Erlö-

---

[1] Vgl. hierzu vom *Verf.*: Fundamentalchristologie. Im Spannungsfeld von Christentum und Kultur, München 1986; darüberhinaus: *ders.*, Jesus, Entwurf zum Menschsein. Überlegungen zu einer Fundamental-Christologie, Stuttgart 1974; *ders.*, Gottessohnschaft. Offene Fragen in der Kirche, in: Josef Blank / Gotthold Hasenhüttl (Hg.), Glaube an Jesus Christus. Neue Beiträge zur Christologie, Patmos: Düsseldorf 1980, 64-89; *ders.*, Gibt es eine Einheit der multikulturellen Christologien? Transkulturelle Christologie als Herausforderung, in: Hermann Dembowski / Wolfgang Greive (Hg.), Der andere Christus. Christologie in Zeugnissen aus aller Welt (Erlanger Taschenbücher Bd. 100), Erlangen 1991, 186-205; *ders.*, Jesus, multikulturell gesehen, in: Johannes Thiele (Hg.), Jesus. Auf der Suche nach einem neuen Gottesbild (Econ Sachbuch), Düsseldorf und Wien 1993, 371-397; Zum Verständnis der Christologie. Die Rezeption Jesu auf der Basis der Sinnfrage, in: Diakonia 26, 1995, 294-304; *ders.*, What is christology?, in: Theology Digest, Volume 43, Number 1, Spring 1996 (St. Louis University, USA), 15-20.

sung in der Geschichte verwiesen; *Ludwig Feuerbach*[2] ist – wie schon *Karl Rahner* anmerkte – zuzustimmen, daß Religion darin gründet, daß wir Mängelwesen sind. Wären wir ganz und heil, müßten wir nicht „hungern und dürsten nach Gerechtigkeit", wären wir „Gott", dann brauchten und suchten wir ihn nicht. Was aber bei *Feuerbach* der Religions*kritik* diente, wurde von *Rahner* positiv gewendet, indem er den Satz, daß Theologie Anthropologie sei,[3] im Sinne einer Verankerung des Glaubens an Gott in unserer menschlichen Existenz verstand; wir können uns selbst nicht adäquat begreifen, ohne unser Verwiesensein auf ein „Darüberhinaus", auf „Gott", zu leben.

So sind Religionen als *soteriologische Systeme* zu verstehen, die die Fragen des Menschen in unterschiedlicher Weise zu beantworten, Orientierung und Heilsperspektiven zu vermitteln suchen. Das Christentum nun ist *die* Religion, die diese Frage *an Hand der Gestalt Jesu artikuliert und auf Hoffnung hin beantwortet.* Auch wenn die Wahrheitserfahrung im Christentum so stark realisiert wird, daß wir Jesus, und so auch das Christentum, als *die* Offenbarung oder *das* Wort Gottes in diese Welt hinein bezeichnen, bleibt diese Aussage doch – wie bei anderen Religionen auch – rückgebunden an die sie ermöglichende soteriologische Erfahrung.[4]

1.2 Das Christentum hat somit seine Grundlage darin, *Jesus soteriologisch zu rezipieren.* Wenn Jesus nicht als Lösung unserer Sinnfrage –

---

[2] Vgl. bes. *Feuerbach*, Vorlesungen über das Wesen der Religion, in: Sämtliche Werke, hrsg. von Wilhelm Bolin u. Friedrich Jodl, Bd. 8, Stuttgart [2]1960, 293; *ders.*, Vorwort zur ersten Gesamtausgabe (1846), ebd. Bd. 2, Stuttgart [2]1959, 411; *ders.,* Das Wesen des Christentums, Stuttgart 1969, 400.413.

[3] Vgl. z.B. *K. Rahner*, Theologie und Anthropologie, in: Schriften zur Theologie, Bd. VIII, Einsiedeln, Zürich, Köln 1967, 43-65.

[4] Traditionell wird die Christologie „von oben" begründet: Jesus ist von Gott gesandt bzw. sogar der inkarnierte Logos (so auch noch im Beitrag von B. Hallensleben). Nach der „kritischen Wende" werden Aussagen dieser Art entweder instinktiv – so im Alltag – oder auch reflexiv als Extrapolationen menschlicher religiöser Erfahrung in mythischer Sprache erkannt. Kritisch gewendet scheint Christologie nur noch „von unten" möglich zu sein; wenn sie sich dort nicht verankern und intellektuell redlich plausibel machen läßt, hat sie eine Chance nur noch in geschlossenen Gruppen. Hierbei ist zu beachten, daß eine „Christologie von unten" nicht eine Aufhebung oder Bestreitung der „Christologie von oben" ist, sondern deren sachgerechte Auslegung.

natürlich auf Hoffnung hin –, als Befreiung von unseren Verfremdungen und Zwängen, als Orientierung für unser ethisches Handeln usf. wahrgenommen und anerkannt wird, ist er für uns nicht „der Christus" – was das auch im einzelnen heißen mag. Die Christologie ist also begründet in der soteriologischen Rezeption Jesu, die natürlich nicht bloß intellektuell, sondern auch praktisch – also Nachfolge – ist; die Bekenntnisse zu Jesus als dem Christus verbalisieren, was die Nachfolge praktiziert.

1.3 Dieser Zusammenhang wurde in der Vergangenheit – und wird oft auch heute noch – in Frage gestellt. Es wird die These vertreten, es verhalte sich genau umgekehrt: Grundlegend sei die Christologie, aus der dann die Soteriologie folge. Hierbei wird die Christologie als separater, selbständiger Bereich angesehen. Diese Verkennung lag nahe zu Zeiten, als die soteriologische Rezeption Jesu und das aus ihr entspringende Christusbekenntnis nicht als eine Wende aus bisher anderen Orientierungen, also als Umkehr, geschah und nicht als Ergebnis einer je neu angefochtenen Wahl behauptet werden mußte, sondern das Christsein eine selbstverständliche Sache war, in die man als Mitglied einer Kultur und durch Zugehörigkeit zu einer Gesellschaft hineingeboren wurde. Wo Christsein und Nachfolge – als gesellschaftlicher Regelfall – gegeben waren, war die Christologie von ihrer Erfahrungsgrundlage isoliert und wurde als von ihr unabhängige Lehre realisiert, die umgekehrt unser Verhalten normieren sollte.

Eine solche Sicht der Dinge wird heute – von christlichen, auch mentalen Ghettos abgesehen – zunehmend schwierig. Schon Kinder, die in einer durchschnittlichen europäischen Stadt den Sonntagsgottesdienst besuchen, singularisieren sich dadurch häufig unter ihren Altersgenossen und stehen – zumindest sich selbst gegenüber – unter Rechtfertigungsdruck. So läßt die Notwendigkeit, auch hierzulande das Christsein als eine Minderheitsposition, die bewußt errungen und behauptet werden muß, zu vollziehen und sich und anderen gegenüber zu begründen, wieder die wirklichen – aufgrund der gesellschaftlichen Dominanz des Christentums zeitweise verdeckten – Kausalitäten zu Tage treten. Es wird wieder deutlich, daß nur *der* Jesus für mehr als einen jüdischen Wanderprediger oder auch einen guten Menschen halten kann, der von ihm zutiefst betroffen ist, und so tritt der aller Christologie von Anfang an inhärente doxologische Charakter wieder zu Tage, der von neutestamentlicher Zeit bis zu den Symbolen der ersten Konzilien auch ihre sprachliche Form prägte.

1.4 Voraussetzung jeden Christusbekenntnisses ist also, daß zwei Pole miteinander konfrontiert werden: *Auf der einen Seite nach dem Sinn ihres Lebens fragende Menschen, auf der anderen Seite der einen Weg weisende Jesus* – seinen Zeitgenossen gegenüber in eigener Gestalt oder seitdem vermittelt durch das Kerygma der Kirche. Das Christusbekenntnis entsteht dadurch, daß Menschen ihre soteriologische Problematik in und durch Jesus in letztgültiger Weise beantwortet erfahren, so daß sie ihre Heilshoffnungen mit ihm verknüpfen, zu Jüngern werden und dieser Jüngerschaft sprachlichen Ausdruck verleihen. Die Prädikate, die durch die Kopula „ist" mit dem Subjekt Jesus verbunden werden, umschreiben metaphorisch *unsere eigenen Hoffnungen* und sollen somit *uns selbst* ihm verpflichten – christologische Sätze besitzen einen performativen Charakter; die Prädikate referieren deswegen auch rein begrifflich die Symbolsprache *unserer* jeweiligen soteriologischen Traditionen.

1.5 Ganz fundamental und formal betrachtet, mag die Sinnfrage des Menschen *eine* sein, von der Prähistorie bis heute und quer durch alle Kulturen; sonst könnte man nicht von „dem" Menschen sprechen. Konkret aber erfahren Menschen aller Zeiten und Kulturen Welt und Geschichte je anders, und ebenso verschieden ist das, was sie problematisieren, woran sie leiden und – entsprechend – worauf sie ihre Hoffnung richten. Anders (und an anderem) leidet und hofft der prähistorische Jäger als der gebildete Grieche der klassischen Zeit, als der mittelalterliche oder heutige Europäer, anders wieder der Inder, Afrikaner oder Lateinamerikaner. „Unheil" und „Heil" werden je verschieden konkretisiert, ihre metaphorischen Umschreibungen sind kulturell und epochal bedingt und unmittelbar – ohne „Übersetzung" – auch nur innerhalb eines bestimmten Kontextes verständlich. Schon wenige Jahre nach dem Tod Jesu verzichtet *Paulus* auf den soteriologischen Schlüsselbegriff der Predigt Jesu, die Königsherrschaft Gottes, weil dieses Wort seinen Adressaten nichts bedeutete, und ebenso kann der Versuch eines Lehrers, heute im Unterricht die Heilsbedeutung Jesu vom *deus incarnatus* her aufzuzeigen, kontraproduktiv sein. Wer *sich* und *seine* soteriologischen Hoffnungen mit Jesus verbindet, muß dies sprachlich auf eine Weise zum Ausdruck bringen, daß die in einem bestimmten Kontext *gebräuchlichen und verstehbaren metaphorischen Heilsbegriffe* ihm prädiziert werden; eine christliche Spezialsprache nur für Insider wäre nutzlos und ein Widerspruch zum Verkündigungsauftrag.

Die christologischen Prädikate sind also notwendig – wenn sie ihre Funktion einer Verbalisation der Nachfolge und damit ihren kommunikativen Zweck erfüllen wollen – jüdisch oder „heidnisch", also hellenistisch, lateinisch, indisch, afrikanisch. Sie spiegeln das wider, was in sozialen und kulturellen Kontinua als äußerste Hoffnungsperspektive zu denken möglich ist; sie sind somit *samt und sonders kulturbedingt.* Anders gesagt: Die kulturbedingten religiösen Traditionen wirken sich nicht nur auf periphere Aspekte der konkreten Christologien aus; letztere sind vielmehr in ihrer ganzen, auch zentralen Inhaltlichkeit kontextuell produziert und geprägt.

2. Christologie und historischer Jesus

2.1 Deswegen wäre es eine falsche Aufgabenstellung – leider wird dies immer wieder versucht –, in Jesus und seinem möglichen Selbstverständnis nach *inhaltlichen* Entsprechungen zu den später von ihm ausgesagten christologischen Prädikaten zu suchen. Es macht keinen Sinn und überzeugt niemanden, der die exegetische Literatur kennt, in der Predigt Jesu eine implizite Anknüpfung z.B. für die spätere physische Gottessohnvorstellung zu suchen; der immer wieder zu hörende Hinweis, den auch Hans Kessler in seinem Beitrag propagiert, auf sein angeblich einmaliges Verhältnis zum Vater – obwohl der Gebrauch des Vaterbegriffs für Gott im Frühjudentum, wie wir heute wissen, weit verbreitet war[5] –, kann allenfalls ein Hinweis sein auf die *geschichtliche Rolle,* die Jesus sich zuschrieb, wie ja auch Israel oder sein König im AT als Sohn Gottes bezeichnet wurden.

Aber noch nicht einmal die Christologie der frühen palästinischen Gemeinden, die ja mit Jesus die Zugehörigkeit zu demselben palästinischen Frühjudentum teilen, kann in ihren Inhalten im historischen

---

[5] Vgl. hierzu Angelika *Strotmann,* Mein Vater bist du (Sir 51,1). Zur Bedeutung der Vaterschaft Gottes in kanonischen und nichtkanonischen Schriften (Frankfurter Theologische Studien, 39. Bd.), Frankfurt a.M. 1991.

Jesus begründet werden. Es läßt sich nun einmal nicht bestreiten, daß Jesus keinen der entsprechenden Hoheitstitel auf sich bezogen hat: er nannte sich weder Messias noch Davids- oder Gottessohn noch Weisheit. Allenfalls den Menschensohntitel könnte er selbst – auch das wird bestritten – gebraucht haben; wenn er es tat, dann aber nur in der ursprünglichen apokalyptischen Bedeutung der Begriffs – wie etwa in Lk 12,8, wo Jesus vom Menschensohn wie von einem anderen, der noch kommen soll, spricht.

Warum gibt es keine inhaltlichen Anknüpfungsmöglichkeiten, noch nicht einmal innerhalb derselben Kulturtradition? Sicherlich auch, weil selbst die in palästinischen Gemeinden verwendeten Prädikate – eben weil sie Hoffnungen symbolisierten, und wer hofft schon auf Negatives? – so vieles an Assoziationen beinhalteten, was mit der geschichtlichen Armutsgestalt Jesu nicht zusammenpaßte. Vor allem aber drükken die christologischen Prädikate – vom Messias bis zum Gottessohn – eine *definitive* Bindung von Heilshoffnungen an Jesus aus, und eine solche war nicht möglich, solange er noch lebte und der Ausgang seines Lebens noch offen war – z.b. hätte er seine Sache und seine Freunde ja auch verraten können. Erst nach dem Ende seines Lebens war ein endgültiges Urteil über ihn im Sinne der Christusbekenntnisse möglich. Solange ein Mensch lebt, sind zwar – wie die vorösterliche Jüngerschaft zeigt – radikale Formen der Bindung denkbar; abschließende, definitive Stellungnahmen und „Ist-Aussagen" sind aber erst dann berechtigt, wenn eine geschichtliche Existenz, auf die sie sich beziehen, zu ihrem Ende gekommen und damit definiert ist.

Im Klartext: Die christologischen Prädikate, also die Inhalte der Christologie, können nicht bei Jesus aufgespürt werden. Sie haben zur Bedingung ihrer Möglichkeit *das Ende des Lebens Jesu im Tod.* Dies gilt für alle Christologien. Darüberhinaus bringen alle Christologien außer der frühen palästinischen zudem in den Prädikaten ihre jeweiligen andersartigen soteriologischen Traditionen und kulturbedingten Hoffnungen zur Sprache; sie sind in einem doppelten Sinn „nach-jesuanisch".

2.2 Dennoch wäre es falsch, der Rückfrage nach dem historischen Jesus keine Bedeutung zuzumessen; bekennen wir uns doch in den Prädikaten gerade zu ihm. Die Verbindung aber zwischen Jesus und der Christologie darf *nicht im Sinne inhaltlicher Kontinuität* gesucht werden, auch nicht – die Formel der Verlegenheit – mittels des in der katholischen Theologie oft bis zur Unsäglichkeit strapazierten Schemas „implizit-explizit".

Nur in einer *zweifachen* Hinsicht läßt sich eine Entsprechung aufweisen – und beide Gesichtspunkte scheinen wichtig zu sein: *Einmal* muß – nicht die Inhaltlichkeit eines Bekenntnisses, also seine Prädikate, sondern – seine *soteriologische* Eigentümlichkeit (also daß es in ihm um die *Sinn*frage geht), zum anderen die Tatsache, daß es *mit äußerster Ernsthaftigkeit* gesprochen wird, einen Grund haben in der Gestalt Jesu: in seiner Verkündigung, seinem Anspruch, seinem Handeln, seinem Leben und Sterben. Einem Wanderprediger, der keinerlei Anspruch auf Nachfolge gestellt hätte, das spätere christologische Gebäude über-zustülpen, wäre eine Torheit. So viel jedenfalls kann die historisch-kritische Forschung sicherstellen, daß diese Annahme auszuschließen ist. *Jesus ist historisch der Grund für die Entstehung der Jesusbewegung und der Kirche gewesen* (auch wenn er letztere nicht unmittelbar gegründet hat oder dies auch nur wollte). Dem eschatologischen soteriologischen Anspruch Jesu entspricht die Struktur der Nachfolge und der superlativische Charakter aller späteren Prädikate.

Noch nach einer anderen Richtung ergibt sich eine Wechselwirkung: Wenn es auch richtig ist, daß sich in den Prädikaten die äußersten Hoffnungen eines spezifischen kulturellen Kontextes, in die hinein Jesus vermittelt wird, niederschlagen und z.b. das Messias- oder das Inkarnationsbekenntnis inhaltlich – in der Formel – nicht korrigiert werden, so werden sie doch mit *Jesus* verbunden – mit einem Jesus, der in Armutsgestalt auftrat und scheiterte. Die narrative Tradition über Jesus ließ seine Züge deutlich und liebenswert werden. Ohne daß die Prädikate im Wortlaut verändert werden, nehmen sie mit der Zeit das Gesicht Jesu und seiner Sache an; ursprünglich außerchristliche Hoffnungsmetaphorik wird getauft. Die kulturbedingten soteriologischen Projektionen finden in der Gestalt Jesu ein kritisches geschichtliches Korrektiv. So bringt die Christologie zwar eine Hellenisierung, Indisierung, Afrikanisierung des Christentums, aber zugleich auch – ein oft nur zögernd verlaufender Prozeß – eine Christianisierung dieser Kulturen.[6]

---

[6] Dieses Geprägtwerden der Christologie durch „jesuanische Inhaltlichkeit" geschieht allerdings *außerhalb der christologischen Formeln*. Würde man

2.3 Nicht wenige Theologen sind der Überzeugung, das Christusbekenntnis könne sich nicht allein auf den geschichtlichen Jesus stützen, sondern bedürfe einer „göttlichen Bestätigung" durch die Erscheinungen des Auferstandenen. So sehr auch das Auferstehungskerygma, also die apokalyptische Hoffnung auf Gültigkeit auch über die Todesgrenze hinaus, schon zur ältesten Tradition gehört und ein Implikat jeder Christologie ist, so wenig kann es sich auf die historisch-kritisch sehr fragwürdigen Hinweise des Neuen Testaments zu Erscheinungen des Auferstandenen stützen. Basis der Auferstehungshoffnung gerade für den am Kreuz Gescheiterten ist seine umfassend humane Gestalt, die es unfaßbar macht anzunehmen, er sei einfach passé. Die Wahrheit des Auferstehungsbekenntnisses, wie aller Christologie, wird sich erst „am Ende" erweisen; bis dahin bleibt sie eine Hoffnung: „Denn wir sind durch die Hoffnung gerettet – eine Hoffnung aber, die man schon sieht, wäre keine Hoffnung" (Röm 8,24).[7]

3. Soteriologische Traditionen in der Kaiserzeit und ihr Einfluß auf die christologischen Prädikate

3.1 Die Missionsgeschichte in altkirchlicher Zeit führte zu einer soterio-logischen Rezeption Jesu durch eine Fülle regional unterschiedlicher

---

versuchen, sie auch *in die Formeln* zu übertragen, müßten die kulturbedingten Prädikate durch Hinweise auf Jesus bzw. alles das, was unter diesem Namen in der narrativen Tradition überliefert wird, ersetzt werden. Die Konsequenz wären tautologische Aussagen (so scheinen im Beitrag Hans Kesslers inhaltliche Momente des christologischen Subjekts, Jesu, zu Prädikaten umgeformt zu sein). Sollten Aspekte dessen, was Jesus gesagt, gelebt, erlitten hat, zum christologischen „Inhalt", also Prädikat, werden, müßten diese doch auf Geschichte verweisenden Aussagen – z.B. zu seinen Worten, zur Solidarität mit Sündern, zu seinem Gottesverhältnis usf. – soteriologisch überhöht werden; sie wären nicht mehr narrative *Basis,* die eine soteriologische Reaktion, das Bekenntnis zu Jesus, provoziert. Damit aber verzeichneten sie das historische Subjekt der Christologie zu einer mythischen Figur (und müßten auf Dauer, in der pastoralen Vermittlung, kontraproduktiv wirken).

[7] Vgl. hierzu vom *Verf.*, Thesen zum Verständnis und zur theologischen Funktion der Auferstehungsbotschaft, in: Hansjürgen Verweyen (Hg.), Osterglaube ohne Auferstehung? Diskussion mit Gerd Lüdemann (QD 155), Freiburg, Basel, Wien [1 u. 2]1995, 80-104.

Mentalitäten und Kontexte, deren Einfluß manche Besonderheiten erklären kann – z.b. den der Gnosis auf die Christologie des Irenäus oder des Klemens von Alexandrien, den der altägyptischen Tradition auf die spätere alexandrinische Theologie oder von Mysterienkulten oder philosophischen Strömungen (z.b. der Stoa oder des Neuplatonismus) auf bestimmte christologische Motive.

Sowohl nach ihrer Bedeutung wie auch aus Gründen didaktischer Sparsamkeit sei nur auf die *vier wichtigsten Traditionen* hingewiesen, die den Verlauf der damaligen Christologiegeschichte in seinen Hauptlinien beeinflußt haben. Jesus wurde als Christus rezipiert von jüdischen, syrischen, hellenistischen und lateinischen soteriologischen Fragestellungen und Hoffnungen her. Eine Analyse der einzelnen Textzeugen – die an dieser Stelle nicht möglich ist – könnte zeigen, daß die jeweiligen soteriologischen Problemstellungen und Hoffnungen die Raster vorgaben, unter denen Jesus als Heilsmittler und Christus ansichtig werden konnte; die soteriologische Bedingtheit der Christologie ist nicht nur ein hermeneutisches Apriori, sondern läßt sich – aposteriori – aus den Texten aufzeigen.[8]

Hierbei muß ein Mißverständnis vermieden werden: Keine Kultur existiert – außer in seltenen Fällen der Isolation – für sich allein; jede integriert in sich – zu manchen Zeiten oder für manche Fragestellungen – auch Motive und Raster, die dem eigenen Ansatz nicht entsprechen. So gerieten *alle* genannten Traditionen in den *Sog des Hellenismus:* die jüdische Religion z.b. im Frühjudentum und, in christlicher Variante, im Diasporajudenchristentum; die syrische Theologie war in ihrer westlichen, griechischsprachigen Form ebenfalls nicht unbeeinflußt vom Hellenismus; noch stärker, bis zur Verwechslung, glich sich die lateinische Kultur an, bis sie erst allmählich – zuerst in der einfachen lateinischsprachigen Bevölkerung Nordafrikas, nach der Verlegung des Hofes nach Konstantinopel auch in Italien – stärker zu ihren Wurzeln zurückkehren und ihre urprünglichen Motive entfalten konnte. Darüber hinaus gibt es weitere Einflüsse, im Judentum etwa die Übernahme kanaanäischer Naturvorstellungen und Ackerbaufeste oder babylonischer oder persischer kosmologischer Motive. Das alles ist unbestritten; *alle Kulturen sind* – mehr oder minder stark – *synkretistisch, und*

---

[8]   Vgl. hierzu vom *Verf.*, Fundamentalchristologie (s. Anm. 1).

infolgedessen auch die in ihnen gebildeten Christologien. Dennoch aber lassen sich Kulturen *schwerpunktmäßig* – mit allem Vorbehalt – umreißen; wenn z.b. in der jüdischen Religion die übernommenen Ackerbaufeste mit geschichtlichen Kultlegenden unterlegt wurden, zeigt das die Richtung an – obwohl vielleicht manche Naturmotive fortdauerten. Ein zweites Mißverständnis gilt es zu vermeiden: An dieser Stelle geht es um die *soteriologischen* Schwerpunkte einer Kultur, nicht um eine Beschreibung der Vorfindlichkeiten. Wenn also hellenistisches Denken – wohlgemerkt *soteriologisch* – als kosmozentrisch charakterisiert wird, soll das nicht heißen, es habe *Herodot* oder *Thukydides* nicht gegeben; allerdings spielt selbst bei diesen Historiographen die Geschichte eben keine *soteriologische* Rolle (sondern ist ihrerseits „nur" Vollzug und Dokumentation metahistorischer seinshafter Kausalitäten).

3.2 Mit all diesen Kautelen versehen und stark vereinfacht kann man sagen, daß die altkirchliche Christologiegeschichte von den genannten *vier soteriologischen Traditionen* geprägt war, wobei zwei von ihnen als *geschichtsorientiert* und zwei als *kosmozentrisch oder naturorientiert* charaktierisiert werden können. Damit ist gemeint, daß sie Welt und Geschichte auf unterschiedliche Weise erleben, problematisieren und für sie hoffen. (1) In der jüdischen und in der syrischen Tradition verstehen sich ihre Angehörigen als Teil und Handelnde der Geschichte. Unheil wird deswegen mit geschichtlichen Kategorien – vor allem als geschichtliches Scheitern, als Sünde und Verfremdung – umschrieben, Heil kann nur erhofft werden als Rettung der Geschichte – z.b. vom künftigen Landbesitz und reicher Nachkommenschaft bis zur Königsherrschaft Gottes. (2) Ganz anders ist das kosmozentrische Denken: Der Kosmos wird als göttlich bzw. „Gott" als immanentes Prinzip des Kosmos erfahren, der Mensch selbst ist ein Teil des kosmischen Seins und bestimmt von diesem Rahmen her seinen Platz. Die – ganz formal betrachtet durchaus identische – Sinnfrage wird *in seinshafter Wendung* gestellt; es geht um die αἰτίαι τοῦ κόσμου, die Urgründe oder Prinzipien des Kosmos, und damit auch um *unseren* Grund. „Unheil" wird erfahren: als naturales Defizit, als Verhaftung des „eigentlichen", geistigen Menschen an die Materie, als Unwissenheit, als Kontingenz, als Begrenztheit des Seins; auf der Basis dieser Interpretation der Negativerfahrung kann „Heil" nur aufscheinen als erhoffte naturale Versöhnung, als Vergeistigung, als Gnosis (Wissen), als Entgrenzung der naturalen Grenzen, als „Vergöttlichung". „Wir müssen in die Seinsweise Gottes kommen ... Das ist das spezifische griechische Gotteserlebnis", charakterisiert *Hermann Kleinknecht* das vorchristliche griechische Denken (θεός, in: ThWNT 3, 78).

Von daher erklärt sich, daß Jesus *in der ersten Variante,* der geschichtsorientierten Tradition, nur dann als Christus wahr- und angenommen werden konnte, wenn er für die Überwindung des geschichtlichen Unheils eine unverzichtbare Funktion besitzt; *in der anderen Version* mußte er die naturale Versöhnung bewirken. Der eschatologische Mensch auf der einen und der inkarnierte Gott auf der anderen Seite sind die notwendigen Konsequenzen der soteriologischen Rezeptionsmechanismen.

3.3 Einige Hinweise sollen dies ein wenig verdeutlichen; ein Nachweis an Hand von Texten ist hier nicht möglich und in diesem Kreis auch überflüssig.

3.3.1 Unbestritten ist heute, daß die *judenchristliche Christologie* eine sog. *Erhöhungschristologie* ist; die Würde Jesu ist *Folge* seiner Sendung durch Gott und seines geschichtlichen Tuns. In diesem Kontext wird auf Jesus die äußerstmögliche Heilsmetaphorik angewandt, die für einen aus dem Judentum kommenden Christen aussagemöglich war: Jesus ist Messias = Christus, Davidssohn, Menschensohn, Auferstandener, Weisheit, das wahre Opfer und sogar – heilsgeschichtlich verstanden – Gottessohn. Die Heilsrolle Jesu, sein Christussein, wird mit geschichtlich-funktionalen Termini umschrieben; man könnte sie in Summe vielleicht so zusammenfassen: Jesus ist der Christus, weil er der eschatologische Mensch ist, der im Auftrag Jahwes die Äonenwende herbeiführt.

Das frühe palästinische Judenchristentum vertrat diese Christologie beinahe ekstatisch und in apokalyptischer Naherwartung; das vom – unterschiedlich stark – hellenisierten Frühjudentum beeinflußte Diasporajudenchristentum veränderte die Metaphorik auf dem Hintergrund der „sich dehnenden Zeit" und mittels der Hereinnahme hellenistischer Assoziationen; immerhin aber blieb auch hier meist das jüdische Denken so weit bestimmend, daß selbst das diasporajudenchristliche Neue Testament in den weitesten Teilen und noch recht spät Jesu Rolle ausschließlich heilsgeschichtlich umreißt. *Johannes Gnilka* stellt z.B. nach einer Analyse der Kindheitsgeschichten von Mt und Lk fest, daß sie „noch nicht seine (Jesu) Präexistenz und Menschwerdung" voraussetzen, diese Vorstellungen seien „nicht in den synoptischen Evangelien greifbar"[9]. Die Synoptiker aber repräsentieren ein Christentum, das immerhin bis in die neunziger Jahre reicht. Auch in dem auf das Neue Testament folgenden Schrifttum der sog. „Apostolischen Väter" verbleibt Jesus meist – außer z.B. bei *Ignatius* von Antiochien – in diesem Schema: er ist „Knecht Gottes".

3.3.2 Ganz anders ist das soteriologische Rezeptionsmuster *hellenistischer Christen;* sie können mit geschichtlichen Umschreibungen der Heilsrolle Jesu nicht viel anfangen, so daß schon *Paulus* – obwohl zeitlich Jesus noch nahe – weder von Königsherrschaft Gottes noch von Menschensohn u.ä. spricht und den Christusbegriff meist wie einen anderen Namen Jesu, nicht als Titel benutzt. Wenn Jesus als heilsbedeutsam rezipiert werden sollte, mußte er für hellenistisch denkende Menschen eine Erlösung von naturalem Unheil und eine Vermittlung der Vergöttlichung bewirken, wie es das „Schema des Tausches" – *Gott wird Mensch, damit wir Gott werden* – ausdrückt, das wie ein roter Faden die Literatur der folgenden Jahrhunderte durchzieht. Dies aber konnte Jesus Christus nur, weil er beiden Welten, der Welt des Unendlichen und des Endlichen, zugehörte, weil er, Gott *und* Mensch, beides miteinander vermittelte.

Im Neuen Testament kommen Gedanken dieser Art nur in wenigen Traditionsstücken vor, die zwar – wie z.B. der Philipperhymnus oder der Johannesprolog – aus jüdischem und judenchristlichem Umfeld stammen, dennoch aber einen sehr hohen Grad von Hellenisierung verraten. Gelegentlich werden auch Erhöhungs- und Inkarnationschristologie unversöhnt nebeneinander benutzt, wie z.b. im Philipperhymnus (2,6-11), nach dem Jesus zwar aus göttlicher Präexistenz kam, aber erst durch den Tod am Kreuz erhöht wurde, oder im Hebräerbrief, dem zufolge Jesus immer schon Gottessohn war, es zugleich aber erst durch sein Leben wurde. Judenchristliche Brechungen der Zwei-Naturen-Christologie entfielen bald aber zunehmend, je mehr sich das Christentum ethnisch von seiner Herkunft löste; in der späteren alexandrinischen Christologie fehlen diese Bindungen weithin.

---

[9] In: Das Matthäusevangelium, I. Teil. Komm. zu Kap. 1,1 – 13,58, Freiburg, Basel, Wien [1]1986, 31.

3.3.3 Die syrische – vereinfacht die antiochenische – Christologie hat

wiederum einen anderen Ansatz. Der westliche Teil Syriens war – anders als der Osten – hellenisiert; die Geschäfts- und Literatensprache war griechisch, und griechische Literatur faszinierte die Gebildeten.

Dennoch aber war die heimatliche Tradition nicht tot: In der Bevölkerung lebte semitisches Denken fort, die aramäische Sprache wurde in vielen Familien gesprochen, und es gab viele Kontakte mit dem weniger hellenisierten Osten. So benutzte man in Westsyrien zwar griechische Begrifflichkeiten und sprach z.B. von Natur und Sein. Aber bestimmend war ein Denken, dem es soteriologisch um die Geschichte ging. Die syrische – also semitische – Soteriologie ähnelte somit der jüdischen: Unheil und Heil wurden vor allem geschichtlich verstanden.

Zwar kann man an den Textzeugen *vor* Nizäa keine kontinuierliche Tradition aufzeigen; dennoch läßt sich an einer hinreichenden Zahl von Belegen festmachen, daß hier die sog. *Bewährungschristologie* vertreten wurde: Jesus ist Christus oder *Gottessohn auf Grund seines Gehorsams* dem Vater gegenüber *bis* zum (nicht: *durch* den) Tod am Kreuz; verbunden mit diesem Raster ist ein adoptianisches Verständnis des Gottessohntitels und in Bezug auf Gott selbst ein Monarchianismus. Und selbst *nach* Nizäa, als man gezwungen war, den „Sohn Gottes" als homo-oúsios anzunehmen, versuchten die antiochenischen Theologen – von *Diodor von Tarsus* über *Johannes Chrysostomus, Theodor von Mopsuestia* und *Nestorios* – einmal diesen Logos soweit wie möglich mit „Gott schlechthin" zu identifizieren – sie reden fast immer von theòs-lógos, vom Gott-Wort, so daß wie im Adoptianismus ein Gegenüber von Logos (sprich: Gott) und Jesus bestehen blieb – und die christologische Bedeutung Jesu *geschichtlich*-ethisch zu charakterisieren: „Und er (der Logos) trieb ihn (Jesus) zur größtmöglichen Vollkommenheit und bewirkte ein Übermaß an Mühe sowohl der Seele wie des Leibes", schrieb *Theodor von Mopsuestia* noch nach dem Ersten Konzil von Konstantinopel, also nach rund 350 Jahren Christentumsgeschichte; „und auf diese Weise bereitete er ihm eine übergroße und mühelose Vollendung der Tugend"[10]. Konsequent ist Jesus in dieser Tradition –

---

[10] Fragment aus De incarnatione, in: Christologie I. Von den Anfängen bis zur Spätantike, bearbeitet von Karl-Heinz Ohlig (Texte zur Theologie [TzT], Dogmatik, hrsg. von Wolfgang Beinert, Bd. 4,1), Graz/Wien/Köln 1989, Nr. 117.

Griechen würden sagen: *nur* – „Mensch ... Der Mensch Jesus ist ähnlich allen Menschen, in nichts von den (ihm) gleichwesentlichen Menschen sich unterscheidend als in der Gnade ...“[11].

3.3.4 Die *lateinische Mentalität* schließlich realisiert die Sinnproblematik zwar auch kosmozentrisch, aber anders als im stärker von griechischem Denken beeinflußten Raum. Es interessiert hier weniger das Sein des Kosmos, sondern der ihm eingestiftete bzw. vom Willen der Götter oder Gottes auferlegte *ordo* rechtlich-ethischer Art. Das göttliche Recht, das *ius divinum,* zu erfüllen, ist die Aufgabe des Menschen. So ist die lateinische Kultur sehr stark auf ethisch und rechtlich korrektes Handeln ausgerichtet. Dieses geschichtliche Tun aber bis hin zur imperialen Politik Roms ist nicht Indiz einer Geschichtsorientierung; es wird vielmehr verstanden als geschuldeter Vollzug ewiger und metahistorischer Gesetzmäßigkeiten und ist nicht selbst Katalysator soteriologischer Erfahrungen. Als „Unheil" wird angesehen, daß der göttlich auferlegte *ordo* durch die *impietas* der Menschen zerstört wurde; dadurch waren wir – die lateinisch-christliche Version – dem Tod und der Herrschaft des Teufels verfallen. „Heil" wiederum wurde gedacht als Wiederherstellung der ursprünglichen Ordnung. Auch diese Wiederherstellung, eine *restauratio,* konnte natürlich nur *in rechtlich einwandfreier Weise* herbeigeführt werden – nicht etwa dadurch, daß Gott so einfach, wie etwa in der Predigt Jesu, uns Sündern verzeiht oder uns ohne unser Zutun liebt; das konnte erst geschehen, wenn unsere Schuld *bezahlt* oder für sie *Genugtuung geleistet* war.

Jesus konnte also nur auf eine Weise als der Christus rezipiert werden, daß er gerade dieses Heil vermittelt, das zu erreichen wir selbst nicht fähig waren: „Denn wir können den Urheber der Sünde und des Todes nicht überwinden, wenn nicht jener (Christus) unsere Natur angenommen und zu der seinen gemacht hätte, den weder die Sünde beflecken noch der Tod festhalten konnte", schrieb *Leo I.* im *Tomus ad Flavianum*[12]. So erlöst bzw. rechtfertigt uns Jesus Christus durch sein Kreuzesopfer und etabliert somit die „neue Ordnung", die die Vollendung des „ersten Plans seiner Liebe" ist. „Um unsere Schuld zu bezahlen", schrieb wiederum *Leo I.* „vereinigte sich die unverletzbare

---

[11] Ebd., TzT 4,1, Nr. 118.
[12] TzT 4,1, Nr. 32.

Natur mit der leidensfähigen. Denn unsere Rettung erforderte es, daß der *eine* Mittler, der Mensch Jesus Christus, einerseits sterben und andererseits nicht sterben konnte"[13].

In dieser Anwendung der Zwei-Naturen-Lehre geht es nicht mehr um unsere Vergöttlichung, diese ist nicht mehr *selbst* zureichender Ausdruck der soteriologischen Rezeption Jesu. Vielmehr werden ihre Topoi als Bausteine verwendet, um eine neue, andere Christologie zu formulieren, der es um die Wiederherstellung des ordo auf rechtliche Weise geht, also durch Loskauf, Opfer, Rechtfertigung, Genugtuung. Weil Jesus Christus *Mensch* war, ist sein Opfer wirklich *unsere* Leistung und kann *uns* angerechnet werden; weil er *Gott* war, ist dieses Verdienst *mehr als zureichend* und stellt die Ordnung wieder her. Die beiden Naturen werden Bedingung, conditio qua non, unserer Erlösung; sie sind nicht mehr selbst christologische Sinnspitze, sondern Rechtstitel für ein anderes, mit einem metahistorischen *ordo* assoziiertes Heil.

Wieso aber ist uns selbst eine Revision unseres Verhaltens nicht möglich, wieso brauchen wir Jesus als Heilsmittler? Ethisches Handeln ist doch grundsätzlich revidierbar. Wie läßt sich auf dieser Sprachebene der juridisch-ethischen Argumentation ein „solus Christus" begründen? Während einem alexandrinischen Theologen das „solus Christus" umfassend formuliert war im Bekenntnis zum inkarnierten Gott, war diese Aussage im Westen christologisch insuffizient. Weil die Seinsebene niemanden faszinierte und sich der Blick auf die rechtliche Ordnung richtete, mußte auch *innerhalb dieser Raster* die Heilsnotwendigkeit Jesu in Sprache gebracht werden.

Vor allem *Augustinus* hat diese Fragen aufgegriffen und zum Ausgang der Antike, aber auch schon als Intonation des Mittelalters, der lateinischen Christologie ihre bis heute wirkmächtigen Strukturen gegeben. Er entwickelte drei theologische Modelle, die vor ihm erst in Ansätzen zu finden sind; er umschreibt in ihnen das Christussein Jesu auf lateinische Weise: in der Erbsünden-, Gnaden- und Prädestinationslehre. (1) Zunächst mußte plausibel gemacht werden, *daß wir aus eigener Kraft nicht imstande* sind, aus unserer Misere herauszukommen; *die Erbsündenlehre* liefert die dunkle Folie der Begründung unserer soteriologischen Entmächtigung, so daß auf diesem Hintergrund das Heilswerk Jesu als allein rettend erscheinen konnte. Die Erbsündenlehre hat also,

---

[13] Ebd.

obwohl in ihr noch viele andere Motive – bis hin zu Erbstücken aus dem Manichäismus – mitschwingen, eine eminent *christologische* Funktion.

Seitdem muß ein Abendländer, der Jesus als seinen Christus bekennen will, zunächst mit dem Eingeständnis seiner eigenen Un- und Nichtswürdigkeit, seiner Sündhaftigkeit und Todverfallenheit beginnen – was nicht selten zu neurotischen Formen führte. Wie anders rezipierte da ein alexandrinischer Christ Jesus als seinen Christus: Der Mensch ist Gott „begreiflicherweise" lieb, weil er sein Geschöpf ist und ein Stück seines Wesens in sich birgt. „Der Mensch ... ist also seiner selbst wegen wünschenswert."[14] Gott wird Mensch, weil der Mensch liebenswert ist; ein Christ dieser Art tritt aufrecht und erhobenen Hauptes vor Gott. (2) Eng mit der Erbsündenlehre verbunden ist *die Gnadenlehre:* Die Rechtfertigung ist ja gänzlich ohne unser Zutun zustande gekommen, sie ist Gnade, die uns von Gott mit Blick auf das Kreuzesopfer Jesu Christi zugeteilt wird. Erbsünden- und Gnadenlehre zusammen umschreiben Jesus – auf ethisch-rechtlichem Gebiet – als alleinigen Heilsmittler, als Christus. (3) Schließlich blieb noch die Frage, wo die Ursache dafür zu suchen sei, daß die einen gerettet werden, während anderen, davon war man überzeugt, diese Gnade versagt bleibt. Weil auch hier schon der Schatten einer Mitwirkung des Menschen das *solus Christus* beeinträchtigt hätte, baut *Augustinus* die *Prädestinationslehre* aus: Von Ewigkeit her ist es in Gottes Willen – ohne Berücksichtigung unseres eigenen Tuns – begründet, wem er die Gnade Christi zuerteilen will.

So schließt die lateinische Christologie – auf dem Hintergrund der juridischen *Ordo*vorstellungen – ein kompliziertes Neben- und Ineinander verschiedener soteriologischer Motive ein, die erst in ihrer Gesamtheit das Christussein Jesu zureichend beschreiben; in der späteren westlichen Theologie wurden diese einzelnen Teile oft unterschiedlich gewichtet – z.B. in einer starken Herausstellung oder Vernachlässigung der Gnadenlehre oder der Prädestination – und veränderten das sensible christologische Geflecht bis hin – in der Frühen Neuzeit – zur Ausbildung unterschiedlicher Konfessionen.

Als Resümee läßt sich festhalten, daß die jeweiligen soteriologischen Kontexte sowohl die christologischen Rezeptionsmuster als auch die in den christologischen Prädikaten symbolisierten Heilshoffnungen bestimmten.

---

[14] *Klemens von Alexandrien*, Paidagogos 7,1; 8,1 (TzT 4,1, Nr. 79).

4. Kulturbedingte Begründungen der soteriologischen Rolle Jesu

4.1 Die Wiederherstellung der Reichseinheit zu Beginn des 4. Jahrhunderts und das Ende der staatlichen Repressionen gegen das Christentum führten dazu, daß die unterschiedlichen theologischen Traditionen über ihre Region hinaus bekannt wurden. Das Nebeneinander doch recht unterschiedlicher Christologien (aber auch Theologien) wurde vor allem im Osten des Reichs als Problem empfunden. Jesus, der von Gott gesandte eschatologische oder auch sich bewährt habende Mensch auf der einen, der inkarnierte Gott auf der anderen Seite: *beides zugleich konnte nicht richtig sein.* Ein Versuch – der erste und letzte zugleich –, die zwei divergenten Aussagereihen miteinander zu verbinden, scheiterte, wenn er auch zunächst in großen Teilen der Kirche begeistert als Lösung aufgegriffen wurde: *Arius,* der Antiochener in Alexandrien, hielt an seiner heimatlichen Bewährungschristologie (und an dem ererbten Monarchianismus) fest, so daß nach seinem Verständnis alle christologischen Hoheitstitel in ihren Aussagen auf den kreatürlichen Bereich beschränkt blieben; andererseits gestand er seinen Christen in Alexandrien, wo er Seelsorger war, die für ihr Christentum unverzichtbare zweite Natur übermenschlicher Art zu, also den Logos als präexistenten Demiurg und Subjekt der Inkarnation.

Die zweite christologische Aussage verband er mit der ersten auf der Basis der Bewährungschristologie: *Jesus erhielt seine Logoswürde auf Grund der Bewährung in seinem Leben.* Wie aber konnte sich das (spätere) Leben Jesu in die Präexistenz, also „rückwärts", auswirken? Hier griff *Arius* auf das Vorherwissen Gottes zurück. Wie *Athanasios* uns überlieferte, schrieb *Arius:* „Denn deshalb ... hat auch Gott, da er voraussah, daß es (das Wort) gut sein werde, zum voraus ihm diese Herrlichkeit gegeben, die es als Mensch hernach auch durch seine Tugend erlangte, so daß es Gott wegen seiner Werke, die er vorhersah, schon in solchem Zustand entstanden sein ließ ..."[15] – ein geniales Konstrukt: *Logos-Präexistenz als Resultat späterer Geschichte.* Diese Würde aber konnte, weil geschichtlich erworben, nicht das Gottsein im eigentlichen Sinn einschließen, und so war der Logos, der in Jesus inkarnierte, für *Arius* „nur" das erste und vornehmste Geschöpf Gottes.

4.2 Das Konzil von Nizäa wies den Arianismus, aber auch den Sub-

---

[15] Bei Ath., oratio contra Arianos 1,5 (TzT 4,1, Nr.91).

ordinatianismus zurück, die Würfel waren jetzt grundsätzlich zu Gunsten einer Zwei-Naturen-Christologie gefallen; es gibt den Vater *und* den Sohn, und letzterer ist Gott *aus* Gott, Licht *von* Licht usf. und – der formale Begriff – *homo-oúsios.* Zwar gab es noch längere Zeit Widerstände gegen die Formel, aber sie setzte sich schließlich durch. Hierbei war wohl wiederum *die kulturelle Situation* ausschlaggebend: Der Hellenismus war zwar, wie schon angedeutet, im Römischen Reich in durchaus verschiedenen Ausprägungen gegeben, und die regionalen Kulturen waren keineswegs alle aufgesogen und nivelliert worden; aber selbst in Syrien oder im Westen war der Hellenismus nicht ohne Einfluß. *Wenn es eine gesamtkirchliche Formel geben konnte, war sie nur auf hellenistischer Basis denkbar,* und so wurde Nizäa auch in Syrien und im Westen übernommen. Dennoch blieben, wie die Geschichte zeigt, recht unterschiedliche Adaptationen möglich, die den jeweiligen heimatlichen Traditionen ihr Recht verschafften: In Antiochien spielte weiter die Bewährung Jesu eine zentrale christologische Rolle, im lateinischen Raum beherrschten die Vorstellungen, die um den *ordo* kreisten, das Denken.

Weil der Logos, so erkannte man nach heftigen Diskussionen, nicht mehr in seiner Homo-ousie bestritten werden durfte, wenn man sich nicht außerhalb der ökumenischen Sprachregelung stellen wollte, verschob sich die christologische Diskussion im Osten von den Prädikaten auf das Verständnis der Kopula „ist" in dem Bekenntnis: „Jesus *ist* der inkarnierte Logos/Sohn" o.ä.. In der Umschreibung des christologischen Einheitspunktes ging es um die *Begründung* für die Prädizierbarkeit des Logostitels an Jesus. Hierbei ergaben sich zwei – rechnet man die spätere lateinische Tradition hinzu: drei – *Argumentationslinien,* die wiederum kulturbedingt waren und die Fortdauer der bisherigen Motivationen aufzeigen:

(1) Bei stärker hellenistisch denkenden Theologen ist die Tendenz unübersehbar, das „ist" seinshaft – physisch oder hypostatisch – zu begreifen; *Physis* und *hypostasis* waren die – zunächst gleichbedeutenden – Symbolbegriffe. Allerdings war die Hellenisierung des Römischen Reiches nicht so tiefreichend, daß sich diese Lösung in „reiner Form", wie es etwa der Monophysitismus versuchte, durchsetzen ließ; sie mußte inhaltlich weitgehend – z.B. in Chalkedon – zurückgenommen werden. Aber die Tendenzen blieben bestehen, wie der spätere Monenergetismus, Monotheletismus, aber auch der Neuchalkedonismus erkennen lassen.

(2) Anders war es bei den syrischen Theologen: hier war die sogenannte Trennungschristologie – eine Betonung der Unterscheidung und des Unvermischtseins der Naturen – vorherrschend. Der Einheitsgrund wurde gesehen in der Erwählung Jesu durch den Gott-Logos und die korrespondierende Bewährung, die zu einer Einheit des Verhaltens, zu wechselseitiger Liebe wie bei Mann und Frau führten; Schlüsselbegriff dieser Interpretation wurde *prósopon*, lateinisch bald mit *persona* gleichgesetzt: „Es ist aber klar", meint *Theodor von Mopsuestia,* „wie die Einheit angemessen gedacht werden muß: Durch sie nämlich bilden die beiden Naturen ... *ein* Prosopon ..." Er verweist auf das Herrenwort Mt 19,6, daß Mann und Frau *ein* Fleisch werden, und fügt hinzu: „Wie es nämlich ... der Zahl zwei nicht schadet, von *einem* Fleisch zu reden ..., so schadet auch hier nicht die Einheit des Prosopon dem Unterschied der Naturen"[16]. Diese sympathische Version, nach der Jesus und der Logos, sprich: Gott, in Liebe zu einer Einheit verbunden gedacht wurden, war noch weniger mehrheitsfähig als die alexandrinische, so daß sie bei den späteren Einigungsversuchen, vor allem in Chalkedon, nicht mehr (sieht man von der Einfügung der Vokabel *prósopon* ab) vorkam, und „nur" noch – aber das war nicht wenig – ihre *negativen* Essentials (das „Unvermischt") durchsetzen konnte.

(3) Die lateinische Diskussion um diese Frage wurde erst später und nicht sehr tiefreichend geführt. Wegen des Rechtfertigungsgeschehens blieb es wichtig, daß beide Naturen das je eigene verrichteten und so mit der jeweils anderen nicht vermischt wurden; andererseits aber sollte das, was *eine* Natur leistete, auch der anderen *anrechenbar* sein. Die Basis dieser rechtlichen Einheit aber – zunehmend mit dem Begriff *persona* umschrieben – blieb bis *Boëthius* nicht näherhin bedacht.

5. Sprachliche Mäßigungen

Diese divergierenden Christologien waren nur schwer zu harmonisieren. Konflikte waren unausweichlich, und sie beherrschten die frühe Christentumsgeschichte über Jahrhunderte. Zwischen dem eschatologischen Menschen des Judenchristentums, dem ethisch sich bewährenden Jesus der Syrer und dem Gottmenschen, der uns – so z.B. in der alexandri-

---

[16] Fragment aus De incarnatione (TzT 4,1, Nr. 120).

nischen Theologie – vergöttlicht oder – auf lateinische Weise – rechtfertigt, lassen sich auf der inhaltlichen Ebene keine einfachen Gemeinsamkeiten herstellen.

Trotzdem wurde eine gemeinsame Sprache gesucht und in unzähligen kleinen und großen Schritten – lokalen, regionalen und großkirchlichen Einigungsversuchen – weitergebracht. Weil die Herstellung einer einheitlichen Christologie die Durchsetzung *eines* soteriologischen Empfindens, *eines* soteriologischen Rezeptionsmusters und somit eine kulturelle Transformation der je Unterlegenen zur Voraussetzung gehabt hätte, konnte sie nicht geschaffen werden. Sprachliche Mäßigungen jeder Partei, Formelkompromisse, waren die einzige Möglichkeit zusammenzukommen. Zuweilen wurde *mehr* versucht, und man wollte *eine* Christologie durchsetzen – die palästinischen Christen mit ihrer Forderung nach Beschneidung oder die monophysitische Bewegung mit ihrer Unterdrückung andersartiger Konzepte –, aber solches war zum Scheitern verurteilt.

Die Bereitschaft zu Kompromissen war sicherlich in vielen Fällen von außen herbeigeführt, durch die notwendige Berücksichtigung von Bedenken, die aus anderen kirchlichen Zusammenhängen kamen. Aber auch Entwicklungen *innerhalb der je eigenen Traditionen* spielten eine wichtige Rolle. Solange eine bestimmte Art, Jesus soteriologisch zu rezipieren, so faszinierte, daß fromme Emotionen den Gang der Dinge beherrschten (wie z.B. im Kontext des Monophysitismus), gab es keinerlei Wenn und Aber. Oft aber lassen sich im Lauf der Zeit immer wieder auch *differenziertere Reflexionen* feststellen, die eine allzu glatte Einpassung Jesu in die eigenen Wünsche zu vermeiden suchten. Das spröde „Material" Jesus besitzt eine starke Widerständigkeit gegen allzu glatte Kontextualisierung. So fanden alle christologischen Traditionen irgendwann zu einschränkenden Formulierungen, die aus der offensichtlichen Nicht-Übereinstimmung der projektiven Hoffnungsbilder der Prädikate mit dem Katalysator der Hoffnungen, mit dem Subjekt Jesus, resultierten. *Formal* wird hierbei immer die Kopula „ist" problematisiert, also eine Kluft zwischen christologischem Subjekt und Prädikat empfunden. *Inhaltlich* geschieht dies *in der mehr geschichtlichen Linie* dadurch, daß – wie schon in der Predigt Jesu – das „ist" (verstanden als ein „ist schon jetzt") durch ein „ist noch nicht" ergänzt wird. Jesus „ist" der Messias, der Menschensohn, der Gottessohn – daran klammert man sich fest –, aber die epiphane oder greifbare Realisation dieser Würde steht noch aus und bleibt ein – angefochtenes – Moment der Hoffnung. *In der kosmozentrischen Linie* wird das tendenziell seinshafte Verständnis von „ist" durch ein „ist nicht" bzw. ein „unvermischt" korrigiert: Jesus „ist" der inkarnierte Logos, aber „unvermischt", ohne monophysitische In-Eins-Setzung; Gott bleibt Gott, Mensch bleibt Mensch (so Chalkedon).

Kurz: In den schließlich erzielten Einigungsformeln wird dem suggestiven Sog der eigenen Hoffnungsprojektionen entgegengewirkt und die „Diastase" zwischen Prädikat und geschichtlichem Jesus offengehalten. Befördert wurden diese Verzichte auf Maximaldefinitionen durch die Notwendigkeit, sich Kompromissen mit anderen Ansätzen zu öffnen.

6. Resümee

Eine Analyse der kulturspezifischen soteriologischen Kontexte in altkirchlicher Zeit kann erklären, warum gerade diese und keine anderen Christologien entstanden sind. Wenn man die Eigenart der Kulturen kennt, könnte man die aus ihnen resultierenden Christologien beinahe deduzieren. Und diese Gesetzmäßigkeiten wirken auch in der weiteren Christologiegeschichte bis heute, bei uns, in Indien, in China, in Lateinamerika, Afrika.

In den jeweiligen christologischen Sprachtraditionen fanden die Angehörigen eines kulturellen Kontinuums die – wenigstens minimalen – Mittel, ihrer soteriologischen Rezeption Jesu, ihrer Nachfolge, Ausdruck zu verleihen; umgekehrt konnten diese Christologien kerygmatisch einen Zugang zu dem erschließen, was Christentum ist, und zugleich einen kritischen Maßstab bieten zur Korrektur einseitiger und verkürzter privater Christuserfahrungen.

Über ihre Herkunftskultur hinaus aber sind sie nur dann noch Ausdruck der eigenen Jesusrezeption, wenn Synkretismen entstehen, deren Innovationen die alten Traditionen nicht völlig beseitigen. Bei der Vermittlung des Christentums in gänzlich andersartige Kulturen bedürfen sie der Übersetzung, sind dann also verstehbar, ohne aber noch *selbst* Ausdruck der *eigenen* Jesusrezeption sein zu können.

Die *grundsätzliche Verstehbarkeit* früherer oder anderer kulturspezifischer Christologien hat ihren Grund einmal in der – wenn auch sehr minimalen, fundamentalen und deswegen beinahe inhaltsleeren – kulturellen Einheit der Gattung Mensch, zum anderen darin, daß die menschlichen Verständnismöglichkeiten überall in der Welt im Letzten *nur zwei Bezugspunkte oder Horizonte* kennen, auf die hin oder von denen her die Wirklichkeit interpretiert werden kann: *Natur bzw. Kosmos* und *Geschichte bzw. Kultur.* Andere Perspektiven sind in der bisherigen Kultur- und Religionsgeschichte nicht sichtbar geworden, und konsequent sind die jeweils unterschiedlichen soteriologischen Modelle in der Menschheitsgeschichte von den beiden Grundorientierungen geprägt. Weil aber die altkirchliche Christologie Ausformungen sowohl geschichtlicher wie kosmischer Metaphorik kennt, bietet sie den späteren Christentümern Modelle an, die zumindest der soteriologischen Erfahrungs*struktur* nach Affinitäten zu ihnen besitzen. So stützt sich z.B. die heutige indische oder afrikanische Christologie schwerpunktmäßig auf die hellenistischen Raster, die Befreiungstheologie oder die moderne westliche Theologie auf judenchristliche Ansätze. Auch das Neue Testament, von Diasporajuden redigiert, bietet beide Typen an und konnte somit bis heute einen wichtigen, normativen Beitrag zur soteriologischen Vermittlung Jesu gewährleisten. Es ist zwar geprägt von zwei kontingenten Kulturen, die es so heute nicht mehr gibt; es stellt aber allen möglichen Christentümern ein wenigstens minimales Angebot an christologischen Topoi zur Verfügung, die den je neuen Traditionen wenigstens *strukturell* verwandt sind, und ermöglicht damit eine wenigstens rudimentäre Einheit der christologischen Sprache.

Eine Berücksichtigung der Bedingungsverhältnisse von Soteriologie und Christologie kann plausibel machen, daß in der altkirchlichen Geschichte nicht nur Probleme diskutiert wurden, die wir nicht mehr haben, sondern daß sie vielmehr exemplarischen und kriteriologischen Charakter nicht für die Inhalte, wohl aber für die *Strukturen* späterer Verbalisationen beanspruchen kann. Immer steht – in der neutestamentlichen wie in der altkirchlichen Tradition – etwas zur Debatte, worum es auch bei allen folgenden Versuchen geht: Die soteriologische Relevanz Jesu so zur Sprache zu bringen, daß die eigenen, äußerst möglichen Hoffnungen mit ihm verbunden werden, aber auf eine Weise, daß durch die Rückbindung an die Gestalt Jesu vermieden wird, ganz den eigenen Projektionen zu verfallen.

III

„Die Weisheit hat ihr Haus gebaut"
(Spr 9,1)

Die christologische Frage
der frühen ökumenischen Konzilien

Barbara Hallensleben

Soll „kontextuell" mehr als „nur ein Modewort" sein, dann ist darin ein Aufruf zur Veränderung, ja zur Bekehrung enthalten: zur Bekehrung von der Bevormundung zum Dialog, vom Eurozentrismus zur Weltkirche, vom Zentralismus zur Vielfalt und Eigenständigkeit der Ortskirchen. Nicht zu wenig, sondern zu viel unreflektierte Identifikation mit einem begrenzten Kontext scheint der Problematik zugrunde zu liegen. Im Rahmen der Aufgabe, nicht nur eine Verhaltensänderung nach außen, sondern eine kritische Revision unseres Selbstverständnisses nach innen zu vollziehen, befaßt sich dieser Beitrag mit den Ursprüngen der Christologie: Was ergibt die Relecture unserer christologischen Tradition auf dem Hintergrund der neuen Begegnungen und Anfragen? Nicht zufällig sind zwei Beiträge diesem Thema gewidmet. Angezielt ist ein Kontrast in der Interpretation derselben christologischen Tradition, um die methodisch–theologischen Grundfragen herauszuarbeiten. Allerdings geht es hier nicht allein um ein Korreferat im Sinne einer kritischen Stellungnahme zu Karl-Heinz Ohlig, sondern um eine eigenständige theologische Untersuchung derselben Fragen.

Die Anregung, unsere christologische Tradition im Licht der Weisheit zu betrachten, verdanke ich dem russischen orthodoxen Theologen Sergij N. Bulgakov, auf den ich mich im folgenden nicht in historischer, sondern in systematischer Absicht berufe. Bulgakov (1871–1944) war der Sohn eines orthodoxen Priesters, studierte nach einer Glaubenskrise Nationalökonomie und wurde überzeugter Marxist, fand nach intensiven Auseinandersetzungen einen vertieften Zugang zur russischen orthodoxen Kirche und erhielt am Pfingstmontag nach der Oktoberrevolution die Priesterweihe. Nach seiner Ausweisung aus Rußland im Jahre

1923 lehrte er bis zu seinem Tode als Professor der Dogmatik am Orthodoxen Theologischen Institut St. Serge in Paris. Hier entstand in Auseinandersetzung mit westlicher Denktradition sein umfangreiches theologisch-philosophisches Werk – Ausdruck einer kühnen Begegnung der Konfessionen und Kulturen. Bulgakov hatte einen erheblichen, bislang kaum gewürdigten Einfluß auf die Erneuerung der katholischen Theologie im Vorfeld des II. Vatikanischen Konzils. Wenn Theologen wie Yves Congar, Henri de Lubac und Hans Urs von Balthasar die von Bulgakov aufgenommenen Impulse zu ihrer Zeit aus verständlichen Gründen nicht kenntlich machen konnten, so sollte ihm doch heute sein Anteil an ihren drei Kardinalshüten nicht länger verweigert werden...

I. Die bewegende Frage der Christologiegeschichte –
Soteriologie als Christologie

1. Die geniale Ahnung eines Häretikers

Angeregt durch die protestantische Dogmenkritik, stellt Sergij Bulgakov seiner Christologie[1] eine gut 100seitige Dogmengeschichte der frühen Konzilien voran. Diese Christologiegeschichte beginnt ohne Umschweife mit einem sogenannten Häretiker: Apollinarios von Laodicäa († um 390). Bei ihm läßt sich erstmals beobachten, wie die soteriologische Frage gerade dort, wo sie in Christus eine Antwort findet, über sich hinaus drängt und zur christologischen Frage wird. Apollinarios unterstützte seinen Freund Athanasios bei der Verteidigung der Konzilsdefinition von Nizäa. Doch er begnügt sich nicht mit der Faktizität der Inkarnation, sondern erspürt die weiterdrängende Frage: Wie ist die Menschwerdung Gottes überhaupt möglich? Welche Voraussetzungen hat sie? Sein leitendes Prinzip ist einfach und plausibel: *dyo teleia hen genesthai ou dynatai* – zwei in sich vollkommene Prinzipien können nicht zu einem einzigen verschmelzen. In den Worten des Apollinarios: „Wenn der vollkommene Gott sich mit einem vollständigen Menschen verbunden hätte, wären es zwei: der eine Sohn Gottes der Natur nach,

---

[1] *Sergij Bulgakov*, Das Lamm Gottes (russ. Paris 1933); frz. Du verbe incarné, Lausanne 1982.

der andere durch Adoption".[2] „Wie sollen wir denjenigen ‚irdischen Menschen' nennen, von dem doch bezeugt ist, daß er der vom Himmel herabgestiegene Mensch ist, der Mensch und Menschensohn genannt wird? ... Der vom Himmel herabgestiegene Mensch ist nicht der irdische Mensch. Dennoch ist er Mensch, obwohl vom Himmel herabgestiegen, denn der Herr weist eine solche Bezeichnung in den Evangelien nicht zurück".[3] Wenn Gott und Mensch in Jesus Christus eine wirkliche Einheit bilden, so setzt das voraus, daß sie eine Korrespondenz aufweisen, die diese Einheit ermöglicht; kühn gesagt: es setzt voraus, daß der Logos selbst menschenförmig ist. Wer aber ist dann der Mensch? – der Mensch Jesus Christus, aber auch die Menschheit in ihrer Geschichte? Wer ist dieser Gott, der durch seine Menschwerdung diese Fragen in uns weckt?[4]

Wir brauchen uns nicht mit den tatsächlich unzulänglichen – z.T. aber auch einfach von seinen Zeitgenossen nicht verstandenen – Lösungsversuchen des Apollinarios zu befassen. Entscheidend ist, daß er zu der bewegenden Frage der Christologiegeschichte geführt hat: Das soteriologische *Daß* der Menschwerdung provoziert unweigerlich die Frage nach ihrem *Wie* und folglich eine radikale Neubesinnung auf Gott, den Menschen und die Schöpfung. Diese Frage erweist sich als nicht mehr kontextualisierbar, weil sie nicht aus der Anfrage einer Kultur an eine andere hervorgeht, sondern aus der Infragestellung jedes irdischen Kontextes durch einen unableitbaren himmlischen Text: das Wort Gottes. Diese Grundfrage der Christologie wurde nach Apollina-

---

[2] Aus den Textauszügen des Gregor von Nyssa: Antirrhetikos 39; zit. nach *Bulgakov* ebd. XV.

[3] Antirrhetikos 6; zit. nach *Bulgakov* ebd. XXIV.

[4] Für das Denken des Apollinarios gilt nach Bulgakov: „Sa pensée vise l'humanité suréternelle du Logos, de cet homme céleste à l'image duquel l'homme terrestre fut créé. Apollinaire se rapproche ici de la doctrine de la Théanthropie, qui est le présupposé général de toute la christologie: l'union des essences divine et humaine dans le Dieu–Homme n'est pas un acte extérieur et ontologiquement arbitraire, qui réunirait deux choses non unissables, disparates et étrangères l'une à l'autre: elle est l'union, ontologiquement fondée et prédéterminée, du Type premier et de l'image, de l'Homme céleste et de l'homme terrestre. A ce sujet, la théologie patristique ne connaissait pas d'autre réponse que celle de la référence à la toute-puissance de Dieu. Le mérite d'Apollinaire est d'y avoir perçue un problème spécial": *Bulgakov* ebd. XXIV.

rios zunächst weder verstanden noch weitergetragen. Doch die folgende Christologiegeschichte beweist indirekt ihre bewegende Kraft: Die beiden großen theologischen Schulen von Antiochien und Alexandrien, repräsentiert durch Nestorios und Cyrill, machten sich zu Anwälten je einer Seite der christologischen Antinomie – sei es der Einheit oder der Zweiheit. Beide konnten sich auf soteriologische Beweggründe berufen, ohne daß daraus eine Verständigung hervorging. Der Bezugspunkt der Auseinandersetzung wurde mehr und mehr die Geschichte: die konkrete Lebensgeschichte Jesu.

2. asylum ignorantiae –
Der theologische Auftrag der Konzilsdefinitionen

Historisch wie theologisch steht fest, daß die christologische Definition von Chalkedon keine theologische Lösung darstellt, sondern eine Formel kirchlicher Einigung zwischen widersprüchlichen theologischen Richtungen, die ihr je berechtigtes, unverzichtbares Anliegen hatten.[5] Die Einigung von Chalkedon enthält keine neue Theologie, sondern eine neue Sprachregelung: Die Worte *physis/ousia* und *hypostasis/prosopon* wurden einander gegenübergestellt und konnten nun nicht länger im gleichen Sinne gebraucht werden. Cyrill mußte die Rede von der einen Natur preisgeben – damit die Eindeutigkeit der Ontologie; die Antiochener die Aussage, es gäbe in Christus zwei Hypostasen – damit die Eindeutigkeit menschlicher Freiheit und Geschichte. Beide Parteien konnten jedoch prinzipiell ihre divergierenden theologischen Positionen weiterhin mit dem neuen Sprachgebrauch verbinden – und taten dies auch!

Der theologische Sinn der neuen Wortverwendung blieb zunächst für alle Beteiligten offen. Das Konzil schuf – mit den Worten Bulgakovs – ein *asylum ignorantiae*. Es hielt die bewegende christologische Grundfrage nach dem Wie der Menschwerdung Gottes offen, indem es keines

---

[5] Wenn wir überhaupt eine Urheberschaft ausmachen wollen, dann liegt sie nach Paul Goubert bei der Kaiserin Pulcheria und ihrem vom Glauben geleiteten Widerstand gegen den Eunuchen und Minister Chrysaphios: vgl. *Paul Goubert*, Le rôle de Sainte Pulchérie et de l'eunuque Chrysaphios, in: Alois Grillmeier/Heinrich Bacht (Hg.), Das Konzil von Chalkedon, Bd. I, Würzburg 1954, 303–321.

der kulturell vorfindlichen Erklärungsmodelle schlechthin bekräftigte, sondern beide – unabhängig von ihrem Streit! – für unfähig erklärte, das christologische Bekenntnis adäquat zu erfassen. Hier erfolgt keine Versöhnung durch Annäherung und Kompromiß auf halbem Wege, sondern eine Transformation der verwendeten Sprache (und damit gewissermaßen der Kulturen, in denen sie beheimatet ist) in den Kontext des Wortes Gottes, in negative Theologie unter affirmativen Ausdrücken. Indem das Konzil das Ereignis der Menschwerdung Gottes formuliert, werden die verwendeten Begriffe über die Bedeutung hinausgeführt, die ihnen in der Ursprungskultur zukam. Damit aber legt das Konzil sich gerade nicht auf eine partikulare Kultur und Sprache fest, sondern proklamiert die Wandlung, die jeder Kontext in der Begegnung mit dem Text des Wortes Gottes im Hinblick auf seine Vorstellungen von Gott, Mensch, Natur, Geschichte und Religion zu vollziehen hat. Auch das Dogma ist nicht Text, sondern Kontext; nicht Maß, sondern bemessen am Christusereignis.

Spannend und lehrreich sind in diesem Zusammenhang die Einigungsgespräche der letzten Jahrzehnte zwischen der Römisch-katholischen Kirche und den vorchalkedonensischen orientalisch-orthodoxen Kirchen: Die heute gefundenen Einigungsformeln kommen ohne die Begriffe „Natur" und „Person" aus.[6] Wo die Terminologie von Chalkedon ausdrücklich diskutiert wird, kann die katholische Seite die ehemals häretische Formel von der „Einheit der Natur" als rechtgläubig anerkennen.[7] Eine Einigung auf die Verbindlichkeit des Konzils von Chalkedon

---

[6] Vgl. die die Gemeinsame offizielle Erklärung zur Christologie der Koptisch-Orthodoxen und der Römisch-Katholischen Kirche; Kairo, 12. Februar 1988: „Text der Übereinstimmung in der Christologie: Wir glauben, daß unser Herr, Gott und Erlöser Jesus Christus, der inkarnierte Logos, vollkommen in seiner Gottheit und vollkommen in seiner Menschheit ist. Er vereinigte seine Menschheit mit seiner Gottheit ohne Vermischung oder Vermengung oder Verschmelzung. Seine Gottheit war von seiner Menschheit nicht einmal einen Moment oder einen Augenblick getrennt. Gleichzeitig anathematisieren wir die Lehren sowohl des Nestorios als auch des Eutyches": Dokumente wachsender Übereinstimmung. Sämtliche Berichte und Konsenstexte interkonfessioneller Gespräche auf Weltebene, hrsg. und eingeleitet von Harding Meyer u.a., Bd II, Paderborn/Frankfurt 1992, 575.
[7] Erklärung über die Christologie der Gemeinsamen Kommission der Katholischen Kirche und der Koptisch-Orthodoxen Kirche (Wien 1976): „Wir nehmen eine reale Einheit an und nicht eine Zusammenfügung oder Verbin-

kann ohne die Festlegung auf die Konzilsterminologie erfolgen. Indem jedoch dieser „Geist" des Konzils bejaht ist, wird auch die Anerkennung der bleibenden Bedeutung des Konzils an seinem geschichtlich unvertretbaren Platz keine Mühe mehr bereiten.

Ein kurzer Blick in die Konzilsgeschichte *nach* Chalkedon bestätigt, daß das Konzil keine theologische Klarheit stiftete, sondern neue, ja schwierigere Fragen hinterließ: Leontios von Byzanz († um 543) vermochte mit seiner Lehre von der Enhypostasie die Frage nach dem Wie des Miteinander zweier Naturen in Christus nicht zu klären, sondern nur neu zu umschreiben: Daß zwei Naturen sich zu einer gemeinsamen Person verbinden können, bedeutet nicht, daß jede Hypostase jede beliebige Natur in sich aufnehmen kann. Kann eine Taubennatur in einer Löwenhypostase ihre Verwirklichung finden? Welche Korrespondenz der Naturen ist erforderlich, damit zwei von ihnen in einer gemeinsamen Hypostase bestehen können? Wieder sind wir beim Problem des Apollinarios von Laodicäa angelangt: Wenn nicht der Logos in seiner göttlichen Natur schon von Ewigkeit her in einer Entsprechung zur geschöpflichen Menschennatur steht, dann ist die Enhypostasie unmöglich oder zumindest äußerst fragwürdig. Mit der Enhypostasie verbindet sich das Problem der Idiomenkommunikation: Daß die Gott-

---

dung von zwei Personen oder Wesenheiten. Wenn die orthodoxe Seite alle Dualität in Jesus Christus ablehnt, so möchte sie damit sagen, daß jede Handlung Jesu Christi in der Tat Handlung Gottes, des fleischgewordenen Wortes, ist, und nicht – wie es den Anschein haben könnte –, daß einige seiner Handlungen seiner Gottheit allein zuzuschreiben sind. Wenn die Katholiken ihren Glauben an Jesus Christus bekennen, dann lehnen sie nicht ab, was die Orthodoxen sagen, sondern möchten betonen, daß in ihm alle Eigenschaften der Gottheit ebenso wie alle Eigenschaften der Menschheit bewahrt sind, eine Tatsache, die auch die Orthodoxen ihrerseits beständig bekennen. Wenn die Orthodoxen bekennen, daß Gottheit und Menschheit unseres Herrn in einer Natur vereinigt sind, so verstehen sie unter ‚Natur' nicht schlechthin eine einfache Natur, sondern eher eine einzige zusammengesetzte Natur, in der Gottheit und Menschheit ungetrennt und unvermischt vereinigt sind. Und wenn die Katholiken Jesus Christus als einen in zwei Naturen bekennen, so trennen sie nicht die Gottheit von der Menschheit, auch nicht für einen einzigen Augenblick; sie bemühen sich vielmehr, die Vermengung, Vermischung, Verfälschung oder Veränderung des einen durch das andere auszuschließen": Dokumente wachsender Übereinstimmung, Bd I, Paderborn/Frankfurt ²1991, 541f.

heit durch die Menschennatur wirkt und sie heiligt, ist leicht auszusagen – doch welchen Einfluß hat die menschliche Natur auf die göttliche? Ein latenter Hang zum Monophysitismus bzw. Monotheletismus bleibt selbst bei Maximos Confessor: Weshalb denn erfährt der menschliche Wille keine Beeinträchtigung, wenn er sich dem göttlichen unterwirft?!

Einen gewichtigen, meist nicht hinreichend gewürdigten Beitrag zur Christologiegeschichte leistet das II. Konzil von Nizäa 787. Wenn hier die Darstellbarkeit Christi auf Ikonen anerkannt wird, dann nicht etwa wegen der Faktizität seiner irdischen Menschengestalt. Das theologische Potential der Konzilsantwort zeigt sich in der gleichzeitigen Bestätigung, daß Ikonen der Engel statthaft sind – ein Hinweis auf die Korrespondenz nicht nur des Logos, sondern der gesamten himmlischen Welt mit der irdischen Schöpfung. Für die Gegner der Ikonen – die Kaiser und die Theologen – verbietet sich die bildhafte Darstellung Christi durch die negative Antwort auf die christologische Grundfrage: Gott und Mensch können nicht eins werden – schon gar nicht in endlicher Gestalt. Das ewige Wort Gottes, der Logos, habe eine menschliche Natur ohne individuelle Ausprägung (ἀχαρακτεριστός) angenommen in einem Universalmenschen, der undarstellbar sei. Als einziges seinem Urbild wesensgleiches Abbild Christi wird die Eucharistie anerkannt. Aus dieser Argumentation läßt sich zurückschließen, wie sehr das christologische Denken im Theoretischen und Zeitlosen geblieben war. Nun aber geht es um ein bemaltes Stück Holz, es geht um die Augenfarbe und den Bart Jesu – und die Endlichkeit dieses Abbildes ruft unausweichlich die Frage nach der Endlichkeit des geschichtlichen „Originals" hervor.

So findet sich der interessanteste christologische Text des Konzils von Nizäa 787 nicht in den Lehraussagen, sondern in einer kleinen Anathemaformel am Schluß: „Wer nicht bekennt, daß Christus, unser Gott, seiner Menschheit nach umgrenzt (περιγραπτός) ist, der sei mit dem Anathema belegt" (DH 606). Die Frage nach den Bildern wurde zur Bewährungsprobe für das Verständnis Jesu Christi in seiner konkreten geschichtlichen Endlichkeit. Die vordergründige Diskussion, ob dem Bild Anbetung oder Verehrung gebühre, stellt demgegenüber einen Nebenschauplatz dar. Geschichtliche Begrenztheit ist nicht Hinderungsgrund für die Menschwerdung Gottes, sondern ihr Ort. Endliche Geschichte vermag die Fülle göttlicher Gegenwart aufzunehmen, ohne dadurch ihre Endlichkeit zu verlieren – so lautet die christologische

Konzilsbotschaft. Liegt hier nicht das Grundbekenntnis kontextueller Theologie?!

Auch in Nizäa 787 zeigt sich: Die Konzilien hinterlassen uns keine christologischen Klärungen, die als abgeschlossene Historie zu interpretieren wären; sie übergeben uns theologische Fragen, die uns heute ebenso aufgegeben sind wie damals, ja vielleicht mehr![8]

3. Die verzögerte Bekehrung

Die Konzilsentscheidung von Chalkedon besteht aus einer Reihe von begrifflichen Nebenordnungen, ohne daß eine theologische Vermittlung geleistet wurde, ja geleistet werden konnte. Die beiden in der Formel spannungsreich zusammengehaltenen Aspekte aber boten sich an, nebeneinander oder gar gegeneinander weiterverfolgt zu werden: Gott oder Mensch; Geschichte oder Natur – also letztlich Freiheit oder Natur! Es scheint mir nicht zufällig, daß die Überlegungen von Karl-Heinz Ohlig wiederholt auf den nicht mehr vermittelten Gegensatz von Geschichte und Natur hinauslaufen. Ist nicht die christologische Grundfrage nach der Ent-sprechung und Ver-antwortung zwischen Gott und Mensch als Ermöglichung der Menschwerdung von der Tagesordnung der Theologiegeschichte weitgehend verschwunden? Läßt sich unsere westliche Theologiegeschichte nicht weithin lesen als eine Verweigerung, Natur wie auch Geschichte bzw. Freiheit den unabsehbaren Folgen der Verwandlung in den Kontext des Wortes Gottes auszusetzen? Ließe sich nicht mit einiger Plausibilität die These vertreten, daß die abendländische Theologie latent auf einer Konkurrenz zwischen Gott und Mensch beruht? Das christologische Problem wurde jedenfalls „gelöst" durch Ignorieren der Frage.

Der theologische Problemüberhang, den Chalkedon im Hinblick auf das Verständnis der Person bis heute erzeugt, ist ein herausragendes Beispiel. Der prägende Personbegriff des Boethius in seinem Traktat

---

[8] Mit den Worten Bulgakovs: „le dogme de Chalcédoine ... n'appartient pas moins à notre temps qu'à celui où il fut élaboré: disons qu'il lui appartient même davantage. Nous voudrions penser que notre époque, justement, aspirant à une synthèse théologique, est appelée à reprendre historiquement l'époque chalcédonienne, qu'elle est appelée à découvrir et à assimiler d'une manière religieuse et philosophique nouvelle ce don de l'Eglise": *Bulgakov*, Du Verbe incarné, LXII.

„Contra Eutychen et Nestorium" ist ganz und gar von der christologischen Debatte inspiriert, trifft aber in seiner Formulierung nur auf den menschlichen Erfahrungsbereich zu: *persona est naturae rationabilis individua substantia.* Karl-Heinz Ohlig hat Recht: Wenn der von Boethius her stammende und unserer heutigen Umgangssprache entsprechende Personbegriff „in der trinitarischen Sprache unkritisch verwendet wird, führt er zu Assoziationen, die auf einen faktischen Tritheismus ... hinauslaufen".[9] Doch ist hinzuzufügen oder besser sogar voranzustellen: Wenn der Personbegriff unserer Umgangssprache nicht kritisch in seiner Kontextualität zum Logos als dem „himmlischen Menschen" verstanden wird, dann führt er in die Sackgasse eines Verständnisses von Subjektivität, das aus der negativen Konnotation von Individualität als Vereinzelung weder begrifflich noch lebensmäßig einen Ausweg eröffnet. Faktisch wird in der Theologie – im Grunde ähnlich wie in Chalkedon in einer dem ursprünglichen Sinn geradezu entgegengesetzten Wortverwendung – seit einiger Zeit von einer kollektiven Subjektivität gesprochen (Subjekt Kirche, Subjekt Gemeinde etc.), doch die christologische Fundierung dieser Terminologie ist wohl noch nicht hinreichend geleistet. Liegt aber nicht in der christologischen Botschaft der Menschenförmigkeit des ewigen Logos die Möglichkeit, in der Personalisierung der menschlichen Natur Jesu Christi durch den Logos keine Minderung seines Menschseins, sondern eine Übererfüllung zu sehen, ja die Gestalt menschlicher Vollendung schlechthin?

Es scheint einen Gewinn durch das Umgehen der Frage gegeben zu haben: den Gewinn der vermeintlichen Verfügung über einen Text, der alles andere zu seinem Kontext herabsetzt. Dieser Text – hier bin ich mit Karl-Heinz Ohlig einig – sollte der Text der christlichen Überlieferung in ihrer europäischen Gestalt sein, die ihre Kontextualität zu vergessen oder verdrängen geneigt war. Heute ist diese Identifikation in eine Krise geraten. Zugleich taucht die christologische Grundfrage sozusagen von selbst wieder auf – zumindest in der negativen Gestalt einer Spannung, die in der Geschichte der Moderne zum Gegensatz

---

[9] *Karl-Heinz Ohlig*, Die trinitarische Komplizierung. Zur Inkulturation des biblischen Gottes in altkirchlicher Zeit, in: Konrad Hilpert / Karl-Heinz Ohlig (Hg.), Der eine Gott in vielen Religionen. Inkulturation und christliche Gottesvorstellung, Zürich 1993, 71-84, S. 84. Das läßt sich in philosophisch verblüffender Klarheit an der Auseinandersetzung zwischen Joachim von Fiore und Petrus Lombardus ablesen, insofern Joachim konsequent den anthropologischen Personbegriff auf die Trinität überträgt.

gesteigert worden ist und nun nach einer Lösung auf anderem Niveau verlangt: Gott gegen den Menschen, der Mensch gegen Gott; Freiheit gegen Natur, und mittlerweile mehr und mehr Natur gegen Freiheit und Geschichte. Religionswissenschaftlich und religionssoziologisch ist die Aporie zwischen Geschichte und Natur eine zutreffende und die Phänomene gut beschreibende Beobachtung. Doch liegt die Aufgabe der Theologie nicht vielmehr darin, neu zu fragen: Was ist denn Natur? Was ist Geschichte? Was sind sie als Kontext des Wortes Gottes? Hier war es die Dogmenkritik und schließlich vor allem die Leben-Jesu-Forschung, die eine theologische Wende herbeiführte. Ja, vielleicht läßt sich die Dogmenkritik sogar als der Beginn der Krise der Moderne bezeichnen, heraufgeführt mit den Mitteln der Moderne selbst. Etwas von der Erschütterung, die diese theologischen Denkbewegungen auslösten, wird im Vorwort Albert Schweitzers zu seiner Geschichte der Leben-Jesu-Forschung spürbar:

„Als das Abendland im Chalkedonense das Morgenland überwand, löste es mit seiner Zweinaturenlehre die Einheit der Persönlichkeit auf und vereitelte damit die letzte Möglichkeit des Zurückgehens auf den historischen Jesus. Der Widerspruch wurde zum Gesetz erhoben. Von dem Menschlichen war so viel zugestanden, daß dem Historischen das Recht gewahrt schien. So hielt die Formel durch Trug das Leben gefangen und verhinderte, daß die führenden Geister der Reformation den Gedanken faßten, bis auf den historischen Jesus zurückzugehen".[10]

Allerdings ging bereits die Reformation recht weit: Nicht mehr die Gemeinschaft der Kirche in der Einheit von Schrift und Tradition sollte den absoluten Text darstellen, sondern nur noch das Wort der Heiligen Schrift, während alles andere eben Menschenwerk, endliche Geschichte, war. Lange blieb auch diese Verhältnisbestimmung zwischen (absolutem) Text und (bedingtem) Kontext nicht unangefochten. Und doch ging die geschichtliche Erforschung des Lebens Jesu zunächst „nicht von dem rein geschichtlichen Interesse aus, sondern sie suchte den Jesus der Geschichte als Helfer im Befreiungskampf vom Dogma".[11] Doch auf diesem Wege stellte sich unbeabsichtigt das folgenschwere Ergebnis ein, daß auch die letzte Hoffnung auf einen Text, der über jeden Kontext erhaben ist, schwand:

---

[10] *Albert Schweitzer*, Geschichte der Leben-Jesu-Forschung, Tübingen (1906) ⁹1984, 47.
[11] Ebd.

„Es ist der Leben-Jesu-Forschung merkwürdig ergangen. Sie zog aus, um den historischen Jesus zu finden, und meinte, sie könnte ihn dann, wie er ist, als Lehrer und Heiland in unsere Zeit hineinstellen. Sie löste die Bande, mit denen er seit Jahrhunderten an den Felsen der Kirchenlehre gefesselt war, und freute sich, als wieder Leben und Bewegung in die Gestalt kam und sie den historischen Menschen Jesus auf sich zukommen sah. Aber er blieb nicht stehen, sondern ging an unserer Zeit vorüber und kehrte in die seinige zurück".[12]

Was in den Konzilien der frühen Kirche potentiell ausgesagt ist, wird heute von der Erfahrung eingeholt: Alles ist bedingte, endliche Geschichte – selbst die Person Jesu. Jesus war in seinem Menschsein begrenzt, *perigraptos* – was eigentlich wird nun anderes erfahren, als es damals das Konzil von Nizäa 787 gegen die Bilderfeinde festhielt? „Die Originalität von Menschen darf nicht überschätzt werden", formuliert Karl-Heinz Ohlig zunächst vorsichtig verallgemeinernd, um diese Aussage dann auf Jesus zu beziehen.[13] Die vielbeachteten Variationen von Gottfried Bachl über den „schwierigen Jesus"[14] meditieren dieselbe erschütternde Feststellung seiner Winzigkeit, Häßlichkeit und Nacktheit. Es gibt „keinen archimedischen Punkt außerhalb der Geschichte", so formuliert Karl-Heinz Ohlig – wohl auch im Sinne einer methodischen Bilanz – am Ende seiner Fundamentalchristologie: „Alles läuft innerhalb der Geschichte ab".[15]

Die irreversible Einsicht, daß alles Geschichte, damit kausal bedingt und in dieser Hinsicht nicht notwendig ist – folglich kein absoluter Text –, steht an der Wurzel kontextueller Theologie. Diese Einsicht selbst ist jedoch keineswegs eindeutig, es sei denn auf der Basis des neuzeitlichen Apriori rationaler Begreifbarkeit von Geschichte und Natur. Die Kontextualisierung der Theologie in der Gegenwart aber darf nicht die kritiklose Übernahme dieses verborgenen Apriori der Moderne bedeuten. Daß sich innerhalb der Geschichte kein Text lokalisieren läßt, dem gegenüber alles andere zum Kontext würde, ermöglicht im Licht der Christologie keinesfalls die zwingende Schlußfolgerung, daß der Logos Gottes seinerseits Natur und Geschichte nicht als seinen Kontext an-

---

[12] Ebd. 620.

[13] *Karl-Heinz Ohlig*, Fundamentalchristologie im Spannungsfeld von Christentum und Kultur, München 1986, 38.

[14] *Gottfried Bachl*, Der schwierige Jesus, Innsbruck/Wien 1994.

[15] *Ohlig*, Fundamentalchristologie (s. Anm. 13) 683.

genommen hätte. Es ist der Text, der sich seinen Kontext schafft und anverwandelt. Bezogen auf die christologische Grundfrage ist dieser Text der Logos in seiner Menschenförmigkeit. Die Bekehrung zur Menschenförmigkeit des Logos ruft nach der Bekehrung zur Logosförmigkeit des Menschen. Um diese zweite Bekehrung geht es im zweiten Teil.

II. Die Menschwerdung Gottes als Ursprung der Geschichte – die „Natur der Geschichte "

1. Die christliche Rede von der Geschichte nach dem „Ende der Geschichte" – die Frage nach dem Subjekt der Geschichte

Kontextualität entsteht aus der Sorge, Geschichtlichkeit so radikal ernst zu nehmen, daß *nur* innergeschichtliche Faktoren über die Wahrheitsfrage entscheiden. Diese Position ist daraufhin zu überprüfen, ob sie nicht selbst auf einer unreflektierten kontextuellen Einbindung in die Denkwelt der Moderne beruht und damit eine Verweigerung von Kontextualität unter entgegengesetztem Vorzeichen darstellt: nach der eigenmächtigen Identifikation mit dem Text des Wortes Gottes nun die eigenmächtige Verabsolutierung des Kontextes in seiner Endlichkeit. Die Berechtigung dieser Frage zeigt sich nicht zuletzt darin, daß das Konzept von Geschichte selbst heute fraglich geworden ist. Die radikalere Frage, vor die sich nicht nur die Theologie, sondern das christliche Bekenntnis überhaupt gestellt sieht, lautet nicht: Wie nehme ich Geschichtlichkeit ernst?, sondern: Wie läßt sich an Geschichte in ihrer konkreten Einmaligkeit, Unumkehrbarkeit und ihrem Ruf nach persönlicher Verantwortung glaubwürdig festhalten?

War die Moderne das „Zeitalter der Geschichte", charakterisiert durch die Idee fortschreitender Vernunft und Geschichtsbeherrschung, so ist in der Sicht des Turiner Philosophen Gianni Vattimo mit dem Ende der Moderne auch das „Ende der Geschichte", ja das „Ende der Geschichtlichkeit" gekommen.[16]

---

[16] *Gianni Vattimo*, Das Ende der Moderne (La fine della modernità), (Mailand 1985) Stuttgart 1990, 8f.10.

„Die Geschichte, die aus christlicher Sicht als Erlösungsgeschichte erschien, verwandelte sich zuerst in die Suche nach einem Zustand innerweltlicher Perfektion und dann, nach und nach, in die Geschichte des Fortschritts: aber das Ideal des Fortschritts ist leer, sein Endzweck besteht darin, Bedingungen zu schaffen, unter denen immer ein neuer Fortschritt möglich sein soll".[17]

Damit tritt zugleich die „Auflösung der Kategorie des Neuen" ein.[18] Bereits der Meister der Aphorismen, Friedrich Nietzsche († 1900), bemerkte, daß gerade die technischen Neuerungen keine wirkliche Neuheit hervorbringen. Sie sind nichts als Zuwachs im Alten, „Einreihung neuer Dinge unter alte Reihen".[19] Indem Vattimo Geschichte zurückführt auf die unentwirrbare Vielfalt von Kausaleinflüssen, gelangt er schließlich zum Verzicht auf das Konzept von Geschichte selbst:

„Wenn es aber keine einheitliche tragende Geschichte, sondern nur die verschiedenen Geschichten, die verschiedenen Ebenen und Rekonstruktionsweisen der Vergangenheit im Bewußtsein und in der kollektiven Einbildungskraft gibt, dann ist es schwer einzusehen, bis zu welchem Grad die Auflösung der Geschichte als Verbreitung von ‚Geschichten' nicht zugleich ein wahres und richtiges Ende der Geschichte als solcher ist; der Geschichtsschreibung als der Vorstellung – und sei sie noch so vage – von einem einheitlichen Gang von Ereignissen, der aber auch selbst, nachdem die Einheit des Diskurses über ihn beseitigt wurde, jede wiedererkennbare Konsistenz verliert".[20]

Wenn die Geschichte die Einheit ihres Subjekts verliert, verliert sie früher oder später auch die Einheit ihres Begriffs. Im außerchristlichen Raum wird diese Konsequenz aus verständlichen Gründen früher gezogen. Diese Gesprächssituation der Theologie im gegenwärtigen Diskurs kann Anlaß geben, den geschichtstheologischen Impuls der Definition von Chalkedon neu zu entdecken: Die Menschwerdung Gottes gibt der Geschichte ein Subjekt, besser: sie offenbart der Schöpfung ihr wahres, gott-menschliches Subjekt und eröffnet damit allererst diejenige Unbedingtheit, die das Geschichtsverständnis der Moderne überhaupt ermöglicht hat. Der menschliche Selbstvollzug ist darin nicht von äußeren

---

[17] Ebd. 12.

[18] Ebd. 9.

[19] *Friedrich Nietzsche*, Jenseits von Gut und Böse. Vorspiel einer Philosophie der Zukunft (1886), München o. J., Nr 230, S. 121.

[20] *Vattimo* (s. Anm. 16) 14.

Gesetzen oder Autoritäten überfremdet, sondern empfängt eine Dimension protologischer Grundlegung und eschatologischer Endgültigkeit, die aus dem unbedingten Anspruch menschlicher Freiheit vielleicht postulierbar, aber – nach Ohlig – nicht garantierbar ist. Die Menschwerdung Gottes in Jesus Christus bekräftigt nicht nur die unbedingte Gültigkeit von Geschichte, sondern offenbart deren Ermöglichungsgrund und Ziel. Nicht allein die Geschichte ist der Maßstab der soteriologischen Qualität des Christusereignisses, sondern das Christusereignis offenbart die „Natur" der Geschichte.

Eine entsprechende Umkehr der Fragerichtung müßte von der Christologie her auch für den Naturbegriff durchdacht werden. Neben der Grundposition „Alles ist Geschichte" findet sich ja auch die entschieden verfochtene These „Alles ist Natur". Obgleich die christologische Definition von Chalkedon dazu nötigt, von der Menschwerdung her neu nach der „Natur" des Menschen wie der ganzen Schöpfung zu fragen, stellte sich in der abendländischen Geschichte eine Objektivierung der Natur ein. Indem der Naturbegriff mehr und mehr aus dem Kontext des Logos gelöst wurde, kam es fast unweigerlich zu einer zunehmenden Entleerung der Rede von der „Natur Gottes", die wegen der Konnotation von Materialität beim philosophischen Naturbegriff nicht mehr plausibel erschien.[21] Schließlich bahnte sich auf diesem Weg eine neue Verabsolutierung der endlichen Natur an, die im *Deus sive natura* Spinozas den Auftakt des modernen Atheismus bildet. Wie für den Geschichtsbegriff liegt heute übrigens auch für den Naturbegriff die philosophisch begründete Option vor, ihn mangels eines eindeutigen Subjekts als einheitlichen Begriff fallenzulassen[22] – abgesehen von den gegenteiligen Tendenzen zur neuen, quasi-mythischen Verabsolutierung von Natur.

Kurz: Geschichte und Natur sind nicht etwa unveränderliche Konstanten menschlichen Bewußtseins. Ihr Verständnis in der Moderne

---

[21] Wiederum liegt ein Höhe- und Wendepunkt bei Joachim von Fiore, bei dem von der Trinität eigentlich nur drei Freiheitszentren bleiben, während der Begriff der Natur Gottes in der Auseinandersetzung mit Petrus Lombardus sogar zum Gegenstand der Verdächtigung wird. Die Rückwirkungen auf das Geschichtsverständnis sind hier unmittelbar ansichtig.

[22] Vgl. *Dieter Hattrup*, Albert Einstein und der würfelnde Gott, Ms. Paderborn 1996, v.a. 107-113.

beruht nicht unwesentlich auf dem Impuls der christologischen Frage. Heute sind sie auf dem Weg, angesichts der Ablösung von diesem Ursprung ihre Plausibilität zu verlieren. Die theologische Aufgabe, Geschichte und Natur zu transformieren in den Kontext des Logos, ist noch keineswegs erschöpfend geleistet.

Der Weg zu einer Antwort, den dieser Beitrag weisen möchte, sei in Thesenform vorangestellt:

- Ist der Logos der Text, der die gesamte Schöpfung als seinen Kontext hervorbringt und sich anverwandelt, und offenbart das Ereignis der Menschwerdung Gottes diesen Logos als menschenförmig, so vollzieht sich die Ent-sprechung des Kontextes gegenüber dem Text als Wahrung bzw. Verwirklichung der Logosförmigkeit des Menschen.

- Diese Logosförmigkeit des Menschen vollzieht sich als Eintreten in die schöpferische Bewegung der Weisheit Gottes.

- Die schöpferische Bewegung der Weisheit Gottes erweist sich in Jesus Christus als nicht kausale, sondern kenotische Bewegung der Sendung. Sie verwirklicht sich in der Entäußerung auf den anderen hin und hat Kreuzesgestalt.

- Die Theologie denkt dieser Bewegung nach und unterliegt ihrem Maßstab.

2. Die Weisheit Gottes als Natur der Geschichte

Daß der theologische Gedankengang vom Begriff der Weisheit unabhängig bleibt, zeigt die Symbollehre Karl Rahners, die implizit die alte Frage des Apollinarios nach der Möglichkeit der Menschwerdung aufnimmt. Nach Rahner muß der menschgewordene Logos als „das absolute Symbol Gottes in der Welt"[23] verstanden werden und Anteil haben an der symbolischen Selbstaussage Gottes,

„so daß, wenn Gott, sich selbst aus-sagend, sich selbst ent-äußert, eben gerade das erscheint, was wir die Menschheit des Logos nennen, Anthropologie also selbst ihren letzten Ursprungsort nicht bloß in einer Lehre von den Möglich-keiten eines unendlichen Schöpfers hat (der aber sich doch nicht eigent-

---

[23] *Karl Rahner*, Zur Theologie des Symbols: Schriften zur Theologie IV, Einsiedeln u.a. ⁵1967, 275-311, hier: 294.

lich *selbst* verrät, wenn er schafft), sondern in der Lehre von Gott selbst, insofern darin auch gesagt wird, was ,erscheint', wenn er in seiner Selbstentäußerung in das von ihm andere hinein aus sich selbst heraustritt".[24]

Nicht endliche Vorstellungen werden anthropomorph auf Gott übertragen, sondern es erfolgt umgekehrt eine Kontextualisierung der geschöpflichen Wirklichkeit im Hinblick auf die unableitbare, nicht mehr kontextualisierbare Selbstaussage Gottes im menschgewordenen Logos. Diese Theologie steht nach Rahner „erst am Anfang, nicht am Ende"; er selbst umschreibt die Aufgabe der Kontextualisierung mit dem Begriff „Umfeld".[25]

Wo Rahner abbricht, hat Bulgakov vor ihm unter dem Leitmotiv der Weisheit angesetzt. „Über das Gottmenschentum" lautet der Rahmentitel seiner dreibändigen Hauptdogmatik. Inspiriert haben ihn nicht zuletzt die „Vorlesungen über das Gottmenschentum" seines geistigen Lehrers Wladimir Solowjew, von dessen gnostisierender Sophia-Interpretation er sich andererseits klar absetzt. Bulgakovs Weisheitstheologie ist bewegt von der christologischen Grundfrage und kann als Versuch

---

[24] Ebd. 296.

[25] „Aber damit wäre eigentlich eine Theologie des Symbols von der Inkarnationslehre her erst am Anfang, nicht am Ende. Denn von hier aus müßte nun bedacht werden, daß die natürliche Tiefe der (an sich innerweltlichen oder bloß natürlich auf Gott transzendierenden) Symbolwirklichkeit aller Dinge realontologisch eine unendliche Ausweitung dadurch erhalten hat, daß diese Wirklichkeit auch Bestimmung des Logos selbst oder seiner Umwelt [Kontext?!] geworden ist. Jede gottentsprungene Wirklichkeit, wo sie echt und unverdorben ist, wo sie nicht zu einem rein menschlichen Mittel und Nutzwert degradiert ist, sagt ja viel mehr als nur sich selbst, meint und tönt immer das Ganze der Wirklichkeit überhaupt (in seiner je eigenen Weise). Spricht die einzelne Wirklichkeit überhaupt im Anwesendseinlassen des Ganzen auch von Gott (letztlich durch die transzendentale Verwiesenheit auf ihn als die exemplarische, effiziente und finale Ursache), so erhält diese Transzendenz eine (wenn auch nur für den Glauben erfaßbare) Radikalität dadurch, daß nun in Christo diese Wirklichkeiten nicht mehr bloß auf Gott als die Ursache, sondern auf den Gott hinweisen, dem diese Wirklichkeiten selbst als seine substantielle Bestimmung oder seine ihm eigene Umwelt [sein Kontext!] angehören. Das fleischgewordene Wort läßt alles in sich bestehen (Kol 1,17), und darum hat alles auch in seiner Symbolhaftigkeit eine unergründliche Tiefe, die nur der Glaube auszuloten vermag": ebd. 296f.

einer theologischen Antwort darauf verstanden werden.[26] In seinem Werk ist die Weisheit die Bezeichnung für die Natur Gottes, auf deren unbegreifbare Menschenförmigkeit das christologische Dogma von Chalkedon schließen läßt. „Die göttlicheWeisheit ist nichts anderes als die Natur Gottes, sein Wesen".[27] Auch und urbildlich in Gott gilt die Zusammengehörigkeit von Natur und Person: „Die Natur ist das eigentliche Leben des Geistes, insofern sie seine Selbst-Offenbarung darstellt".[28] Die Natur Gottes kann aus der christologischen Grundfrage in ihrer Unbegreifbarkeit, zugleich aber in ihrer Maßstäblichkeit für die geschöpfliche Natur erschlossen werden. Korrespondenz und Unterschiedenheit zwischen göttlicher und menschlicher Natur faßt Bulgakov mit Augustinus in die Unterscheidung zwischen geschaffener und ungeschaffener Weisheit (*sapientia increata / sapientia creata*).

Die erste Bewährungsprobe dieser Begrifflichkeit liegt in der Schöpfungslehre: Die *creatio ex nihilo* schließt nach Bulgakov ein zweites Prinzip der Welterschaffung in Gestalt einer Urmaterie oder eines Demiurgen sowie die Notwendigkeit der vorfindlichen Welt für menschliches Begreifen aus. Durch beide Negationen hindurch macht Bulgakov eine Affirmation sichtbar, die die Selbstaffirmation Gottes begrifflich nachvollzieht: „Gott hat die Welt aus sich selbst geschaffen".[29] Ein unableitbar freier Akt Gottes transformiert die kontradiktori-

---

[26] Für die Wahl der Weisheit als Ausdruck der verbindenden Dimension zwischen Gott und Mensch haben vermutlich die alttestamentliche Gestalt der Weisheit, die patristische Theologie sowie die ostkirchliche ikonographische Tradition eine ausschlaggebende Rolle gespielt. In derselben Traditionslinie ist allerdings auch die Abkehr von der Begrifflichkeit der Sophia angelegt. Sie vollzog sich sowohl in der Abgrenzung gegen Arius, der die Identifikation von Logos und Weisheit als eines seiner Hauptargumente für die Geschaffenheit des Logos anführte, wie auch in Abgrenzung gegenüber der Gnosis, die die Sophia in einem dualistischen Weltbild ansiedelte. Das Beste wird sein, die hier unauflösbar bleibende Ungewohntheit und Willkürlichkeit als Hilfe zu betrachten, um den Begriff im Bereich negativer Theologie angesiedelt zu lassen.
[27] „La Sophie divine n'est rien autre que la nature de Dieu, son ousie": Du Verbe incarné, 22.
[28] „La nature est la vie même de l'esprit, en tant que son auto-révélation": Du Verbe incarné, 8.
[29] „Dieu a créé le monde de lui-même": L'Epouse de l'Agneau, (russ. Paris 1945), Lausanne 1984, 41. Vgl. La Sagesse de Dieu, (russ. 1912), Lausanne 1983, 41.

sche Verneinung jeglichen Seins außerhalb Gottes, das *ouk on* (οὐκ ὄν), in die privative Form des *me on* (μὴ ὄν), in das Nicht-Seiende mit der Möglichkeit zu sein bzw. zu werden.[30] Der Mensch ist „ein geschaffener Gott"[31], ein „Gott der Möglichkeit nach"[32] – mit der Freiheit und Verantwortung der Mitwirkung an seiner Selbsterschaffung, nicht nur im individuellen Bereich, sondern wesentlich in der gesellschaftlich-öffentlichen Dimension der Wirtschaft.[33] Die Weisheitsnatur der Welt ist der Ermöglichungsgrund geschöpflicher Freiheit. Dieses Verständnis der Schöpfung läßt sich nicht in Kategorien von Kausalität ausdrücken. Gott ist nicht die Ursache der Welt, er ist ihr Schöpfer[34] – so wird Bulgakov nicht müde zu betonen. Die maßstäbliche Selbstbewegung Gottes ist nicht kausal, sondern kenotisch. Aufgearbeitete geschichtliche Kausalität bedeutet folglich kein vollständiges Verstehen dessen, was ist.

Eine besondere Sensibilität zeigt Bulgakov für die mangelnde christologische Transformation des westlichen Personbegriffs. Er macht darauf aufmerksam, daß das von Boethius angeführte Merkmal der Individualität stets auch eine Negation bedeutet, insofern geschichtliche Personalität das Menschsein nicht erschöpft, sondern auch begrenzt. Für die Schöpfung ist die Natur eine nicht eingeholte und nicht einholbare Bedingtheit, ein Nicht-Ich. Sie ist im Werden begriffen und bleibt sich selbst in diesem Zustand stets auch verborgen und unbekannt: „Daher manifestiert sich das Ich nicht nur durch dieses Nicht-Ich [die Natur], sondern erfährt daran zugleich seine Begrenzung".[35] Die göttlichen Personen weisen demgegenüber eine Universalität auf, die nicht dem Allgemeinbegriff einer Gattung entspricht; sie ist nicht abstrakte, son-

---

[30] Vgl. La Lumière sans déclin, (russ. Moskau 1917; 1994), Lausanne 1990, 178, und passim.

[31] „Un dieu créé": Du Verbe incarné, 60; *Serge Boulgakov, Le Buisson ardent,* (russ. 1927) Lausanne 1987, 17.

[32] „Dieu en puissance": La Lumière sans déclin, 256; russ.: „in potentia": Moskau 1994, 243.

[33] Von der Sophia ist bereits die Rede in Bulgakovs Habilitationsschrift: Philosophie der Wirtschaft, russ. Moskau 1912 (Nachdruck Farnborough 1971), 134-159 (Die sophianische Natur der Wirtschaft).

[34] „Dieu n'est pas la cause du monde, il en est le Créateur": L'Epouse de l'Agneau, 173; vgl. 35.

[35] „C'est pourquoi le moi ne se manifeste pas seulement par ce non-moi [de la nature], mais il en est limité": Du Verbe Incarné, 15.

dern konkrete Allgemeinheit. Die göttliche Person *ist* – ohne jegliche Einschränkung – ihre Natur.[36] Hier ergeben sich Ansätze zu einem kontextuellen Personverständnis, geformt an der Personalität Christi gemäß der Konzilsdefinition von Chalkedon:

„Die Lehrformulierung von Chalkedon – *teleion en anthrôpotèti, anthrôpon alèthôs... homoousion hèmin kata tèn anthrôpotèta* –, enthält gerade die Idee, daß nicht nur ad hoc eine praktische Angleichung der Elemente des Körpers bzw. der menschlichen Natur stattgefunden hat, sondern daß die ‚vollkommene' Menschheit angenommen und eine ‚Konsubstantialität' mit uns etabliert wurde. Diese Idee findet sich in der patristischen Literatur. Doch wurde die Bedeutung dieser ‚homo-ousie' Christi mit der gesamten Menschheit durch die Theologie nicht ausgearbeitet, insbesondere hinsichtlich ihrer Anwendung auf das Gesamt der Viel-Einheit des Menschengeschlechts".[37]

Positiv formuliert Bulgakov:

„Die Menschheit ist eine Viel-Einheit mit einer Natur, doch vielen Hypostasen: sie stellt keine unbegrenzte und unvollendete Serie dar, die plötzlich unterbrochen wird; sie bildet eine Einheit, die Vollständigkeit der Zahl".[38]

„Menschheit" ist für Bulgakov nicht nur ein abstrakter Gattungsbegriff oder ein Sammelbegriff für eine Zahl von Individuen, sondern eine konkret-universale Schöpfung in Christus.[39] Ein unerhörtes Konzept

---

[36] Vgl. die differenzierten Erwägungen des Thomas von Aquin zur Anwendung des Personbegriffs auf die Trinität: STh I,29,4.

[37] "la formule doctrinale de Chalcédoine: *teleion en anthrôpotèti, anthrôpon alèthôs... homoousion hèmin kata tèn anthrôpotèta,* contient justement l'idée que ce n'est pas seulement une assimilation ad hoc et pratique d'éléments du corps ou de la nature humaine qui a eu lieu, mais que c'est l'humanité ‚parfaite' qui a été assumée et qu'une ‚consubstantialité' a été ainsi établie avec nous. Cette idée se retrouve dans la littérature patristique. Pourtant, l'importance de cette ‚homo-ousie' du Christ et de toute l'humanité n'a pas été élaborée par la théologie, en particulier pour ce qui est de son application à l'ensemble de la pluri-unité humaine": L'Épouse de l'Agneau, 89.

[38] „L'humanité est une pluri-unité avec une nature, mais des hypostases multiples: elle ne représente pas une série indéfinie et inachevée soudain interrompue: elle est l'unité, l'intégrale de la série": ebd. 88.

[39] In dieser Weise spricht der Einschub in das Hochgebet am Fest „Christi Himmelfahrt" davon, daß durch Jesus Christus *die Menschennatur* zur Rechten Gottes erhöht ist: „Darum kommen wir vor dein Angesicht und feiern in Gemeinschaft mit der ganzen Kirche den Tag, an dem unser Herr Jesus

freier geschöpflicher Mitwirkung ist hier eröffnet: Die Menschheit ist auf dem Weg von der endlichen Personalität zum ewigen Selbstand in der Person des Logos. Geschichte ist die von Gott in Raum und Zeit eröffnete Freiheit, diesen Weg zur Vollendungsgestalt der Schöpfung und damit das Antlitz des Heiligen Geistes mitzugestalten. „Die Geschichte ist das Handeln, durch das der Mensch sich selbst in der Welt schafft ... Auch gibt es sozusagen eine natürliche Vorbereitung der Eschatologie in der Geschichte".[40] „Der Mensch hat zusammen mit Gott an seiner eigenen Erschaffung teil"[41], vermittelt durch sein freies Handeln und seine gemeinschaftlichen Grundvollzüge in Kultur, Politik und Wirtschaft. Schöpferisch im weisheitlichen Sinne wird die Freiheit des Menschen, indem sie in die unbedingte Bewegung schöpferischer Liebe Gottes zu aller Wirklichkeit einstimmt. Diese eine, gott-menschliche Weisheit ist Ausdruck der ungeheuerlichen Wahrheit, daß der Mensch nicht nur für die Gestaltung der vergänglichen Geschichte, sondern auf diesem Wege auch für das Erlösungswerk, für die Gestalt der neuen Schöpfung, ja für Gott selbst Verantwortung trägt.[42]

Die Wechselseitigkeit zwischen Gott und Mensch, die in der christologischen Entscheidung von Chalkedon angelegt ist, aber wegen der fehlenden Antwort auf die christologische Grundfrage nicht angemessen bedacht werden konnte, gründet in der göttlichen Weisheit. In dieser irreversiblen Gegenseitigkeit zwischen Gott und Mensch ist wohl das

---

Christus, dein eingeborener Sohn, unsere schwache, mit seiner Gottheit vereinte Menschennatur zu deiner Rechten erhoben hat [unitam sibi fragilitatis nostrae substantiam in gloriae tuae dextera collocavit]. Durch ihn bitten wir dich, allmächtiger Gott...".

[40] „L'histoire est l'action par laquelle l'homme se crée dans le monde ... Aussi, pour ainsi dire, y a-t-il une préparation naturelle de l'eschatologie dans l'histoire": L'Épouse de l'Agneau, 247.

[41] „L'homme participe avec Dieu à sa propre création": ebd. 77.

[42] „La liberté est incluse dans la réalité de cette créature, comme une auto-détermination créatrice non seulement par rapport au monde, mais encore par rapport à Dieu ... la créature ne peut introduire rien d'ontologiquement nouveau ni, de la sorte, étonner et enrichir le Créateur. Toutefois, le choix même et l'actualisation créatrice de ces possibilités, bref, le domaine de la liberté modale, restent confiés à la créature et, pour autant, en sont la contribution créatrice ... La synergie est une auto-détermination mutuelle, avec un élément de nouveauté, qui y prend effet selon le mode de chacune des deux parties": ebd. 185.

Neue zu sehen, das die Menschwerdung Gottes gegenüber der ewigen Theanthropie bedeutet: Geschichte ist Eschaton geworden. Die Schöpfung mit ihrem weisheitlichen, gott-menschlichen Subjekt ist potentiell der Ort der Gottesgeburt wie des Todes und der Auferstehung Gottes.

3. „To refer all to God" –
Sendung als Gestalt kontextueller Theologie

Bulgakovs Theologie ist selbst *eine* Gestalt von Theologie unter anderen; sie ist kontextuell bedingt und begrenzt. Doch weist sie die Größe auf, uns in die Bekehrungsbewegung hineinzunehmen, der jede Gestalt des christologischen Bekenntnisses und seiner theologischen Reflexion unterworfen ist. In der Begegnung verschiedener christlicher Traditionen wie auch in der Begegnung zwischen dem Christentum und anderen Religionen geht es damit nicht unmittelbar um die Begegnung zwischen Text und Kontext, sondern um eine Begegnung zwischen verschiedenen Kontexten.

Indem Gott Mensch wird und damit Geschichte als gott-menschliche Geschichte ermöglicht, wird jede Zeit und jede Kultur in ihren Äußerungen radikal auf Gott bezogen. Alle Religionsformen, Gottesbilder, Naturbezüge, Anthropologien etc. werden entschieden relativiert und in ihrer Menschenförmigkeit aufgedeckt. Vordergründig mag das Christentum genötigt sein, sich je neu in der Sprache eines fragenden Kontextes auszusagen. Tiefer gesehen tragen Christus, der Menschgewordene, und mit ihm und in ihm die Gemeinschaft der Kirche die Initiative. Denn die Menschwerdung Gottes gibt nicht nur eine Antwort auf ein allgemeines soteriologisches Bedürfnis, sondern sie stellt selbst an die Schöpfung eine radikale Frage, die nicht kontextualisierbar ist, weil sie alle Kontexte zugleich ermöglicht und infragestellt. Der Kontext wird auf diesem Wege provoziert, seine eigene Disproportion an dieser Frage abzuarbeiten. Die Märtyrer und Märtyrerinnen, die am Beginn der Christianisierung einer Kultur zu stehen pflegen, sind das Spiegelbild dafür, daß von den Kulturen nicht nur diese oder jene Übersetzungs- und Verstehensarbeit erlangt ist, sondern ein wirkliches Hineinsterben in das Leben des Logos, damit aber zugleich in das versöhnte Leben miteinander.

Wenn die Initiative der Geschichte bei der Weisheit liegt, dann hat das Konsequenzen für die Theologie selbst. Dann ist die christologische

Grundfrage nicht zuerst eine Frage *der* Theologie, sondern eine Frage *an* die Theologie. Die Theologie denkt der kenotischen Bewegung der göttlichen Weisheit nach: Sie bezieht die Aussagen jedes Kontextes relativierend auf den Text des Wortes Gottes. Sie beurteilt das Handeln des Menschen relativierend auf die Sendungsbewegung des Logos. Dabei aber unterliegt sie selbst in ihrem Sprechen, Denken und Urteilen dem Maß dieser Bewegung. „nullum verbum alicuius temporis perfecte aeternitatem repraesentat"[43] – formuliert der hl. Thomas von Aquin. In dieser Aussage müssen beide Dimensionen gehört werden: die Unvollkommenheit *und* die Repräsentation, die Endlichkeit *und* die Sakramentalität, d.h. die wahre Indienstnahme des Endlichen für die Selbstoffenbarung der Wahrheit Gottes. „Weisheit" meint in diesem Zusammenhang nicht eine theologische Gattung unter anderen, gar noch im Gegensatz zu geschichtlicher oder prophetischer Rede, sondern die Denkform der Theologie schlechthin, insofern ihre Aufgabe darin besteht, jeden geschöpflichen Kontext auf den Text des Wortes Gottes zu beziehen.[44]

Die Wahrnehmungen kontextueller Theologie führen in eine doppelte Bekehrung hinein: die Bekehrung zur Endlichkeit – und die Bekehrung zur Anverwandlung an das Wort Gottes. Wenn die zweite Bekehrung darin besteht, daß die Bewegung der Weisheit Gottes zur Bewegung der Schöpfung wird, dann ist sie die Bewegung der Sendung, denn der Logos ist in diese Welt gesandt, um den Armen eine Frohe Botschaft zu bringen. So möchte ich den Vorschlag unterbreiten, das Vokabular der Kontextualität zugunsten der biblisch-theologischen Rede von der Sendung wieder ad acta zu legen. Die Krise der Mission und die Entwicklung der kontextuellen Theologie gingen Hand in Hand. Weshalb sollen nicht die Einsichten der kontextuellen Theologie zu einer Erneuerung des Missionsverständnisses führen? Für mich jedenfalls lautet die Bilanz: Die kontextuelle Theologie ist ein – in vieler Hinsicht heilsamer und verdienstvoller – Aufbruch zu einer vertieften Theologie der Sendung.

Was lernt die Theologie der Sendung von den Einsichten der kontextuellen Theologie? Sie wird gewarnt vor der Identifikation ihrer

---

[43] Sent. I, dist. 9, q.2, a.2, sol.
[44] An zentraler Stelle entwickelt Bulgakov eine Sprachphilosophie, die diese Zusammenhänge reflektiert: vgl. Serge *Boulgakov*, La Philosophie du Verbe et du Nom, (russ. Paris 1953) Lausanne 1991.

Botschaft mit dem Text des Wortes Gottes. Ihr wird die Endlichkeit jeder Gestalt von Glaube und Verkündigung Jesu Christi neu vor Augen geführt. Aber sie empfängt wohl auch von der Endlichkeit Jesu Christi die Ermutigung, nicht länger die eigene Schwachheit gegen die Zusage des Geistes Gottes auszuspielen. „To refer all to God" – so formuliert in verblüffender Einfachheit Mary Ward (1585-1645), Gründerin der Jesuitinnen, das wesentliche Geschehen der Sendung. Alles auf Gott beziehen, alles auf Gott hin relativieren, alles in den Kontext des Wortes Gottes verwandeln lassen – all das und nur das ist Mission. Diese Sendung ist Ausdruck der zweiten Bekehrung, die in Anerkennung der eigenen Endlichkeit einstimmt in die Sendung Christi, sich von ihm bewegen läßt. Sendung ist Ruhen in der Bewegung der Weisheit Gottes. Nicht ein träges, gleichgültiges Ruhen, nicht ein Ausruhen von der Tätigkeit ist gemeint, sondern ein Ruhen, das die höchste Form schöpferischer Freiheit darstellt.

Die Ergebnisse der kontextuellen Theologie sind höchst geeignet zu zeigen, daß Sendung das genaue Gegenteil eines hektischen, ungeistlichen Aktivismus ist. Sie ist kein Aktionsprogramm, nicht zur Steigerung der Kirchenbesucherzahlen, nicht zur Rechristianisierung Europas, nicht zur Bekehrung Andersgläubiger. Sendung ist die grundlegende Lebensform des Glaubens, der gemeinsame Lebensvollzug der Kirche, die versucht, immer tiefer in der Bewegung der Sendung Jesu zu ruhen und sich von der Weisheit Gottes bewegen zu lassen. Sendung ist nicht primär auf Erfolg ausgerichtet – nicht einmal auf Erfolg für die irdische Gestalt des Reiches Gottes –, sondern auf Frieden und Versöhnung in der Weisheit Gottes. Für die Kirche im Dialog mit den Weltreligionen

„bedeutet diese Situation, daß sie an der anderen Religionsgemeinschaft ein Gegenüber hat, an das sie in dieser geschichtlichen Stunde bzw. in dieser Zeit gebunden ist, ohne daß ihre Botschaft auf Verständnis und Aufnahme stößt. Die Situation offenbart ihr das Kreuz, welches den Glauben bleibend prägt. Die Situation offenbart ihr aber auch, daß gerade das Nichtverstehen, die offenbare Fremdheit sie zur Nagelprobe auf ihren Glauben, nämlich zum hoffenden und liebenden Festhalten an dieser anderen Gemeinschaft, herausfordert. Die Kirche vollzieht so diese geschichtlich offenbar ausweglose Situation in einem doxologischen Überschritt, der gerade aufgrund des Christusereignisses Gott dem Vater in seiner Unermeßlichkeit zutraut, auch dieses Kreuz in Herrlichkeit und Leben zu verwandeln".[45]

---

[45] *P. Hünermann*, Glaubenssätze und der je größere Gott: ThQ 169 (1989) 56-67, 65.

So zeigt sich in der Sendung im vollen biblischen Sinne geradezu eine Umkehrung der verengten Auffassung von „Mission": Gesandt ist die Kirche, gesandt sind wir nicht nur und nicht zuerst zum Zeugnis gegen den Unglauben anderer, sondern gegen den eigenen Unglauben. Das entspricht nicht zuletzt dem biblischem Befund: Die Auferstehung erschließt sich denen, die mitten im Zweifel aufbrechen: „Er geht euch voraus nach Galiläa; dort werdet ihr ihn sehen" (Mt 28,7; vgl. Mk 16,7). Der Aufbruch in das Land der armen Leute, zu den Armen, ist Frucht des anfänglichen Glaubens und führt zu einer je tieferen Erfahrung des Auferstandenen. Nicht die begeistert überzeugten, sondern die verängstigten und zweifelnden Jünger sendet Jesus „in die ganze Welt" (Mk 16,15). Sendung ist Einkehr in die Lebensrichtung Christi im Vertrauen auf sein Wort, im Vertrauen auf den Logos selbst.

In der Sendung, die durch die Schule der kontextuellen Theologie gegangen ist, geht es weder um die Durchsetzung der eigenen Glaubensgestalt noch um die Zubilligung der Wahrheit an die anderen. *Beides* steht mir nicht zu. Denn es ist der Logos selbst, der sich – in uns wie in den anderen – seinen Kontext schafft. Die eigene Bekehrung und nur die eigene Bekehrung ist der angemessene Weg zur Bekehrung des anderen. Die Bewegung der Sendung wird daher eine freilassende, ist sie doch nicht auf den anderen als Objekt ausgerichtet, sondern darauf, dem Wort Gottes Raum zu geben, damit es sich seinen Kontext schaffe. Hier müßte die Suche nach Kriterien ansetzen, die nicht im Theoretischen zu finden sein werden, sondern letztlich in der gelebten und nicht selten erlittenen *communio*.

Der kontextuellen Theologie ist es gelungen, in der Tradition der Dogmenkritik und der Leben-Jesu-Forschung aufzuzeigen, daß Christsein und Kirche in der eschatologischen Unbedingtheit ihrer Verkündigung aus geschöpflicher Perspektive unmöglich sind. Sie hat Recht, und wir sollten hinter dieses – gewollt oder ungewollt erzielte – Ergebnis nicht mehr zurückfallen, ja es als kritisches Potential gegen neuzeitliche Verabsolutierungstendenzen jeder Art wirksam werden lassen. Das Wort des Evangeliums: „Bei Gott ist nichts unmöglich" kann auf diesem Hintergrund einen neuen Klang bekommen – nicht als Kundgabe der unvermittelten Allmacht Gottes, sondern als Verheißung des Logos, der sich seinen Kontext schafft und anverwandelt. „Die Weisheit baute sich ihr Haus" (Spr 9,1) und *baut* sich ihr Haus. *Christsein ist möglich* in der

Weisheit Gottes. *Die Kirche lebt und wird erbaut.* Die Theologie bezeugt dieses Geschehen, indem sie das Kreuz zur Geltung bringt als Ort der Menschenförmigkeit des Logos und der Logosförmigkeit des Menschen. Das Kriterium jeder Kontextualität ist die Kreuzesnachfolge.

V
Zum Verständnis Jesu Christi im heutigen Indien

Christologische Herausforderungen und Zukunftsperspektiven

Felix Wilfred

In der zweitausend Jahre langen christlichen Geschichte hat es, wie mir scheint, noch nie eine Periode wie die derzeitige gegeben, die solche Möglichkeiten besitzt, neue Dimensionen und Aspekte des unerschöpflichen Geheimnisses Jesu Christi zu erforschen. Dies rührt unter anderem daher, daß Menschen überall in dieser Welt versuchen, sich nicht länger auf die überbrachten christologischen Interpretationsmodelle zu verlassen, über deren Grenzen es heutzutage ein größeres Bewußtsein gibt als je zuvor; sie versuchen Jesus Christus vielmehr durch das Prisma ihres Lebenskontextes und ihres kulturellen Erbes zu betrachten. Diese Versuche, Jesus Christus in Begriffen ihres Lebenskontextes und ihrer Erfahrungen zu interpretieren, haben erfrischende Perspektiven und Einsichten in die Person und Botschaft zur Folge. Hier genügt es, an die christologischen Versuche der lokalen Kirchen in Lateinamerika oder gegenwärtig an die in Afrika zu denken.[1] Im Westen findet eine Veränderung statt in der Art und Weise, christologische Fragen zu stellen und Aufgaben zu definieren, beispielsweise in der klassischen Arbeit Walter Kaspers[2]; man sucht das Geheimnis Jesu Christi mit der gegenwärtigen kulturellen, philosophischen und spirituellen Situation, die sich in den letzten zwei Jahrzehnten sehr verändert hat, in Verbindung zu setzen.[3]

---

[1] Vgl. *Jon Sobrino*, Christología desde América Latina, Mexico [2]1976; *ders.*, Jesús en América Latina, Santander 1982; *L. Boff*, Jesus Christo Libertador, Petrópolis 1972; *L. Segundo*, El hombre de hoy ante Jesús of Nazaret, 3 Bde, Madrid 1982; G. Collet (Hg.), Der Christus der Armen. Das Christuszeugnis der lateinamerikanischen Befreiungstheologen, Freiburg 1988; R. Schreiter (Hg.), Faces of Jesus in Africa, New York 1991.

[2] *W. Kasper*, Jesus der Christus, Mainz 1974, 16-26.

[3] Wer kann den großen Enthusiasmus leugnen, der durch die transzendentale Christologie Karl Rahners erzeugt wurde, die bis heute einen bemerkens-

Mein Versuch, diese Frage zu reflektieren, muß in diese Atmosphäre eines generellen Erwachens gegenüber der christologischen Streitfrage sowie des wachsenden Bewußtseins der Unzulänglichkeiten vergangener Christologien eingebettet werden. Ich möchte gerne damit beginnen, drei mögliche Mißverständnisse beim Sprechen über indische Christologie aus dem Weg zu räumen.

Zuallererst kann man sich die indische Christologie als ein Unternehmen im Bereich der interkulturellen Kommunikation vorstellen. Dann geht es darum, kulturell angemessene Wege zu finden, um eine Christologie auszudrücken, die durch die christlichen Jahrhunderte, mit ihren Höhepunkten in Konzilen wie Chalkedon, formuliert wurde.[4] Die indische Situation mit ihrem religiösen Pluralismus und ihren soziopolitischen Unruhen fordert indes weitaus mehr als einen solchen interkulturellen Kommunikationsansatz.

Das zweite Mißverständnis bezieht sich auf eine falsche Erwartung. Nimmt man die gegenwärtigen westlichen Christologien als Bezugspunkt, so könnte man dazu neigen, eine entsprechende indische Behandlung aller in ihnen enthaltenen Streitfragen zu erwarten. Wenn unter Christologie ein umfassend ausgearbeitetes System von Gedanken über Jesus Christus verstanden wird, wohl strukturiert, logisch geordnet, mit zwingenden Argumenten, dann bleibt wenig Raum, um von einer indischen Christologie zu sprechen. Indische Christologie ist aber auch kein Versuch, in erster Linie die traditionellen christologischen Positionen zu kritisieren und eine universell anwendbare Alternative zu präsentieren.

Indische Christologie ist vielmehr etwas sehr Bescheidenes. Sie resultiert aus der konkreten, alltäglichen Begegnung mit der Welt unserer Nachbarn anderen Glaubens. In dieser Begegnung kommt es zum

---

werten Einfluß hat? Und dennoch, heutzutage hat sich die kulturelle und philosophische Situation so rasch verändert, daß die Herausforderung besteht, neue christologische Wege als Reaktion auf die neuen pastoralen Herausforderungen im Westen selbst zu entwickeln. Zu den neuen Herausforderungen vgl. P. Hünermann (Hg.), Das neue Europa. Herausforderungen für Kirche und Theologie, Freiburg 1993; darin besonders *Ch. Duquoc*, Jesus Christus, Mittelpunkt des Europa von morgen, ebd. 100-110; vgl. auch *K. Gabriel*, Christentum zwischen Tradition und Postmoderne, Freiburg 1992.
[4] Vgl. *A. Grillmeier*, Jesus der Christus im Glauben der Kirche, Bd. 1 und 2/1, Freiburg ²1982 und 1986.

Versuch, das Geheimnis Jesu Christi näher an unserer Denkweise und unserer Kultur zu reinterpretieren. Indische Christologie entsteht außerdem aus dem Nachdenken über Jesus Christus in einer Situation, in der Millionen Armer und Marginalisierter – über religiöse Grenzen hinweg – mit den Grunderfordernissen des Lebens kämpfen.

Drittens könnte es zu einer falschen Schlußfolgerung kommen. Es liegt nicht in meiner Intention, hier die gesamten biblischen Daten, Glaubensformeln, konziliaren Lehren usw. zu Jesus Christus darzustellen. Wenn sie hier nicht explizit behandelt werden, bedeutet dies nicht, daß ich sie verneine oder ihren Wert unterminiere. Ich erkenne sie als wichtige Meilensteine an, besonders wenn sie auf dem Hintergrund der Geschichte christologischer Dogmen betrachtet werden. Diese Dinge werden in einigen der westlichen Abhandlungen und Untersuchungen auf detaillierte und meisterhafte Weise dargestellt.[5] Ich will sie hier nicht alle wiederholen. Vielmehr möchte ich über mögliche Wege reflektieren, die sich für die indische Zivilisation mit ihrer Weltsicht, ihren Denkweisen, ihrem religiös-kulturellen Erbe und ihrer gegenwärtigen sozio-politischen Situation eröffnen, um das Geheimnis Jesu Christi und seine Botschaft zu erfahren und zu verstehen.

Die bisherigen Beobachtungen legen in gewisser Weise eine Einteilung des vorliegenden Papiers nahe. Es gliedert sich in vier Teile von ungleicher Länge. Im ersten Teil geht es um eine Beschäftigung mit Jesus Christus, interpretiert durch die indische klassische Tradition. Der zweite Teil beschäftigt sich mit den Vorstellungen Jesu Christi aus der Sicht der Opfer der indischen Gesellschaft. Der dritte Teil widmet sich einigen christologischen Streitfragen, die in den ersten beiden Teilen

---

[5] Neben der zuvor aufgeführten Arbeit W. Kaspers kann man sich auch auf zeitgenössische klassische Abhandlungen besinnen, wie: *E. Schillebeeckx*, Jesus. Die Geschichte von einem Lebenden, Freiburg 1975; *K. Rahner*, Grundkurs des Glaubens, Freiburg 1976; *Ch. Duquoc*, Christologie, Essai dogmatique, Paris 1971-1972; *K. Rahner / W. Thüsing*, Christologie – systematisch und exegetisch, Freiburg 1972; *H. Kessler*, Christologie, in: Th. Schneider (Hg.), Handbuch der Dogmatik, Bd. 1, Düsseldorf 1992, 241-442; *A. Amato*, Gesu il Signore, Bologna 1988; vgl. auch *P. Schoonenberg*, Der Geist, das Wort und der Sohn, Regensburg 1992; *J. Moltmann*, Der gekreuzigte Gott, München 1972. Für eine Übersicht über aktuellere Arbeiten vgl. *L. Renwart*, Portraits du Christ, in: Nouvelle Revue Theologique, 118 (1996), 890-907.

impliziert sind. Der vierte Teil schließlich reflektiert über die Gestalt der indischen Christologie der Zukunft und die damit gegebenen Herausforderungen.

Teil I
Das Verständnis Jesu Christi im Rahmen der klassischen indischen Tradition

1. Der nicht-dualistische Ansatz

Es ist eine bemerkenswerte Tatsache, daß die ersten, die sich um ein indisches Verständnis Jesu Christi bemüht haben, nicht etwa Christen, sondern hinduistische Nachbarn waren.[6] Diesen Versuchen lag die Überzeugung zugrunde, daß Jesus Christus nicht den Christen, sondern der gesamten Menschheit gehört.[7] Diese universale Bedeutung Jesu Christi konnte gerade mit Hilfe einer charakteristischen hinduistischen Erfahrungs- und Denkweise ausgedrückt werden.

Der *advaitische* (nicht-dualistische) Ansatz gehört zu den Grundzügen indischen Denkens. Es ist eine ursprüngliche Sicht der Wirklichkeit, die die Verschiedenheit in unserer Erfahrung und unserem Denken in einer letzten, nicht-dualistischen Einheit versöhnt. Die Selbstverwirklichung des Menschen erfolgt hier dadurch, daß die scheinbare Dichotomie zwischen seinem innersten *Atman* (Selbst) und der letzten und allumfassenden Wirklichkeit des *Brahman* überwunden wird. Der Mensch durchläuft dabei einen schwierigen Prozeß: Schleier um Schleier muß die Unwissenheit (*avidya*) entfernt werden, die verhindert, daß die letzte Wirklichkeit als das „Eine ohne ein Zweites" und als das Selbst schlechthin erfahren wird, mit dem das eigene Selbst in letzter,

[6] Für einen Überblick über einzelne Autoren vgl. *M.M. Thomas*; The Acknowledged Christ of the Indian Renaissance, Madras 1976.

[7] Gandhi drückte die Universalität Jesu Christi mit folgenden Formulierungen aus: „Jesus drückte, wie kein anderer es konnte, den Geist und Willen Gottes aus. In diesem Sinne sehe ich in ihm den Sohn Gottes. Und weil das Leben Jesu die Signifikanz und Transzendenz besitzt, auf die ich immer angespielt habe, glaube ich, daß er nicht nur dem Christentum gehört, sondern der gesamten Welt, allen Rassen und Menschen." Zitiert in: *Margaret Chatterjee*, Gandhi's Religious Thought, London 1983, 55.

nicht-dualistischer Einheit steht. Diese advaitische Erfahrung ist zugleich die tiefste Form der Selbsterfahrung und die tiefste Gottesverwirklichung. Menschen, die durch diese Form advaitischer Erfahrung hindurchgegangen sind, entdecken in Jesus jemanden, der der Menschheit auf einzigartige Weise gezeigt hat, was es heißt, eins mit der letzten Wirklichkeit zu sein.[8]

„Ich und der Vater sind eins" (Joh 10,30) – dieser in Indien oft zitierte Ausspruch Jesu – zeugt davon, daß Jesus aus einer tiefen und innersten advaitischen (nicht-dualistischen) Erfahrung gesprochen hat, der Erfahrung der Einheit mit dem göttlichen Geheimnis. Jesus spricht von der Einheit auf unterschiedliche Weise und auf unterschiedlichen Ebenen. So spricht er beispielsweise vom Wein und den Zweigen (Joh 15, 1ff). Dieses Verständnis von Einheit ist für die meisten Frauen und Männer leichter zugänglich. Doch dann wies er auf jene hin, die die höhere Form einer nicht-dualen Vereinigung mit dem Vater wagten. Indem wir Jesus in seiner Erfahrung folgen, könnten wir unser „Einssein" (oneness) mit dem letzten Geheimnis erfahren.[9]

In diesen Zusammenhang gehört auch die indische Rede über *Jesus als Guru*. Ein Guru ist nicht einfach ein Lehrer. Er ist jemand, der andere auf den Weg der Weisheit führt, der andere in die Wirklichkeit einführt. Er ist es, der uns über die letzte Einheit der Wirklichkeit belehrt. Guru ist also ein *Lehrer*, einer, der den Weg (*marga*) zeigt.[10] In Indien war man davon überzeugt, daß Gott selbst der wahre Guru, das Licht in uns ist und uns zur Wahrheit führt. Menschen, die Gurus sind, werden geachtet, weil sie den göttlichen Guru symbolisieren. Diese Kategorie des *Guru* hat sich zur Beschreibung der Person und Rolle

---

[8] Vgl. *K.P. Aleaz*, Jesus in Neo-Vedanta, Delhi 1995.
[9] Vgl. The Complete Works of Swami Vivekananda, Bd. 2 (13. Auflage), Calcutta 1970, 143ff. Dieser Art der Interpretation liegt der Gedanke zugrunde, daß die menschlichen Wesen das Göttliche in sich tragen. Wir werden hier an die Worte erinnert, daß wir „an der göttlichen Natur Anteil erhalten" (2 Petr 1, 4). In dieser Stimmung würde Klemens von Alexandrien sagen: „Das Wort Gottes ist Mensch geworden, damit man vom menschlichen Wesen lernen kann, wie das menschliche Wesen göttlich werden kann." Zitiert bei *Jaroslav Pelikan*, Jesus through the Centuries: His Place in the History of Cultures, New York 1985, 68.
[10] Vgl. *Benjamin Walker*, Hindu World. An Encyclopedic Survey of Hinduism, Bd. 1, Delhi 1983, 36-38.

Jesu Christi als sehr angemessen erwiesen.[11] Er wird als der authentische Lehrer der Wirklichkeit, der Wahrheit und der Freiheit betrachtet.

2. Die Theistische Perspektive der Liebe und Verehrung

Neben der Advaita-Tradition gibt es auch einen *theistischen* Strang in der indischen Tradition, der von gleichem oder sogar noch stärkerem Einfluß ist. Diese theistische Tradition gab es in Indien von Anbeginn an, und ihre Spuren gehen auf dieselben Quellen, die Veden, Upanischaden und die Bhagavadgita, zurück, auf denen auch die advaitische Tradition beruht. Diese theistische Orientierung läßt einen personalen Gott (*Isvara*) zu, mit dem der Anbetende voller Leidenschaft verbunden ist. Dies ist die indische Religion der Liebe und Verehrung, Gnade und Nächstenliebe. Diese *Bhakti*-Spiritualität finden wir im Višnuismus und im Šivaismus, wobei Višnu und Šiva die personale Form des göttlichen Geheimnisses sind.[12]

Auch diese theistische Perspektive bietet wieder einen bestimmten Rahmen zum Verständnis und zur Deutung des Geheimnisses Jesu Christi. Nach allgemeiner Auffassung steht diese Orientierung der christlichen Tradition näher. Jesusworte wie „Ich und der Vater sind eins" werden hier in der Tat anders ausgelegt als in der advaitischen Auslegung. Hier sind es die Liebe, die Hinwendung und Bindung Jesu an den Vater, die ihn sagen lassen, daß er mit dem Vater eins ist. Jesus stimmt in allen Dingen dem Willen des Vaters zu und ist mit ihm eng in der Liebe vereint, ohne mit ihm (dem Vater) identisch zu sein.

Im Rahmen dieser theistischen Tradition spricht man auch von Gottes *avatara* oder Herabstieg.[13] Während im advaitischen Ansatz avatara

---

[11] Vgl. *Xavier Irudayaraj*, The Guru in Hinduism and Christianity, in: Vidyajyoti 39 (1975) 338-351; *ders.*, Christ the Guru, in: Jeevadhara 2 (1972), 241-249; *Swami Abhiskiktananda*, Guru and Discipline, London 1974; Missionare wie Roberto de Nobili (1577-1656) nahmen die Terminologie des Guru auf, um die Person Jesu Christi zu beschreiben.

[12] Vgl. *M. Dhavamony*, Love of God According to Saiva Siddhanta, Oxford 1971; *Friedhelm Hardy*, Viraha-Bhakti. The Early History of Krsna Devotion in South India, Delhi 1983; *C. V. Narayana Ayyar*, Origin and Early History of Saivism in South India, Madras 1974; *Jan Gonda*, Die Religionen Indiens, Bd. 1: Veda und älterer Hinduismus, Stuttgart 1978.

[13] Oft wurde die Bezeichnung avatara übersetzt mit Inkarnation. Zutreffender wäre die Wiedergabe mit „Herabsteigen", da die „caro" (Fleisch, daher Inkar-

zu einer niedrigen Ordnung des Diskurses über das göttliche Geheimnis gehört, ein Zugeständnis an Leute von geringer Weisheit und geringerem Verständnis ist, nimmt es in der theistischen Tradition eine ganz zentrale Stellung ein. Avatara ist Manifestation des Göttlichen. Es gibt freilich nicht nur eine avatara Gottes, sondern mehrere, und die avataras Rama und Krishna stehen an höchster Stelle. Die Avatara-Lehre liefert in der theistischen Hindutradition außerdem einen Deutungsschlüssel zum Verständnis außerordentlicher religiöser Persönlichkeiten in der Menschheitsgeschichte. So wird z.B. Buddha als avatara betrachtet. Der Zweck des göttlichen Abstiegs ist es, Rechtschaffenheit und Ordnung – im kosmischen und gesellschaftlichen Sinn – aufrechtzuerhalten.

Indem Hindus Jesus durch avatara interpretieren, werden viele kritische Fragen aufgeworfen: In welchem Maß sind avataras historische Ereignisse? Gibt es mehr als eine avatara Gottes? Sind diese verschiedenen avataras eher Teiloffenbarung im Verhältnis zur Gesamtoffenbarung, wie es das Christentum in seinem Inkarnationsglauben behauptet? Und ist nicht die Avatara–Lehre doketisch? Diese und ähnliche Fragen können uns helfen, zwischen dem hinduistischen Verständnis von avatara und dem christlichen Glauben an die Inkarnation zu unterscheiden.[14]

Auf keinen Fall aber können wir grundsätzlich leugnen, daß die Avatara-Lehre viele Deutungsmöglichkeiten des Geheimnisses Jesu Christi liefert. Denn trotz aller Unterschiede treffen sie beide in der Grundfrage der Vermittlung zwischen dem göttlichen Geheimnis auf

---

nation) beim avatara nicht die bedeutende Tatsache ist. Vgl. *George Parrinder*, Avatar and Incarnation. A Comparison of Indian and Christian Beliefs, New York 1982.

[14] Vgl. *Joseph Neuner*, Das Christus-Mysterium und die indische Lehre von den Avatars, in: A. Grillmeier / H. Bacht (Hg.), Das Konzil von Chalkedon: Geschichte und Gegenwart, Bd. 3, Würzburg 1954, 785-824. Bei der Reaktion auf solche Fragen muß aber der Unterschied im Verständnis des göttlichen Geheimnisses im Gedächtnis behalten werden, das bei allen Strömungen indischen Denkens einen stark kosmischen Charakter besitzt. Vgl. *Francis X. D'Sa*, Gott der Dreieine und der All-Ganze. Theologie Interkulturell Bd. 2, Düsseldorf 1987, 65ff. Es gibt außerdem beim Verständnis der Zeit und Geschichte einen Unterschied. Vgl. *S. Rayan*, Indian Theology and the Problem of History, in: Richard W. Taylor (Hg.), Society and Religion, Madras 1976, 176-193; *Brian K. Smith*, Classifying the Universe, New York 1994.

der einen Seite und dem Menschlichen und der Welt auf der anderen Seite zusammen. Avatara unterstreicht kraftvoll die Notwendigkeit von Gottes Intervention, seiner Gnade und seines Mitleidens mit der Implikation, daß die auf sich gestellten Menschen Ordnung und Rechtschaffenheit unmöglich wiederherstellen können. Außerdem weist uns avatara auf den letzten Triumph des Guten über das Böse. Wenn wir dies alles auf der einen Seite berücksichtigen und auf der anderen Seite avatara als ein analoges Konzept betrachten, existiert genug Spielraum, um innerhalb dieser weitgefaßten Kategorie den spezifisch christlichen Inkarnationsglauben als Erklärung des Geheimnisses Christi zu unterscheiden.

3. Die Perspektive des „Nishkama Karma"

Ein dritter Zugang zur christologischen Interpretation wird durch das hinduistisch-religiöse Verständnis des menschlichen Verhaltens und Handelns eröffnet. In der klassischen Tradition wurde das Ethische nicht vom Spirituellen und Metaphysischen getrennt. Dieses bildete seine wahre Quelle und Kraft. Folglich hat das ethische Lehren Jesu ein großes Echo bei Hindus gefunden, die in seinen Lehren die Manifestation seiner wahren spirituellen Persönlichkeit sehen. Mit anderen Worten: Die Ethik Jesu ist nicht einfach eine Ansammlung moralischer Normen, sondern ein Fenster, das sich genau zu seiner Person hin öffnet. In modernen Zeiten können hier als Beispiele Raja Ram Mohan Roy[15] und Gandhi genannt werden, für die beide dieser Weg Zugang zu Jesus Christus war. Die Bergpredigt übte große Faszination auf den Geist Gandhis aus und hatte einen anhaltenden Einfluß auf sein Leben und seine Vision. Er ließ nie davon ab, auf sie zu verweisen.[16]

Die Lehren Jesu sind nicht einfach aufgrund ihrer Erhabenheit zu

---

[15] Vgl. *M.M. Thomas*, The Acknowledged Christ of the Indian Renaissance (s. Anm. 6) 1-37.

[16] Vgl. *Margaret Chatterjee*, Gandhi's Religious Thought, London 1983, speziell Kapitel drei mit dem Titel: „The Impact of Christianity on Gandhi", 41-57. Für eine äußerst hilfreiche Anthologie von Gandhis Ansichten über Christus und das Christentum vgl. Robert Ellsberg (Hg.), Gandhi on Christianity, New York 1991. Vgl. auch *Ronald Neufeldt*, Hindu Views of Christ, in: Harold Coward (Hg.), Hindu-Christian Dialogue. Perspectives and Encounters, Delhi 1993, 164.

bewundernde Ideale, sondern sie sind in die Praxis umzusetzen. Die *Praxis* der Ethik Jesu besteht im Weg der Handlung oder dem *karma marga*. Karma, was ursprünglich eine rituelle Handlung meinte, verwandelte im Laufe der Zeit, besonders durch den Einfluß der Bhagavadgita, seine Bedeutung und meinte Handlung und Involvierung in einem weiteren Sinn. Klassisch indisches Denken beschäftigt sich eher mit der *spirituellen Qualität der Handlung* denn mit deren Dynamik als einem Ausdruck menschlicher Freiheit in der Geschichte. Es wird niemand angewiesen, vor dem Handeln zu fliehen, eher, sich zu involvieren. Wie dem auch sei, damit die Handlung effektiv und rein werde, sollte sie sozusagen mit den Wassern der Selbstlosigkeit und Loslösung getauft werden. Der Handelnde sollte frei und losgelöst von den Früchten der Handlung sein. Dieses Ideal des *nishkama karma* wurde im indischen Leben immer sehr hochgeschätzt.

Aus dieser Perspektive erscheint die Person Jesu den Hindus als jemand, der in seinem Selbstausdruck durch Worte und Taten in höchstem Maße frei erschien. Die Entsagung gegenüber den Früchten seiner Taten charakterisierte sein ganzes Leben und gab seinen Worten und Taten Kraft. Er überwand Versuchungen jeder Art, denen unser Engagement in der Welt ausgesetzt ist.

An seinem Kreuz und Leiden kann man ein Beispiel dessen sehen, was es bedeutet zu entsagen, sich selbst von allem Selbstsüchtigen, von allem, was uns gefangenhält, zu entleeren. Es handelt sich um einen höchsten Akt der Freiheit, der gleichzeitig ein bewegendes Symbol von Liebe und Dienst an der Menschheit darstellt. Daß Jesus Leiden nicht anderen auferlegte, sondern es vielmehr freiwillig auf sich selbst nahm, ist etwas, was den Geist unserer hinduistischen Nachbarn gefesselt hat. Sehr oft findet sich mit Verweis auf Paulus die Aussage, daß Kreuz und Leiden Jesu als etwas Skandalöses und Törichtes erscheinen könnte (1 Kor 1, 23-25). Im Falle der Juden und Griechen mag dies zutreffen. Aber was Indien betrifft, war das Kreuz Jesu etwas, das sehr attraktiv an Jesus war. Jesus am Kreuz stellte auch ein bevorzugtes Motiv in den Gemälden zahlreicher hinduistischer Künstler dar.

Fassen wir zusammen: Sei es nun der advaitische Pfad der Erfahrung des absoluten Geheimnisses, oder die liebende Hingabe an Gott in der theistischen Tradition, oder die Handlungen im Geiste der Entsagung oder der Loslösung, die Hindus sehen in Jesus Christus die konkrete Verkörperung all dessen, was sie als die erhabensten Ideale, die unser

Leben leiten sollten, entwerfen. Daher galt Jesus immer als ein Objekt großer Verehrung und Liebe für jene Millionen Hindus, die, wie ich bereits angemerkt habe, ihn als universal bedeutsam und nicht allein der christlichen Gemeinschaft zugehörig betrachten.

Teil II
Jesus Christus in den Überlebenskämpfen
der Marginalisierten in Indien

Ein weiterer Teilkontext ist das Indien der materiellen Armut, des Elends, der Diskriminierung und der Ausbeutung. Zwei Tatsachen fallen ins Auge. Die Mehrheit derer, die sich dem Christentum zugewandt haben, kam aus den untersten Kasten und Klassen der indischen Gesellschaft. Zweitens geschah die Hinwendung zum Christentum nicht auf der Grundlage individueller Bekehrung. Fast immer waren es Gruppen von Menschen, bestimmte Kasten, Stämme usw., die zusammen Christen wurden. Aus phänomenologischer Sicht war ihr Übertritt nicht das Ergebnis einer Überzeugung, daß Jesus der wahre Erlöser der Welt oder das Christentum die wahre Religion sei.[17] Ihre religiösen Bedürfnisse, die sie fühlten, wurden von ihren eigenen traditionellen Religionen eigentlich recht gut umsorgt, und sie waren nicht auf der Suche nach etwas, was ihnen diesbezüglich gefehlt hätte.

Christ-werden war für sie Teil einer dreifachen, untereinander eng verbundenen Suche: Zuallererst war es die Suche nach Schutz vor den sie unterdrückenden Kräften. Zweitens suchten sie die Befriedigung ihrer physischen Bedürfnisse wie z.B. Essen und Behausung. Der dritte und bedeutendste Grund war die Sehnsucht nach menschlicher Würde und Gleichheit in einer Gesellschaft, in der sie sich diskriminiert fühl-

---

[17] Nach über 30 Jahren harter Arbeit in Indien stellte der bekannte Missionar J.A. Dubois (spätes 18. und frühes 19. Jahrhundert) der Pariser Missionsgesellschaft mit Enttäuschung fest: „Ich erinnere mich an niemanden, von dem man sagen könnte, er habe das Christentum aus Überzeugung oder durch recht selbstlose Motive angenommen. Unter diesen neuen Bekehrten wurden viele abtrünnig und fielen in den Paganismus zurück, da sie es so empfanden, daß das Christentum ihnen nicht die weltlichen Vorteile bieten konnte, die sie bei seiner Annahme erwarteten." *J.A. Dubois*, Letters on State of Christianity in India in which the Conversion of the Hindoos is Considered Impracticable (1823), London 1923 (Reprinted, Asian Educational Services, Delhi-Madras 1995), 134.

ten. Es ist zunächst die gesellschaftliche Unterdrückung und die Marginalisierung, die sie auf der Suche nach Freiheit und einem erfüllteren Leben zusammenbringt. Ihre Christologie stellt keine metaphysische Ordnung dar oder etwas, das mit Begriffsdefinitionen zu tun hätte. Nicht daß sie diese zurückweisen, doch sie scheinen einfach wenig in ihrem aktuellen Leben zu besagen. Sie sehen Jesus als jemand, der unter ihnen wohnt (Joh 1,14), der ihr Leben teilt, der ihre Kämpfe und Sorgen kennt. Deshalb haben die Evangelienberichte von den Armen am Rand der Gesellschaft in den Herzen der Armen Indiens großes Echo gefunden. Für die indischen Dalits, deren Diskriminierung im Reinheits-Unreinheitsprinzip wurzelt, sind daher die Jesusgeschichten über die Samariter oder seine harte Kritik an der jüdischen Reinigungstradition (Mk 7, 1-15; Mt 15, 1-20) am anregendsten.

Ein anderer, damit verbundener Aspekt ihrer Jesus-Interpretation ist ihr Verständnis Jesu als eines *Mitleidenden*. Die Leiderfahrung ist der Ort, an dem sie zu verstehen beginnen, wer Jesus ist. Jesus im Rahmen der klassischen indischen Tradition gedeutet erscheint ihnen zu weit abgehoben von ihrer wirklichen Lebenssituation. Leiden und Kreuz Jesu hatten zwar auch eine große Anziehungskraft auf die klassische Hindutradition, sie sind dort aber eher ein Gegenstand der Kontemplation. Hier mitten im Kampf einfacher Frauen und Männer Indiens erhalten sie eine andere Bedeutung. Sein Tod *außerhalb der Stadtmauern Jerusalems* bildet einen besonders bewegendes Ereignis für die Dalits.[18] Denn in der traditionellen indischen Gesellschaft waren die Unberührbaren, da sie als unrein betrachtet wurden, vom eigentlichen Dorf ausgeschlossen und mußten sich auf Unterkünfte an abgelegenen Stellen *außerhalb des Dorfes* beschränken. Die Dalits identifizieren ihr Los auf diesem Hintergrund mit der Situation Jesu, der ausgestoßen und außerhalb der Tore Jerusalems getötet wurde. Solche Ereignisse sind daher eine Quelle des Trostes und der Hoffnung für die diskriminierten Gruppen.[19]

---

[18] Vgl. *Samuel Rayan*, Outside the Gate, Sharing the Insult, in: Felix Wilfred (Hg.), Leave the Temple. Indian Paths to Human Liberation, New York 1992, 125-145; *V. Devasahayam*, Outside the Camp. Bible Studies in Dalit Perspective, Gurukul Lutheran Theological College, Madras 1992.

[19] Vgl. *George Soares-Prabhu*, The Jesus of Faith. A Christological Contribution to an Ecumenical Third World Spirituality, in: K. C. Abraham – Bernadette Mbuy-Beya (Hg.), Spirituality of the Third World, New York 1994, 139-164.

Dieses Verständnis Jesu Christi durch die Armen Indiens und insbesondere die Dalits ist nur zu begreifen auf dem Hintergrund der tiefen Konfrontationen der unteren und zurückgebliebenen Kasten und Klassen mit der fortwährenden politischen, kulturellen und religiösen Hegemonie der brahmanischen und nicht-brahmanischen höheren Kasten und Klassen. Wenn auch nicht immer in der Praxis, so ist das Christentum zumindest in seinen Idealen eine Botschaft der Gleichheit. Eben dies sehen die Armen und Dalits in Jesus Christus verkörpert, und dies sollte ihren Kampf gegen Ungleichheit und gegen eine hierarchische Gesellschaftsordnung stärken, die mit dem rituellen Prinzip der Reinheit und Unreinheit vermengt ist.

Die Armen und Unterdrückten in Indien betrachten Jesus nicht einfach als ein Individuum. Er ist für sie, besonders durch sein Leiden, ein Symbol für all die Gruppen und Gemeinschaften, die unterdrückt und diskriminiert werden. In diesem Sinn wird Jesus als eine *corporate personality* betrachtet, welche die Wirklichkeit der marginalisierten Gruppen Indiens reflektiert und in Solidarität mit ihnen lebt. In diesem Kontext fand die biblische Interpretation Jesu als des leidenden Gottesknechts viel Anklang unter den Dalits.

Die Passion und das Kreuz Jesu werden von den Armen und Marginalisierten von einem prophetischen Standpunkt aus gesehen. Für sie ist auch die indische Sozialgeschichte bedeutungsvoll, die ebenso durch Unterdrückung wie durch anhaltenden Widerstand und Protest gegen das Unrecht an den Armen und Schwachen geprägt wurde. Tatsächlich bestand immer ein Widerstand gegenüber der Kasten-Unterdrückung und der Ungleichheit in der indischen Gesellschaft.[20] Vor diesem Hintergrund verstehen sie das Prophetentum Jesu, seine Passion und seinen Kreuzestod.

---

[20] Vgl. *Felix Wilfred*, From the Dusty Soil. Contextual Reinterpretation of Christianity, Madras 1995, 84-102; S.C. Malik (Hg.), Dissent, Protest and Reform in Indian Civilization, Indian Institute of Advanced Study, Simla 1977. Nach Ambedkar, dem Hauptführer der Dalits in unserer Zeit, beruht der Widerstand von Seiten der oberen Kasten gegen das Christentum nicht so sehr auf der Basis der Doktrin, sondern auf der Herausforderung, die es für die soziale Ordnung darstellt. Vgl. Arvind P. Nirmal / V. Devasahayam (Hg.), Dr. B. Ambedkar: A Centenary Tribute, Gurukul Lutheran Theological College, Madras 1991; Vgl. auch *Gail Omvedt*, Dalits and the Democratic Revolution, Delhi 1994.

Dazu kommt ein Weiteres: Gegen die „spiritualisierenden" Tendenzen der oberen Kasten und Klassen betonen die Marginalisierten die Bedeutung der physischen und körperlichen Bedürfnisse der Menschen. Dieser Unterschied drückt sich auch in ihren religiösen Einstellungen und Ausdrucksweisen aus. Während die obere Kaste die Vermittlung zwischen dem Göttlichen und dem Menschlichen als Deszendenz von oben versteht, sehen die Armen und Marginalisierten die Nähe des Göttlichen in engerem Bezug zur materiellen Wirklichkeit des täglichen Lebens. Diejenigen, die das Leben verteidigen, die das Unterdrückungssystem herausforderten und dafür getötet wurden, sind für sie die wahren Träger des Göttlichen und die wahren Mittler zwischen dem Göttlichen und Menschlichen.[21] Auf diesem Hintergrund ist es verständlich, daß die Armen in Jesus Christus vor allem jemand sehen, der sein Leben für andere hingegeben hat, der für Gleichheit und Brüderlichkeit eingetreten ist. In der indischen Tradition gibt es also sowohl eine Art „Christologie von oben" bei den obersten Kasten und Klassen, als auch eine Art „Christologie von unten", die für die unteren Kasten und Klassen charakteristisch ist.

Teil III
Einige christologische Grundfragen

Die vorangegangenen Reflexionen manifestieren klar die interne Dialektik in Indien und zeigen zwei Orientierungen auf, die durch den Unterschied zwischen der klassischen Tradition und den konkreten Kämpfen der Armen gekennzeichnet sind. Eine Reihe christologischer Streitfragen kann innerhalb dieser Dynamik identifiziert werden. Ich beschränke mich auf vier Streitfragen, die mir von großer Bedeutung zu sein scheinen, insbesondere, um in den Dialog mit anderen Christologien einzutreten.

1. Geschichtlich und „Übergeschichtlich"

Auch wenn es oft geschieht, ist es nicht korrekt, dem indischen Denken eine nichtgeschichtliche Annäherung zuzuschreiben. Der Wahrheit

---

[21] Vgl. Stuart H. Blackburn / A. K. Ramanujan (Hg.), Another Harmony. New Essays on the Folklore of India, Delhi 1986.

näher kommt, daß es sowohl eine starke Affirmation der Geschichte wie ein Transzendieren der Geschichte gibt. Dies wird jeweils durch die Erfahrung der marginalisierten Gruppen und durch die klassische Tradition repräsentiert. Beide Orientierungen können bei der Betrachtung der Christologie reflektiert werden.

a) Für die Armen und Marginalisierten ist Jesus nicht einfach ein Ideal oder Prinzip, sondern eine Gestalt, deren Geschichte von überwältigender Bedeutung für das Verständnis und die Deutung ihres Lebens und Kampfes ist. Sie sehen dabei Jesus nicht als ein Geheimnis der Vergangenheit, sondern als gegenwärtige Realität. In ihrer Erfahrung wird die Geschichte Jesu zu einer aktuellen Wirklichkeit heute.

In der klassischen indischen Tradition und besonders in der advaitischen hat dagegen das Geschichtliche wenig Platz. Nicht, daß dort die Geschichte einfach verleugnet würde. Aber das Geheimnis Jesu wird doch vor allem in einer *übergeschichtlichen* Weise verstanden. Was am wichtigsten erscheint, ist nämlich die Erfahrung Jesu, seine Identität mit dem höchsten Geheimnis, seine ethischen Gebote und sein Geist der Hingabe. So sagte Gandhi: „Für mich wäre die Bergpredigt selbst dann wahr, wenn ein Mann namens Jesus niemals gelebt hätte".[22]

Was beiden Traditionen gemeinsam ist, ist der vergängliche Charakter des Lebens. Der Unterschied besteht in folgendem: Während die klassische Tradition dazu neigt, aufgrund des flüchtigen Charakters des Lebens den Akzent auf das Unveränderliche und Bleibende (das „Übergeschichtliche") zu setzen, vertieft sich die Tradition der Marginalisierten (deren vor-arische eingeborene Wurzeln im Dravidischen und in anderen Stammeskulturen liegen) in das Leben, seine Kämpfe und Freuden, in die kleine Geschichte, aber allzeit der Unbeständigkeit unserer Existenz bewußt. So gesehen wird es auch verständlich, warum die klassische Tradition Jesus auf der trans-historischen Seite plaziert, mit Betonung der bleibenden ethischen und moralischen Werte, während hingegen die Tradition der Marginalisierten ihn als historische Realität so richtig mitten im Leben, seinen Konflikten und Herausforderungen sieht. In der ersteren wird der konkrete historische Jesus verinnerlicht und spiritualisiert.

---

[22] M.K. Gandhi, in: Harijan, 31. Dezember 1931; Vgl. auch *M.K. Gandhi, The Message of Jesus Christ*, Bombay, 35.

b) Das Gesagte läßt uns auch verstehen, warum die klassische Tradition zur Betrachtung des Geheimnisses in seiner kosmischen Dimension tendiert.

In der christlichen Tradition findet der kosmische Christus Ausdruck im Neuen Testament, genauer bei Johannes und in den kosmischen Hymnen bei Paulus. „Denn in ihm wurde alles erschaffen im Himmel und auf Erden, das Sichtbare und das Unsichtbare" (Kol 1,16; vgl. Eph 1,3-14; Phil 2,6-11, Röm 8,14-39). Später findet sich dies auch bei einem frühen christlichen Schreiber wie Origenes. Teilhard de Chardin ist ein moderner Repräsentant dieses Glaubens an einen kosmischen Christus. Details dieser Tradition zu entfalten, würde die Absicht dieses Papiers überschreiten.[23] Doch möchte ich hier unterstreichen, daß die indische Annäherung an einen kosmischen Christus einen anderen Akzent und einen anderen Ausgangspunkt hat. Bei Origenes bildet das Thema des kosmischen Christus das Rahmenwerk, durch das die Frage der Vermittlung zwischen dem Göttlichen und der Schöpfung angeschnitten wird, und das hat gewisse platonische Untertöne. Die Orientierung Teilhard de Chardins wurde diktiert von seinem Anliegen, das Geheimnis Christi innerhalb der evolutionären Weltsicht moderner Wissenschaft zu interpretieren.[24]

Beide Anliegen sind den indischen Annäherungen des trans-historischen oder kosmischen Christus nicht fremd. Wie dem auch sei, das Thema des kosmischen Christus scheint für einen anderen Punkt der Überlegungen von großem Interesse zu sein. Ich denke, es bietet Raum, um die Vermittlung zwischen dem Göttlichen und dem Menschlichen in der religiösen Erfahrung unserer Nachbarn besser zu verstehen und diese Vermittlungen mit denen Christi in Bezug zu setzen. Dies sollte besser nicht auf der Ebene des historischen Jesus geschehen, da dies zu einem sehr vereinfachten Verständnis und einer Plazierung all der historischen Vermittlungen auf der selben Ebene führen könnte, wie dies zum Beispiel im liberalen und systemischen Pluralismus geschieht. (Mehr dazu weiter unten.) Die Wirklichkeit des kosmischen Christus plaziert die Beziehung verschiedener Vermittlungen zwischen dem Göttlichen und dem Menschlichen auf der Ebene des fundamentalen Geheimnisses der Beziehung von Gott und dem Universum.

---

[23] Vgl. *Jaroslav Pelikan*, Jesus through the Centuries (s. Anm. 9).

[24] Vgl. *J.A. Lyons*, The Cosmic Christ in Origen and Teilhard de Chardin. A Comparative Study, Oxford 1982.

Man möchte gerne den übergeschichtlichen und kosmischen Christus betonen, auch deshalb, weil er mit der indischen organischen und holistischen Sicht der Wirklichkeit in Einklang ist. Tatsächlich ist die Totalität der Wirklichkeit ein Gewebe aus Beziehungen und ihre unterschiedlichen Teile sind organisch miteinander verbunden in gegenseitiger Abhängigkeit. Dies differiert von einer streng anthropozentrischen Wirklichkeitssicht. Wenn der übergeschichtliche Logos das vereinigende Prinzip der gesamten Wirklichkeit ist, ist es schwierig, es auf Kategorien des Menschlichen zu reduzieren. Es ist auf die gesamte kosmische Realität bezogen. Dies hat auch Konsequenzen für die Soteriologie. Mehr dazu im nächsten Punkt.

Ferner überschneiden sich in der Thematik von kosmischem Christus, Christologie und Soteriologie die Grenzlinien von Verheißung und Erfüllung, oder von Geschichte und Eschatologie. Diese sind letztlich im Bereich des Geheimnisses verankert, welches ihnen ihre letzte Bedeutung und Konsistenz gibt. Dieses Geheimnis widersetzt sich der Erklärung allein in rein geschichtlichen Kategorien. Das eröffnet Möglichkeiten, über das Historische und Symbolische hinauszugehen, um das Reich der von ihnen bezeichneten tieferen Wirklichkeiten zu erreichen. Genau auf dieser Ebene sind wir in der Lage, das Geheimnis Jesu mit dem Christi in Beziehung zu setzen und durch das Geheimnis Christi tiefer in die Beziehungen anderer religiöser Traditionen zum christlichen Glauben einzudringen.

2. Anthropologie und Soteriologie

Das Thema des kosmischen Christus führt uns zu einer kurzen Betrachtung über Anthropologie und Soteriologie.

a) Wenn wir über das In-Beziehung-Setzen des Geheimnisses Jesu Christi mit dem Kosmos sprechen, handelt es sich nicht einfach um eine Angelegenheit des analogen Extrapolierens dessen, was über Heil und Erlösung der Menschen innerhalb einer anthropozentrischen Weltsicht gesagt wird, auf das Universum im Großen. Es geht um etwas Elementareres. Meiner Ansicht nach muß die Beziehung Christi zum Universum ihre Rückwirkung auf die Konzeption der menschlichen Erlösung haben. Aus der heutigen Erfahrung eines umweltgeschädigten

Universums ergibt sich, daß wir eine soteriologische Interpretation benötigen, die in ökologischem Alphabet geschrieben ist. Wenn eine solche Interpretation von unserer gegenwärtigen Erfahrung diktiert wird, können wir die Grundlage für sie in der Wahrheit finden, daß unser menschliches Heil eng mit dem kosmischen Geheimnis Christi verbunden ist. Der Logos ist innerlich auf die Schöpfung bezogen. All dies findet im indischen Verstehenshorizont Resonanz. Überdies findet die Sicht der Schriften Widerhall, welche die Erlösung als eine neue Schöpfung begreifen. Dies bedeutet eine neue Ordnung der Dinge, die nicht auf das Menschliche beschränkt ist, sondern die Natur und das Universum mit einschließt. Ich beanspruche nicht, hiermit das Ganze der christlichen Soteriologie erschöpft zu haben. Gemeint ist vielmehr, daß eine kosmische und Schöpfungs-Perspektive zu einer Neudimensionierung unserer Konzeption der Soteriologie führen wird.

b) In der traditionellen Soteriologie kommt der Sündhaftigkeit der Menschen ein zentraler Platz zu, da durch Christus die Freiheit aus der Situation der Sünde bewirkt wird.[25] Die Bedeutung dieser Sicht, die eine starke biblische Grundlage hat, anerkennend, könnten wir auch einen Weg der Soteriologie erforschen, der die menschliche Situation in anderen Hinsichten bedenkt. Ein umfassenderes Bild Jesu als Erlöser entsteht, wenn wir seine Rolle nicht mit Ausdrücken der Befreiung von Sünden unseres Willens beschränken, sondern seine erlösende Rolle auch darin sehen, daß er uns von der Dunkelheit zum Licht der Wahrheit führt. Letzteres ist nicht nur eine Sache des Lehrens, es formt Teile seiner rettenden und erlösenden Rolle. Dies bedeutet mit anderen Worten, daß Jesus uns *auch* durch seine Lehren erlöst. Wenn es einen Gnostizismus geben kann, der sich auf die Kapazität des menschlichen Erkennens stützt, so könnte es auch einen Pelagianismus geben, der sich auf die Kapazität des menschlichen Willens stützt. Ich verweise hier auf etwas, das über die Gefahren auf beiden Seiten hinausgeht, auf ein Verstehen von Erlösung, welches das unverdiente Geschenk Christi sowohl für unsere Befreiung aus Dunkelheit als auch aus unserer Fesselung an Sünde anerkennt. Wenn es einen legitimen Unterschied in der Akzentsetzung der Soteriologie gibt, würde die indische Tradition die

---

[25] Vgl. *Thomas Pröpper*, Erlösungsglaube und Freiheitsgeschichte. Eine Skizze zur Soteriologie, München 1988.

Betonung auf die Erlösung in Christus als dem Geschenk des göttlichen Lichts legen, durch das wir gerettet werden, indem wir durch ihn das erlösende Wissen erreichen. Diese Perspektive wird möglich, wenn wir die erlösende Aktivität Jesu nicht nur auf seine Passion und seinen Tod beschränken, sondern sein gesamtes Leben in seiner soteriologischen Bedeutung sehen.[26]

c) Ich denke, daß man sich der soteriologischen Fragestellung durch noch eine Kategorie in Indien annähern könnte: Der Prozeß der Freiheit, der sowohl menschlichen Willen (Knechtschaft) als auch Intellekt (Ignoranz) involviert, muß so lange fortdauern, bis eine Person den äußersten Status von Freiheit oder *mukti* erreicht. Dies gilt für die nichtduale (advaitische) ebenso wie für die theistische Tradition, mit dem Unterschied, daß in der letzteren die Bewegung vom Status der Skaverei zu dem der Freiheit unter göttlicher Liebe, Gnade und Barmherzigkeit stattfindet. Dieser Status und diese Erfahrung müssen nicht notwendigerweise eine Situation nach dem Leben sein, sie können bereits hier stattfinden. Unsere Assoziationen mit Person, Leben, Botschaft, Tod und Auferstehung Jesu führen uns zu totaler Freiheit. „Zur Freiheit hat uns Christus befreit. Bleibt daher fest und laßt euch nicht wieder unter das Joch der Knechtschaft zwingen!" (Gal 5, 1). Soweit dies wirklich wird, werden wir zunehmend befreitere Personen – *jivanmuktas*. Dies ist ein soteriologischer Prozeß, der seine Grundlage im gesamten Leben Jesu mit seinem Höhepunkt in seiner freien und totalen Selbsthingabe im Tod hat. Von daher gibt es eine integrierte Dimension der Erlösung, die in der christlichen Tradition sehr oft fast ausschließlich auf den Tod Jesu konzentriert und außerdem unter dem Einfluß des mittelalterlichen Zivil- und Strafrechts interpretiert wurde.[27]

3. Christologie und die Frage des Pluralismus

Einer der kritischen Punkte der Christologie heute ist die Art und Weise, wie sie zur Erfahrung anderer religiöser Traditionen mit ihren eige-

---

[26] Vgl. *Hans Kessler*, Die theologische Bedeutung des Todes Jesu. Eine traditionsgeschichtliche Untersuchung, Düsseldorf ²1971, 22-56 und 188-226. *Ders.*, Christologie (s. Anm. 5), bes. 361-366 und 384-440.

[27] Vgl. *F.W. Dillistone*, The Christian Understanding of Atonement, London 1984, 190ff.

nen Erlöserfiguren und Formen der Vermittlung zwischen dem Göttlichen und dem Menschlichen in Beziehung gesetzt wird. Daher nun noch einige Bemerkungen zum Pluralismus, nach der bekannten Unterteilung Exklusivismus, Inklusivismus und Pluralismus, die heute in der Theologie der Religionen sehr beliebt ist.[28] Da es so viele Mißverständnisse und Verwirrung hinsichtlich des Pluralismus, besonders in Hinblick auf die christologische Frage, gibt, ist es heute, auch auf die Gefahr einer gewissen „Über-Vereinfachung" hin, notwendig geworden, den Unterschied zwischen indischem und westlichem Pluralismus herauszuarbeiten.[29] Ich befürchte, daß ansonsten die christologische Frage im multireligiösen Kontext Indiens mißverstanden werden könnte. Es gibt unglückliche Vermischungen eines westlichen Typs des Pluralismus (repräsentiert durch John Hick, W.C. Smith, L. Swidler u.a.) mit unseren Anliegen, unseren Glauben im multireligiösen Lebenskontext Indiens zu leben und auszudrücken. Man kann das indische Anliegen nicht verstehen, wenn man es durch die Brille des westlichen Pluralismus betrachtet. Aus diesem Grund ist es äußerst wichtig, den Unterschied zwischen den beiden deutlich zu machen. Dies geschieht nicht zum Zweck der Polemik oder um der Kontraste als solcher willen, sondern zur Abklärung und Vermeidung von Fehlinterpretationen.

---

[28] Aus der wachsenden Anzahl von Literatur zur Fragestellung des Pluralismus in der gegenwärtigen Situation, vgl. *Paul F. Knitter*, No Other Name? A Critical Survey of Christian Attitudes toward the World Religions, New York 1985; *ders.*: Catholic Theology of Religions at the Crossroads, in: Concilium 183 (1/1986), 99-107; John Hick und Paul F. Knitter (Hg.), The Myth of Christian Uniqueness. Towards a Pluralistic Theology of Religions, New York 1987; *John Hick*, God and the Universe of Faiths. Essays on Philosophy and Religion, London 1973; Leonard Swidler (Hg.), Toward a Universal Theology of Religion, New York 1987; Gavin D'Costa (Hg.), Christian Uniqueness Reconsidered: The Myth of a Pluralistic Theology of Religions, New York 1990; Donald G. Dawe und John B. Carmen (Hg.), Christian Faith in a Religiously Plural World, New York 1978; Gerald H. Anderson und Thomas F. Stransky (Hg.), Christ's Lordship and Religious Pluralism, New York 1981; *Perry Schmidt-Leukel*, Religiöse Vielfalt als theologisches Problem. Optionen und Chancen der pluralistischen Religionstheologie John Hicks, in: Raymund Schwager (Hg.), Christus allein? Der Streit um die pluralistische Religionstheologie, Freiburg 1996, 11-49.

[29] Vgl. *Felix Wilfred*, Some Tentative Reflections on the Language of Christian Uniqueness, in: Pro Dialogo (Pontificium Consilium Pro Dialogo Inter Religiones), Bulletin 85-86 (1994) 40-57.

a) Westlicher Pluralismus hat seine partikulären historischen und philosophischen Wurzeln. Er ist liberal in seiner Inspiration und rationalistisch in seinem Herangehen. Außerdem ist der westliche Pluralismus systemisch in dem Sinne, daß er ein rationalistisches Übersystem von Theologie oder Philosophie der Religion schaffen möchte, das vom konkreten Kontext abstrahiert. So werden alle von ihren Spezifika abstrahierten Religionen zu Komponenten in einem überwölbenden System. Aus der Perspektive dieses Systems könnte man dann behaupten, daß alle Religionen gleich sind.

Indischer Pluralismus leitet sich aus dem konkreten alltäglichen Leben und der Erfahrung mit den Nachbarn anderer Glaubensrichtungen ab, und nicht aus einer theoretischen Voreingenommenheit zwecks Bildung eines Systems aus den vielen Religionen. Er ist auch in einer Tradition verwurzelt, die sich im allgemeinen der religiösen Erfahrung anderer mit Respekt und einem Sinn für das Heilige genähert hat.

b) Dieser systemische oder liberale Pluralismus ist von einer partikulären Konzeption der Wahrheit umgeben, die sich aus der Zentralität des Subjekts und seiner Freiheit in der modernen westlichen philosophischen Tradition herleitet. Es gibt keine Wahrheit – etwas, das sich uns in jedem Fall entzieht (wie das noumenon bei Kant) –, sondern es existieren Wahrheiten, geschaffen vom Subjekt, in einer Umlaufbahn um dieses sich bewegend. Wenn dies auf den religiösen Bereich angewandt wird, bedeutet dies, daß alle Wahrheiten gültig und aus der Sicht des Subjekts alle gleich sind.

In Indien sprechen wir nicht von vielen Wahrheiten entsprechend den Subjekten (das ist Relativismus), sondern davon, daß es eine Wahrheit gibt. Diese eine Wahrheit bleibt immer ein Geheimnis, dem wir uns ehrerbietig nähern, indem wir seine verschiedenen Aspekte und Dimensionen zu verstehen suchen. „Die Wahrheit ist eine, und die Weisen nennen sie mit verschiedenen Namen."[30] Eine Annäherung dieser Art mündet nicht in einen rationalistischen Pluralismus, da sie in der Anerkennung des Geheimnischarakters der Wahrheit verwurzelt ist und offen bleibt für einen ernsthaften Dialog der eigenen Auffassung der Wahrheit mit der anderer.

---

[30] „Ekam Sat viprah bahudha vadanti" Rigveda 1, 164, 46.

c) Die Umgebung, in der dieser westliche systemische Pluralismus gedeiht, ist eine postmoderne Kultur. Der Postmodernismus mit seiner Anti-Haltung gegen Begründungsdenken und mit seiner Dekonstruktion begünstigt eine generelle Stimmung des richtungslosen Pluralismus, in der jeder aus Stückchen und Teilen seine eigene Welt konstruiert, um sie zu bewohnen.[31]

Die Umgebung des indischen Pluralismus ist eine andere. Hier sind wir nicht mit theoretischen Fragestellungen beschäftigt, sondern mit vitalen Fragen wie Frieden und Harmonie zwischen verschiedenen Gruppen in einer Atmosphäre, die durch religiöse und ethnische Konflikte belastet wird. Außerdem hat Pluralismus in Indien nicht die Konnotation einer vorwiegenden Angelegenheit von menschlicher Willensfreiheit, durch die eine Entscheidung zwischen vielen Konkurrenten gefällt wird. Der Akzent liegt vielmehr auf einer Sprache der Einheit. Im Kontext des Dialoges und der Zusammenarbeit dürfen die Aussagen, die von der Einheit handeln, nicht mit Kategorien des Relativismus interpretiert werden, weil diese die Besonderheiten und Unterschiede ignorieren. Auf einer gewissen Stufe aber müssen wir – wie die Geschichte der ökumenischen Bewegung lehrt – beginnen, davon zu sprechen, was uns eint. Dies darf aber nicht in einer Weise geschehen, in der die Unterschiede ignoriert oder alle Religionen und Vermittlungen gleichgemacht werden.

Im Licht dieser Überlegungen müssen wir die Frage der Beziehung zwischen Jesus und Christus oder dem Logos im Kontext des religiösen Pluralismus anschneiden.

Zunächst müssen wir anerkennen, daß es eine Unterscheidung zwischen der historischen Wirklichkeit Jesu und dem transhistorischen Geheimnis Christi gibt. Die Unterscheidung zwischen Jesus und Christus sollte aber nicht als Trennung konstruiert werden, da dies dazu dienen könnte, die Möglichkeit anderer Manifestationen des Geheimnisses Christi einzuführen, die alle gleichwertig wären. Im Gegenteil, die Unterscheidung zwischen beiden wird aus folgenden Gründen vorgenommen: a) um die trinitarische Dimension unseres Glaubens und

---

[31] Vgl. *Felix Wilfred*, The Postmodern with Teeth. Opportunity for a Creative Western Theology, in: Inkulturation und Kontextualität (FS L. Bertsch), Frankfurt a.M. 1994, 321-332.

seinen eschatologischen Charakter aufrechtzuerhalten; b) um dem universalen Charakter unserer Erlösung Ausdruck zu verleihen, die, obwohl sie in der Geschichte stattfand, dennoch im Über-Geschichtlichen verwurzelt ist, derart, daß der geschichtliche Jesus nicht auf das reduziert wird, was zu einer bestimmten Zeit und an einem bestimmten Ort einstmals stattfand; c) um anzuerkennen, daß die Selbstkommunikation Gottes im geschichtlichen Jesus eine Dimension besitzt, die auch die gesamte Schöpfung umfaßt; d) um die Tatsache auszudrücken, daß die Soteriologie über das Menschliche (Anthropozentrismus) hinausgeht, um das gesamte Universum einzuschließen.

Wenn wir die Unterscheidung (nicht Trennung) zwischen Jesus und Christus in dieser Art betrachten, nämlich die vier von mir angeführten Aspekte, eröffnen sich Möglichkeiten, die religiösen Erfahrungen unserer Nachbarn mit dem Geheimnis Christi in Bezug zu setzen.[32] *Gaudium et Spes* bemerkt: „Durch seine Menschwerdung hat er, der Sohn Gottes, sich gewissermaßen mit jedem Menschen vereinigt" (GS 22). Wie unsere Nachbarn anderen Glaubens auf dieses Geheimnis bezogen sind, bleibt für uns jetzt verborgen und fordert dazu heraus, konzeptionell ausgearbeitet zu werden. Auf der anderen Seite werden wir am Ende der Geschichte in einer umfassenderen Weise und mit allen Implikationen in der Lage sein zu verstehen, was wir nun in dem Glauben bekennen, daß Jesus Christus ist.

Das Zweite Vatikanische Konzil stellt fest: „Da Christus für alle gestorben ist und da es für alle Menschen nur die eine und gleiche letzte Berufung gibt, die göttlich ist, müssen wir daran festhalten, daß der Heilige Geist allen die Möglichkeit anbietet, diesem österlichen Geheimnis auf einem Weg, der nur Gott bekannt ist, verbunden zu sein" (GS 22).

---

[32] Die vorangegangenen und folgenden Reflexionen können zeigen, daß es sich um eine Fehlinterpretation handeln würde, wenn in meine Gedanken eine Gleichmachung aller Erlöserfiguren mit dem Logos eingetragen würde oder wenn mein Gedanke mit dem zusammengebracht würde, was ich als westlichen systemischen Pluralismus bezeichnet und dessen Unterschied zum indischen Verständnis ich gekennzeichnet habe. Vgl. Kardinal *J. Ratzinger*, Current Situation of Faith and Theology. In: L'Osservatore Romano, (Wöchentliche Ausgabe), N. 45, 6. November 1996, Fußnote Nummer 5, wo zwei meiner Arbeiten erwähnt werden. Zur Kommentierung der Fußnote vgl. Herder-Korrespondenz, Bd. 51, Januar 1997, 16.

Wenn wir nun die Gegenwart und das Wirken des Geistes in anderen Kulturen und Religionen anerkennen, wie es *Redemptoris Missio* tut[33], und wenn wir in der Lage sind, mit Menschen, die andere Religionen repräsentieren, zu beten, wie das von Papst Johannes Paul II. selbst in Assisi gegebene Beispiel zeigt, dann haben wir uns von einer Position fortbewegt, die die Erlösung der Individuen qua Individuen betrachtet, ohne Bezug zu dem sozialen Korpus der Religion, dem sie angehören. Auch in ihrem religiösen Leben sind Menschen Gemeinschafts- und symbolische Wesen, in dem Sinne, daß Symbole, Rituale und andere Mittel es sind, durch die der Glaube einer Glaubensgruppe zum Ausdruck kommt, und sie ebenso zu Mitteln werden, durch die Menschen ihre Beziehung zum letzten Geheimnis realisieren.[34] Und innerhalb dieses Rahmenwerkes des geschichtlich vermittelten Glaubens und Verhältnisses zum letzten Geheimnis nehmen Erlöserfiguren anderer Religionen Bedeutung an, wenn sie von der Innenseite des Glaubens und seiner Ausdrucksweisen in diesen religiösen Traditionen aus gesehen werden.

Im Licht dieser von mir gemachten Differenzierung zwischen systemischem Pluralismus und kontemplativem Pluralismus stellt sich nun nicht die Frage einer Gleichstellung all dieser Erlöserfiguren. Gleichzeitig können wir aber die Rolle, die diese vermittelnden Figuren in der Erfahrung unserer Nachbarn anderer religiöser Traditionen machen, nicht unterminieren. Tatsächlich räumt Papst Johannes Paul II. einen Platz für „teilhabende Formen der Vermittlung unterschiedlicher Art und unterschiedlichen Grades" ein.[35] Als ein Inder und christlicher Gläubiger versuche ich, den Ort und die Rolle dieser Erlöserfiguren in ihrer religiösen Erfahrungswelt zu verstehen, da ich den Glauben mei-

---

[33] Redemptoris Missio, Nr. 28.

[34] Wie K. Rahner bemerkte: „Nichtchristliche Religionen können in ihren Institutionen und theoretischen Objektivationen kategoriale Vermittlungen echter Heilsakte sein, sowohl deshalb, weil sie immer noch Wahres enthalten (mindestens einmal das Postulat einer Transzendenz des Menschen über das empirisch unmittelbar Erfahrbare hinaus), als auch weil selbst objektiv unrichtige und depravierte religiöse Gegenständlichkeit noch Vermittlung echter gnadenhafter Transzendentalität des Menschen sein kann." *K. Rahner*, Über die Heilsbedeutung der nichtchristlichen Religionen, in: Schriften zur Theologie, Bd. 13, Einsiedeln 1978, 341-350; 348.

[35] Redemptoris Missio, Nr. 5.

ner Nachbarn respektiere (der ihren Glauben an Vermittler einschließt), mit dem sie selbst sich auf das Letzte Geheimnis hinbeziehen. Ferner kann ich als Christ diese Vermittlungen nur als auf Jesus Christus bezogene denken, ein Geheimnis, dessen Tiefe indes immer etwas fortwährend zu Erforschendes bleibt. Diese eschatologische Offenheit des Geheimnisses Christi schafft Raum, um die Art der Verbindung der anderen Vermittlungen zu ihm noch besser zu verstehen, was nach einer fortgesetzten Neuformulierung dieser Verbindung verlangt.

Aber im realen Leben könnten wir als Christen mit einer mystischen und kontemplativen Haltung unseren Glauben an Jesus Christus zusammenhalten mit unserem Respekt gegenüber dem, was unsere Nachbarn über Vermittlungen innerhalb ihrer religiösen Erfahrungswelt glauben. Dies könnte geschehen, ohne in einen „Relativismus" zu verfallen, der wohl eher in den westlichen systemischen Pluralismus und in eine überwölbende, universale Theorie passen würde.[36]

Teil IV
Gestalt und Herausforderungen
der indischen Christologie der Zukunft

Unsere Überlegungen über Jesusbilder aus der klassischen Perspektive wie aus der Erfahrung der Marginalisierten und die drei erörterten

---

[36] Angenommen, wir wären in Indien in einen Relativismus verfallen, wobei hiermit gemeint wäre, daß alle Vermittler gleich wären, und vorausgesetzt, daß der Besuch der Kirche ein Zeichen christlicher Religiosität ist, wäre es schwierig zu erklären, wie sich unsere Kirchen in Indien mehr und mehr mit einem solchen „Relativismus" füllen. Geht man auf der anderen Seite davon aus, daß sich die Hauptrichtung der westlichen Tradition der Christologie zum „Absolutismus" bekennt, wie läßt es sich dann erklären, daß die Kirchen in den traditionell christlichen Ländern erschreckenderweise immer leerer und leerer werden? Letztendlich, so glaube ich, läßt sich diese Frage nicht in den vereinfachenden Ausdrücken Relativismus und Absolutismus fassen. Wir müssen die pastorale Situation tiefgehender erforschen. Offenbar besteht heutzutage in den westlichen Gesellschaften eine ernsthafte Glaubenskrise. Eine tiefere und realistische Analyse ist von Nöten. Aber es wäre unfair, das indische Denken zu einem willkommenen Sündenbock für etwas zu machen, was zum Versäumnis werden könnte: der neuen kulturellen und pastoralen Situation im Westen wirklich zu begegnen.

christologischen Fragestellungen führen uns zu einer weiteren Reflexion über die zukünftige Gestalt der indischen Christologie. Aus unseren Reflexionen ergab sich, daß die zukünftige Gestalt der indischen Christologie eine solche sein wird, in der die zwei Dimensionen unserer Erfahrung – die sozio-politische und religiös-kulturelle – sich treffen und im Dialog stehen. Mangels eines geeigneten Ausdrucks möchte ich dieses Aufeinandertreffen „dialogische Kontextualität" nennen. Die Züge einer indischen Christologie müssen innerhalb dieses breiten Rahmenwerks unterscheidbar sein. Ohne genaue Details dessen zu nennen, dessen Gestalt lediglich undeutlich erkennbar wird, möchte ich zum Schluß auf einige Aspekte hinweisen, die ein solches Unternehmen zu berücksichtigen hat.

1. Indische Christologie wird sich aus der universalen Bedeutung Jesu Christi entwickeln. Das heißt: Die Aufgabe einer Auslegung der Gestalt und Geschichte Jesu Christi wird nicht ausschließlich der christlichen Gemeinschaft vorbehalten bleiben, denn das Geheimnis Jesu Christi und sein Evangelium sind, wie ich sagte, für alle Menschen offen. So werden unsere Brüder und Schwestern aus den anderen Religionen Jesus Christus weiterhin auslegen, wie sie es bisher getan haben. Diese Auslegung erfolgt nicht nur durch Abhandlungen, sondern auch durch andere Mittel wie literarische Werke und künstlerische Formen.[37] Faktisch würdigen wir den Reichtum der religiösen und kulturellen Tradition, die sie bei dieser Auslegung mit sich tragen, immer noch viel zu

---

[37] Lehrreich sind in diesem Zusammenhang die Worte von Masao Takenaka, einem japanischen Theologen und Künstler, der nach seinem Besuch von 18 asiatischen Ländern und dem Studium der Situation der christlichen Kunst beobachtet: „Manche Menschen bestehen darauf, daß solange ein Künstler nicht Christ ist, seine Arbeit nicht christliche Kunst genannt werden solle. Sie nehmen hier eine sehr klare Trennung vor. Aber es ist verwirrend, ein naives, mittelmäßiges Gemälde Christi zu sehen, das man sogar als anti-christliche Kunst einstufen müßte. Obwohl es von einem getauften Christen gemalt wird und sein Thema explizit christlich ist, reflektieren seine Form und sein Stil nicht die Kraft Christi." Christian Art in Asia, Christian Conference of Asia, Kyoto 1975, 26. – Die Worte W. Taylors scheinen diesen Gedanken zu vervollständigen, wenn er bemerkt: „Viele der intellektuell lebendigsten und künstlerisch aufregendsten dieser Künstler sind nicht Christen." R. *Taylor*, Some Interpretations of Jesus in Indian Paintings, in: Religion and Society, Bd. 17, Nr. 3 (1970) 1.

wenig. Einer der schönsten und faszinierendsten Kommentare zur Bergpredigt, den ich jemals gelesen habe, ist z.b. ein kleines, von einem Hindu geschriebenes Buch, das Buch von Swami Prabhavananda.[38] Ich meine, wir müssen so etwas wie eine *nicht-christliche Christologie* anerkennen. Durch „nicht-christlich" soll lediglich zum Ausdruck gebracht werden, daß es sich um Interpretationen der Person und Botschaft Jesu durch Menschen handelt, die nicht der sozial greifbaren Kirchengemeinschaft angehören. Wir können diese Art der Christologie nicht begreifen, wenn wir uns mit einer Haltung des „Entweder-Oder" annähern: entweder ganz oder gar nicht. Eine solche Haltung würde implizieren, daß wir bereits in voller Klarheit alles über Jesus Christus wüßten und daß nichts weiteres zurückbliebe, was es noch über ihn zu erfahren gäbe. Auf der anderen Seite bedeuten eine angeblich umfassende Erklärung Jesu Christi oder eine *vollständige Christologie* keinerlei Garantie dafür, daß jemand Jesus besser verstanden und erfahren hat als andere, die etwas derart Umfassendes niemals unternommen haben. Worauf es ankommt ist, daß ein besonderer Aspekt oder eine Dimension des Geheimnisses Jesu Christi zu einer Veränderung eines konkreten Lebens geführt hat. Wir verfügen über unzählige Beispiele von Menschen, die vom Geheimnis Jesu Christi und seines Evangeliums angerührt wurden, ohne daß sie eine komplette Dosis Christologie hätten einnehmen müssen, die angeblich alle Aspekte seines Geheimnisses erklärt.[39] Eine Interpretation Jesu Christi, die aus der gelebten Erfahrung der einen oder anderen Dimension seines Geheimnisses fließt, hat eine Tiefe und Intensität, an der es einem allgemeinen Überblick über die Christologie oft fehlt.

2. Die zukünftige indische Christologie wird ihre eigene Sprache entwickeln. Zuallererst leitet sich die Notwendigkeit einer solchen spezifischen Sprache aus der Tatsache ab, daß es keinen signifikanten Ein-

---

[38] *Swami Prabhavananda*, The Sermon on the Mount According to Vedanta, California 1972.

[39] Ich denke an solch eine bedeutende Person wie Keshub Chunder Sen aus Bengalen, der während der Renaissance des 19. Jahrhunderts in Indien eine bedeutsame Rolle spielte und der in seinem Leben von der Person Jesu Christi sehr tief bewegt wurde. Die Früchte dieser Begegnung wurden in seinem Leben sichtbar. Vgl. *David Knopf*, The Brahmo Samaj and the Shaping of the Modern Indian Mind, Princeton 1979.

fluß geben wird, bis die christologischen Fragen in einer solchen Weise angesprochen werden, daß wir merken können: es geht tatsächlich um unsere eigenen Belange, Erfahrungen und Probleme in Indien. Wenn ferner diese Art, Christologie zu treiben, sich nicht selbst auf die christliche Gemeinschaft beschränkt, sondern auf die Erfahrungen unserer Nachbarn, mit denen wir dieselben sozio-politischen Erfahrungen, Geschichte und Kultur teilen, Bezug nimmt, dann wird eine neue christologische Sprache in Indien um so dringlicher. Gleichzeitig aber wird sie, wenn sie entwickelt ist, das weiteste ökumenische Potential besitzen (ökumenisch im weiteren Sinne). Daraus folgt dann, daß eine solche Sprache im Milieu des Dialogs mit unseren Nachbarn Gestalt annimmt, als sein Resultat. Mit anderen Worten: Die Probleme und Anliegen eines Volkes werden am besten in seiner eigenen Sprache ausgedrückt, die auch die Sprache sein muß, durch die wir das Geheimnis Jesu Christi verstehen.[40]

Die Entwicklung einer christologischen Sprache durch den Prozeß des Dialogs wird, so denke ich, ihren Widerhall außerhalb der Grenzen Indiens finden. Indien ist nicht nur ein Nationalstaat, sondern auch eine Zivilisation. Die indische Zivilisation mit ihren vielfältigen Kulturen bietet einen sehr fruchtbaren Boden und Mittel, um im Verstehen des Geheimnisses Jesu Christi sich in neue Tiefen zu bewegen. Wenn man bei dieser Sachlage Indien zu einer christologischen Sprache zwingt, mit der es kaum resoniert, dann beraubt man das Geheimnis Jesu Christi nur der immensen neuen Möglichkeiten und Wege, die gesunden Reinterpretationen offen stehen. Was die voraussichtliche Natur der indischen christologischen Sprache betrifft, so kann ich hier nicht in Details gehen. Lassen sie mich nur herausheben, daß die Sprache in erster Linie symbolisch sein muß, ohne Platz für die begriffliche Sprache auszuschließen. Die symbolische Sprache hat einen dreifachen Vorteil: Sie ist den biblischen Quellen und ihrer Ausdrucksweise näher, sie ist ebenfalls näher am Leben der Armen und Marginalisierten, sie resoniert schließlich mit der indischen klassischen Tradition.

Für das Entstehen einer solchen Sprache gibt es eine wichtige Bedingung: Wenn Jesus der Weg ist (Joh 14, 6), erfahren und erkennen wir

---

[40] Unter Sprache wird hier nicht ein einfaches Medium der Gedankenkommunikation verstanden, sondern das kulturell geerbte ursprüngliche Symbolsystem, durch das wir die Welt wahrnehmen und interpretieren und uns selbst ausdrücken.

ihn, indem wir wirklich den Weg gehen, der er ist, und nicht im Reden *über* ihn. Es ist ein Gehen, bei dem wir gleichzeitig wahrnehmen, daß unsere Probleme und Fragen getroffen und erhellt werden. Wenn ferner Jesus das Leben der Welt ist (Joh 14,6), kann die Sprache, die wir verwenden, um ihn zu interpretieren, nicht fremd gegenüber der Sprache bleiben, die wir tagtäglich in unserer Kultur verwenden, um den Kämpfen des Lebens zu begegnen und auf sie zu reagieren. Das führt mich zum nächsten Punkt.

3. Die zukünftige indische Christologie wird von einer kreativen Begegnung zwischen den Armen Indiens und der Botschaft und Person Jesu gekennzeichnet sein. Wenn die Dalits, die Stämme und andere marginalisierte Gruppen der indischen Gesellschaft die Geschichte Jesu als eine solche lesen, in der ihre eigenen Kämpfe und Hoffnungen gespiegelt werden, geschehen zwei Dinge: Einerseits werden sie ihren eigenen Weg zu einer transformierten Gesellschaft erhellt und mit neuer Hoffnung erfüllt finden. Andererseits wird eine Lesart aus ihrem Kontext neue Reichtümer, die in der Person und Botschaft Jesu verwahrt sind, zum Vorschein bringen.

Um dies etwas mehr zu konkretisieren, ein Beispiel: Erniedrigt, diskriminiert, verhöhnt zu werden, war die Erfahrung der Unberührbaren in Indien. Wenn sie von der Verspottung hören, der Jesus von den Soldaten ausgesetzt wurde, wie wir in der Leidensgeschichte lesen (Mk 15, 16-20),[41] schwingen ihre Herzen und Sinne mit, weil es ihre eigene Erfahrung des Verhöhntseins ist, die sie in Jesu Erfahrung dargestellt finden. Diese Lesart und Entdeckung Jesu aus ihrem Kontext spricht für sie Bände, mehr als all die Christologien, die andere für sie entwerfen mögen. Gleichzeitig bringt sie ein anderes Gesicht Jesu zum Vorschein, das nicht sichtbar ist für solche, die nicht den tiefen Schmerz und die Demütigungen erfahren haben, die es bedeutet, ein Unberührbarer zu sein.

4. Die christologische Frage scheint heute fast ausschließlich auf die Diskussion des Platzes Jesu Christi im Kontext der anderen Religionen in Indien konzentriert zu sein. Man ist hier gefangen in einem begrenz-

---

[41] Eine Dissertation zu diesem Punkt wird unter meiner Aufsicht von einem Studenten verfaßt, der der Gruppe der Unberührbaren in Indien angehört.

ten gedanklichen Rahmen mit seinen Voraussetzungen. Ich denke aber, daß die zukünftige Gestalt der indischen Christologie ihre Sicht weiten muß, indem sie eine unbestreitbare Tatsache der Geschichte erlernt: Die Geschichte der letzten zweihundert Jahre belehrt uns darüber, daß der effektivste Einfluß des Christentums in Indien durch weltliche Mittel und Institutionen – wie das demokratische Ideal, gleiche Behandlung aller vor dem Gesetz, Menschenwürde und Menschenrechte – erfolgte. Diese und andere Institutionen und Instrumente haben, ungeachtet ihres weltlichen Ursprungs und trotz des anfänglichen kirchlichen Widerstands gegen einige, ihre tieferen Wurzeln im Jesus der Evangelien und in seiner Vision des Reiches Gottes. Die zukünftige Christologie sollte so entwickelt werden, daß sie fähig wird, die weltlichen Implikationen des Evangeliums für das Leben der Menschen in Indien mehr und mehr auszuziehen.

Eine dieser Implikationen wäre beispielsweise die Anerkennung und Bekräftigung der Stofflichkeit unserer menschlichen Existenz. „Das tägliche Brot", für das Jesus uns anwies, den Vater zu bitten (Mt 6, 11; 7, 9), symbolisiert diese grundlegenden Realitäten, die die materielle Basis unseres Lebens bilden. Was dies bedeutet, wird am besten deutlich in einem Land wie Indien mit über 800 Millionen Menschen, von denen 320 Millionen unter der Armutsgrenze leben, unter Bedingungen endemischer Unterernährung, Mangel an sauberem Wasser, an medizinischer Versorgung und Obdach. Es sind dieselben Menschen, denen die menschliche Würde und das Recht, sie selbst zu sein, verweigert wird.

Eine Interpretation Jesu Christi, in der all diese Betreffe widerklingen, bringt sich selbst in den Lebensstrom der Menschen ein. Sie wird, um ein Bild zu gebrauchen, sein wie Tee, der aus dem Teebeutel sickert, hinein in das sozio-politische Leben des Landes. Das ist schließlich der Weg des Evangeliums in seiner Gegenwart für die Welt. Möglicherweise haben wir noch viele andere ordentlich verpackte, trockene Bündel von Teebeuteln auf Vorrat, aber sie kommen nicht ins Bild und haben keinen wirkungsvollen Platz.

(Übersetzung aus dem Englischen: S. Muschkowski / H. Kessler)

V

Partikularität und Universalität Jesu Christi

Zur Hermeneutik und Kriteriologie kontextueller Christologie

Hans Kessler

Vorbemerkung

Der Auftrag an mich lautete, ich sollte, nachdem Felix Wilfred über Christologie im indischen Kontext gesprochen hat, etwas zu Christologie im universalen Kontext sagen. Von den fünf Teilen, die ich vorbereitet hatte, mußten bei der Tagung und müssen in diesem Band wegen des zu großen Umfangs zwei Teile („Zum Kontext der Globalisierung" sowie „Denkanstöße zu einer Christologie im Kontext der Globalisierung") wegfallen; sie werden in anderem Zusammenhang veröffentlicht. So veränderte sich das ursprünglich angekündigte Thema „Christologie im Kontext der Globalisierung: Partikularität und Universalität" zu dem jetzigen mit den folgenden drei verbliebenen Teilen.

I. Was heißt kontextuelle Theologie, und welche möglichen Vorgehensweisen gibt es?

Seit wenigen Dekaden erst beginnen wir Westeuropäer allmählich gewahr zu werden, daß unsere (Wirklichkeitswahrnehmung und) Theologie, der wir wie selbstverständlich Universalität unterstellt und die wir noch bis vor kurzem als vermeintlich universale in andere Kontinente exportiert hatten, auch nur eine partikuläre (Wahrnehmung und) Theologie darstellt, genauer: eine Folge und ein Bündel von partikulären, kontextuell-lokalen Theologien[1] in einer begrenzten Weltregion.

---

[1] *R.J. Schreiter*, Constructing Local Theologies, Maryknoll-New York 1985 (deutsch: Abschied vom Gott der Europäer. Zur Entwicklung regionaler Theologien, Salzburg 1992).

Nichts – auch nicht die westliche historisch-kritische Erforschung der Theologiegeschichte – hat uns die Erkenntnis der Kontextverhaftetheit auch westlicher theologischer Traditionen so herausfordernd ins Bewußtsein getrieben wie das Entstehen selbständiger einheimischer Theologien in anderen Weltregionen. Sie machen uns erst vollends bewußt: Keine Erkenntnis und Nachfolge Jesu Christi kann total und umfassend sein, keine Christologie kann so universal bedeutsam sein wie Jesus Christus selber, jede Christologie ist ein kontext-gebundener Versuch und damit partikulär.

1. Zum Begriff „Kontext"

Zunächst bedarf der Begriff „Kontext" einer Klärung. In den Literatur- und Bibelwissenschaften, aus welchen der Begriff ursprünglich stammt, meint der Ausdruck Kon-Text den umgebenden größeren Text-Zusammenhang eines Wortes oder Satzes (also eines Textes), aus welchem sich erst die eigentliche Bedeutung des Wortes oder Satzes erkennen läßt. Aus diesem ursprünglichen Wortgebrauch entwickelte sich in neuerer Zeit eine übertragene Verwendung: Kontext meint nun den historischen, sozialen, kulturellen Zusammenhang, in dem etwas steht und ohne den es nicht verstanden werden kann. Um beide Gebrauchsweisen zu unterscheiden, wird in den Bibelwissenschaften neuerdings der („alte") Kon-Text eines Textes (also letztlich der Kanon der biblischen Schriften) als „co-text" bezeichnet, der im („neuen") con-text einer Gemeinschaft seinen Ort hat.[2] Dieser con-text (Volk Israel bzw. Kirche), der sich wandelt, wird definiert durch den Rückbezug auf den cotext der kanonischen Schriften, der nicht verlassen werden kann, ohne die (jüdische bzw. christliche) Identität preiszugeben, dessen Auslegung aber mit dem sich wandelnden Gemeinschafts-Kontext in Bewegung bleibt. Kirchliche Gemeinschaft selbst realisiert und bewegt sich ihrerseits in unterschiedlichen historischen und sozio-kulturellen Kontexten.

Kontexte in diesem neuen Sinn der sozialen Zusammenhänge gibt es in verschiedenen Graden, Schichten und Dichten. Im weitesten Sinne ist Kontext die gemeinsame Welt und das allgemeine Menschsein. Im engeren Sinne kann Kontext eine bestimmte regionale, lokale Kultur in einer bestimmten Zeit meinen, im noch engeren Sinne die Lebens-

---

[2] Für diesen Hinweis danke ich Norbert Lohfink.

ordnung einer kleinen Gruppe in dieser Kultur und Zeit. Je allgemeiner der in Betracht genommene Kontext ist, desto unkonkreter, dünner und leerer werden die etwa in der Rede von Jesus Christus gewählten Aussagen, die nie unabhängig von einem Kontext im viel engeren Sinn gehört werden. Deswegen muß Theologie und Christologie sich auf die engeren regionalen und lokalen sozio-kulturellen Kontexte einlassen.

In diesem Sinne wird seit einiger Zeit der Ausdruck Kontextualisierung (und ähnlich der Ausdruck Inkulturation) verwendet für „eine situationsgerechte Praxis und Reflexion des Glaubens"[3].

2. Kontextverhaftete und kontextuelle Theologie

Als These könnte formuliert werden: Theologie ist stets (unwillkürlich-unhintergehbar) kontextverhaftet und muß (bewußt-methodisch) kontextuell sein.

a) Es gibt keine kontextfreie Theologie und Christologie. Jede/r treibt Theologie in einem bestimmten Kontext (ob er/sie sich dessen bewußt ist oder nicht), und die Theologie, die eine/r macht, verrät immer auch etwas über den Kontext, in den er/sie hineinspricht (also über den Kontext der Hörer und dessen wirkliche oder vermeintliche Probleme und Fronten), sowie über den Kontext, aus dem er/sie selber herkommt (also über den sozialen usw. Kontext des Sprechers, die Reichweite und Tiefe seiner Realitätswahrnehmung und damit nochmals über ihn selbst). Daß die textgewordene Theologie etwas darüber verrät, ist die Chance aller historischen und exegetischen Rekonstruktionen.

Unser Kontext (Zeit, Kultur, soziale Schichtzugehörigkeit usw.) spielt bei unseren Wirklichkeitskonstruktionen stets eine Rolle (wir sehen ja nicht einfach Wirklichkeit an sich, wir sehen sie „als...“). Der Kontext beeinflußt daher auch unser Verstehen von Gott und von Jesus Christus. Das Erzählen von Jesus und die Färbung persönlicher Christusbeziehung usw. sind immer auch kontextbedingt. Und das Verstehen des Erzählten bzw. der mitgeteilten Botschaft ebenso: Diese kann in einer Form gefaßt sein, welche die in sich richtige und wahre Botschaft doch falsch werden läßt, *sofern* sie, bedingt durch den Erfahrungs- und

---

[3] *J.B. Banaviratma* / J. *Müller*, Kontextuelle Sozialtheologie. Ein indonesisches Modell, Freiburg-Basel-Wien 1995, 39.

Verstehenshorizont der konkreten Adressaten, von diesen fast unvermeidlich falsch, nämlich ihrem intendierten Sinn entgegen, verstanden werden muß.

b) „Kontextuelle Theologie" kann freilich eine Theologie noch nicht schon deswegen allein genannt werden, weil sie in einem Kontext steht. Den Namen „Kontextuelle Theologie" im präzisen Sinne verdient nur eine Theologie, die den Glauben bewußt in den Zusammenhängen ihrer zeitgenössischen Gesellschaft und Kultur zu explizieren und zu verantworten sucht, die also ihren Kontext (als von anderen Kontexten verschieden) bewußt wahrnimmt, ihn zu analysieren und ihn methodisch in ihre Arbeit einzubeziehen versucht, auch wenn das immer nur begrenzt gelingt.

Kontextuelle Theologien in diesem Sinne sind unsere Normaltheologien, auch die meine, meist nicht; wir sind zumeist noch weit entfernt davon, unseren heutigen Situationskontext methodisch (und nicht nur über ein mehr oder weniger ausgebildetes Situationsgefühl) schon im Ansatz (und nicht erst in einer nachträglichen Anwendungsüberlegung) in unsere Arbeit einzubeziehen[4]. Eine Theologie ist noch nicht damit (methodisch) kontextuelle Theologie, daß sie sich so nennt.

Die methodisch wie inhaltlich höchst schwierige Aufgabe der Kontextualisierung (oder Inkulturation) ist heute zur vielleicht größten Herausforderung für Kirche und Theologie geworden. Für sie ist Kontextualisierung kein Luxus und keine Taktik, sondern eine grundlegende theologische Notwendigkeit, und zwar aus internen und aus externen Gründen[5]. Interne Gründe wären etwa die inkarnatorische Struktur des Glaubens, sein symbolisch-sakramentales Verständnis der Wirklichkeit, sein dialogisch-kommunikatives Verständnis von Gottes Selbstoffenbarung in Jesus Christus und der personalen Antwort der konkreten Menschen in ihrer Lebenssituation; externe Gründe wären die Diversität und Differenz der Lebenssituationen, vor allem die Differenz der pluralen Kulturen als unterschiedlicher views of life and ways of life, für welche eine Theologie und Christologie ja soll relevant werden können.

---

[4] Das Buch von *Banaviratma/Müller* gibt dazu erste hilfreiche Anleitungen (s. vorige Anmerkung).
[5] Zu solchen internen und externen Gründen vgl. *S.B. Bevans*, Models of Contextual Theology, Maryknoll-New York 1992, 5-10.

Dieses Relevant-Werden für den jeweiligen Kontext darf nicht mit An- oder Einpassung an oder in diesen verwechselt werden. Manche sind in Sorge und haben massive Vorbehalte gegen eine kontextuelle Christologie, weil sie genau solche Einpassung befürchten und Kontextualisierung der Christologie als deren Angleichung an den Kontext unter Preisgabe oder Reduzierung ihrer wesentlichen Inhalte verstehen (im Sinne von Röm 12,2). Doch ist dies ein Mißverständnis. Genau betrachtet verlangt nämlich gerade ein kritischer Widerspruch gegen (gesellschaftliche, religiöse, christologische usw.) Tendenzen in einem bestimmten Kontext – *wenn* und im Maße dieser Widerspruch wirklich sich auf den Kontext beziehen, ihn treffen, dort verstanden werden und greifen soll – eine Kontextualisierung der Christologie und *ist* im selben Maße eine solche. Es mag das Phänomen der „Verstockung" (vgl. etwa Jes 6,9f) und des Nicht-Verstehen-Wollens geben, doch setzt auch dieses eine kontext- und situationsgerechte, verständliche Ausrichtung und ein Hören-Können der Botschaft *als solcher* voraus, ein Verstehen-Können, wenn man wirklich verstehen wollte (oder verstehen wollen könnte).

3. Kontextuelle Theologie als Bezug zweier Referenzsysteme aufeinander

Eine alte Einsicht theologischer Erkenntnislehre besagt, daß christliche Theologie immer zwei grundlegende Bezugspunkte oder Referenzsysteme hat, bei denen sie ansetzen und die sie aufeinander beziehen muß: die Selbstmitteilung (Offenbarung) Gottes in Jesus Christus und die konkreten heutigen Menschen in ihrer Lebenswelt. Von daher wußte man – lange vor Melchior Canos berühmtem Werk über die loci theologici (von 1563) – um zwei Arten von Erkenntnisquellen oder Erkenntnis-Fundorten (loci) christlicher Theologie: a) die spezifisch christlichen loci oder „loci proprii" (Schrift, Tradition, Lehramt, Heilige und Kirchenlehrer usw.), auf welche sich die herkömmliche Schultheologie weithin allein stützt, und b) die allgemein menschlichen loci oder „loci alieni" (das menschliche Zusammen-Leben, seine Konflikte, Religion und Kultur, Vernunft und wissenschaftliche Erkenntnis, Geschichte, die Zeichen der Zeit, die konkrete Situation usw.).[6]

---

[6] Vgl. hierzu: Gaudium et spes (bes. Nr. 4); ferner *H. Kessler*, Was ist Theologie? Was heißt Theologie treiben?, in: J. Hainz / H.-W. Jüngling / R. Sebott

Kontextuelle Theologie versucht ernstzumachen mit dieser Einsicht, daß auch die loci alieni wirkliche Fundorte theologischer Erkenntnis sind und daß es gilt, beide Arten von Fundorten, oder besser: beide lebendig-dynamischen Referenzsysteme – in wechselseitigem Dialog – kritisch-kreativ miteinander in Bezug zu bringen, wenn man zu Einsichten, Wegweisungen und Beweggründen gelangen will, die einerseits nicht auch ohne christliche Theologie erreichbar sind und die andererseits heute wirklich hilfreich sind, wenn also Theologie ihren ureigenen Beitrag für Kirche und Welt heute nicht schuldig bleiben will.

Kontextuelle Christologie kann daher *definiert* werden als jene Art Christologie zu treiben, die methodisch bewußt den eigenen soziokulturellen Kontext und die tradierten Christologien im Dialog aufeinander bezieht mit dem Effekt einer wechselseitigen Transformation beider (s.u. III.7). Transformiert werden müssen in der Tat nicht nur die kulturellen Kontexte, sondern auch die (immer aus früheren Kontexten erwachsenen und ihnen verhafteten) tradierten Christologien. Wir haben ja nicht einfach *den* christologischen Text, der nur in immer neue soziokulturelle Kontexte hinein übersetzt werden müßte. Wir haben vielmehr Texte, Kontexte und das in den Texten Vertextete: (1) christologische *Texte* (z.B. die markinische, die Logos-, die neuchalkedonische, die Befreiungs-Christologie usw.), (2) *Kontexte* (damalige sowie veränderte spätere bzw. heutige) und (3) das in den christologischen Texten je neu *Vertextete* (nämlich die Bedeutung dieses Jesus mit seinem charakteristischen Stil und Profil).

4. Modelle kontextueller Theologie

Der Steyler Missionar und Chicagoer Theologe Stephen B. Bevans hat in seinem Buch „Models of Contextual Theology"[7], ähnliche Versuche weiterführend, eine Typisierung von Modellen vorgenommen, die mir

(Hg.): ‚Den Armen eine frohe Botschaft'. FS für Franz Kamphaus, Frankfurt a.M. 1997, 383-406, hier 390f.

[7] *S.B. Bevans*, Models of Contextual Theology, Maryknoll, New York 1992. – Dieses wichtige Buch ist Peter Beer in seiner Lizentiatsarbeit (*P. Beer*, Kontextuelle Theologie. Überlegungen zu ihrer systematischen Grundlegung, Paderborn u.a. 1995) offensichtlich entgangen. Vgl. auch *P. Beer*, Bausteine kontextueller Theologie. Eine systematisierte Auswahlbibliographie, in: ThGl 86 (1996) 181-194.

heuristisch sehr hilfreich scheint, um sich der Dimensionen und der möglichen methodischen Optionen bewußt und darauf aufmerksam zu werden, was im (bewußt oder unbewußt) kontextuellen Theologisieren eigentlich läuft bzw. was laufen sollte, wenn es nicht abstrakt oder provinziell und irrelevant werden soll.

Nach Bevans hat eine kontextuelle Theologie immer vier oder eigentlich fünf Dinge zu berücksichtigen: (1) Geist und Botschaft *des* Evangeliums, (2) die Tradition der Kirche, (3) die jeweilige Kultur, (4) den sozialen Wandel in dieser Kultur (durch technischen Fortschritt, Kampf für Gerechtigkeit usw.), und eigentlich auch noch (5) andere Denkformen und Kulturen.

Je nach der Betonung, die man auf eines oder mehrere oder eine Kombination dieser Elemente legt, lassen sich innerhalb der gegenwärtigen Bemühungen, den christlichen und Christusglauben in bestimmten Kontexten auszudrücken, typisiert (!) fünf verschiedene Zugänge oder Modelle unterscheiden, die nie rein als solche vorkommen, die vielmehr in unterschiedlichen Konzeptionen jeweils *vorherrschende* (nicht notwendig ausschließliche) Tendenzen markieren:

a) Das *Übersetzungsmodell* (oder Adaptationsmodell[8]). Seine Prämisse lautet: Der wesentliche Inhalt des Glaubens und der Glaubenslehre ist überkulturell und läßt sich von der kontextuellen Ausdrucksform trennen wie der Kern von der Schale. Diesen Kerninhalt gilt es in andere Kontexte zu übersetzen. Die Verfahrensweise dieses Modells geht linear von der (irgendwo als überzeitlich gültig formuliert angesehenen) Glaubensbotschaft zur Kultur hin: Der (unveränderliche) Inhalt wirkt sich auf den (zu verändernden) Kontext aus. – Wer nach diesem Modell verfährt, realisiert zwar die Ambivalenz der sozio-kulturellen Kontexte (u.U. bis hin zum Argwohn gegen diese), kann aber auf spezifische Fragen und Chancen in diesen Kontexten nicht genügend eingehen; zu hörende lógoi spermatikoí gibt es für ihn dort nicht. Außerdem ist zu fragen, ob und inwiefern es die überkulturell faßbare Botschaft (den Inhalt des Christusglaubens jenseits jedes kulturellen Ausdrucks) über-

---

[8] Kursiv führe ich jeweils die Bezeichnungen aus der Typologie von Stephen Bevans auf, nicht kursiv und in Klammern dahinter die Benennungen von Robert Schreiter (Constructing Local Theologies). Meine Beschreibung und Würdigung der Modelle versucht, beider Vorgaben weiterzuführen.

haupt gibt. Wenn es aber den Inhalt tatsächlich nicht in kontextfreier Gestalt gibt, läuft dieses Modell leicht darauf hinaus, daß man *eine* mitgebrachte (von einem früheren und fremden Kontext abhängige) Christologie nur dem (in einem anderen kulturellen Kontext beheimateten) Adressaten durch relativ äußerlich bleibende Übersetzung sozusagen kosmetisch adaptiert, sich aber sonst aus dem neuen Kontext herauszuhalten sucht, ohne also das einst in dieser Christologie Vertextete im neuen Kontext wirklich so erneut zu vertexten, daß es Menschen in *diesem* Kontext erreichen und verwandeln kann.

b) Das *anthropologische* (oder ethnographische) *Modell*: Hier geht die methodische Bewegung auch linear, aber genau umgekehrt von der jeweiligen Kultur hin zur Artikulierung des Christusglaubens in dieser. Die Kultur (und ihre Anthropologie oder Soteriologie) ist maßgebend für die Christologie, nicht so sehr Schrift und Tradition. Der Kontext wirkt sich auf den Inhalt aus; die Christologie ist Funktion der jeweiligen Anthropologie oder Soteriologie[9]. Prämisse ist eine positive Einschätzung der Kulturen als Ort der Offenbarung Gottes: Christus war in der Kultur verborgen da, längst ehe der Missionar kam[10]; er muß nicht von außen hineingebracht, sondern kann in ihr selbst entdeckt werden: „der unbekannte Christus im Hinduismus"[11] etwa. – Mit Recht wird hier gesagt: Wie das hellenistische und das germanische, so muß auch das indische oder afrikanische Verständnis von Mensch, Natur und letzter Wirklichkeit eine vitale Komponente in der Gestalt der Christologie werden. Hier wird die regionale Kultur, der Kontext, ernstgenommen, aber oftmals unkritisch; dann verfällt man leicht einem kulturellen Romantizismus, der menschenfeindliche, unterdrückerische Züge in einer Kultur ausblendet und sich – im Namen einer Kontextualisierung

---

[9] Dies ist die durchgehende These bei *K.-H. Ohlig*, Fundamentalchristologie im Spannungsfeld von Christentum und Kultur, München 1986; ders.: Gibt es eine Einheit der multikulturellen Christologien?, in: H. Dembowski / W. Greive (Hg.), Der andere Christus. Christologie in Zeugnissen aus aller Welt, Erlangen 1991, 186-205. – Siehe unten Anm. 20 und 57.

[10] Vgl. den Buchtitel von *L. Boff*, Gott kommt früher als der Missionar. Neuevangelisierung für eine Kultur des Lebens und der Freiheit, Düsseldorf 1991.

[11] *R. Panikkar*, Der unbekannte Christus im Hinduismus (revidierte Fassung), Mainz 1986.

des Christlichen – einem Wandel der Kultur widersetzt, statt sie zu ihren größeren, humaneren Möglichkeiten hin zu öffnen. Es erhebt sich die Frage: Kann man wirklich im jeweiligen Kontext Christus entdekken, ohne schon von Jesus herzukommen? Entdeckt man ansonsten dort nicht häufig ganz andere Geister als den seinen, vor allem den eigenen (auf Jesus projizierten) Geist? Was ermöglicht dann eine selbst- und kulturkritische Unterscheidung Jesu Christi, was seine authentische Bezeugung? Gibt es dafür – kulturübergreifende – Kriterien?

c) Das (befreiungstheologische oder) *Praxis-Modell*: Es verläuft bekanntlich nicht linear, sondern spiralförmig im Dreischritt Sehen-Urteilen-Handeln und wieder Sehen-Urteilen-Handeln. Es beginnt mit einer Analyse der faktischen Realität, die im Licht des Evangeliums reflektiert wird, um im konkreten Kontext aktuell eine evangeliumsund menschengemäßere Praxis zu ermöglichen, die dann wieder Ausgangspunkt einer erneuten Reflexion wird. Ziel ist eine umfassende, integrale Befreiung in allen Dimensionen (politisch-ökonomisch aus Unterdrückung und Gewalt zu mehr Gerechtigkeit; historisch-anthropologisch aus Nicht-Subjektsein dazu, aktiv Subjekt der eigenen Geschichte sein zu können; und grundlegend spirituell-theologisch aus dem Abgeschnittensein vom Lebensquell Gott zum Leben mit und aus ihm[12]). Kultur wird als sehr komplexe Größe begriffen, die alle diese Dimensionen umfaßt. Schlüsselmerkmal ist ein anderer Offenbarungsbegriff: Während Offenbarung im Übersetzungsmodell suprakulturelle satzhafte Botschaft, im anthropologischen Modell in kulturellen Kontexten verborgen ist, ist Offenbarung hier Gottes fortwährendes Handeln in der Geschichte (besonders an ihrer Unterseite, bei den marginalisierten „Geringsten"), weshalb Theologie vor allem die Erfahrungen des leidenden Volkes (und nicht so sehr Bücher) analysieren muß, um hinzuführen zu einem Tun als Partner des leidenden und befreienden Gottes in seiner vorrangigen Option für die Armen und Ausgegrenzten. – In diesem Modell sind Erkennen und Tun eng aufeinander bezogen (Joh 8,32): Wer dem Jesus der Evangelien real nachfolgt, erkennt ihn wirklich als den Christus, in seiner Heilbringervalenz.

---

[12] Vgl. zu diesem integralen Befreiungsbegriff *H. Kessler*, Reduzierte Erlösung? Zum Erlösungsverständnis der Befreiungstheologie, Freiburg-Basel-Wien 1987, 13-21.

d) Das *synthetische* (oder dialektische) *Modell* führt die Einsichten der drei anderen Modelle zusammen und ist darüber hinaus offen für Werte anderer kultureller Kontexte. Es zielt auf Dialog zwischen den verschiedenen Positionen und Momenten, die je in sich ihre Wahrheit haben, aber falsch werden, wenn sie isoliert oder überzogen werden. Nur das, was in einem solchen offenen, aber ekklesial verorteten Dialog sich bewährt, ist genuiner Ausdruck des Glaubens – für den momentanen Kontext. Die Grundbewegung ist hier weder linear noch spiralförmig, sie hat (wie eben Dialektik und Dialog) keine feste Richtung und ist nicht steuerbar, sondern hält die verschiedenen Elemente, die *gleichermaßen* ernstzunehmen sind, in einer kreativen dialektischen Spannung: also Evangelium, Tradition der Kirche, eigene Kultur, geschichtlich-sozialer Wandel, andere Denkformen bzw. Kulturen; im spannungsreichen Bezugsfeld dieser Größen ist mit der (offenbarenden und transformierenden) Gegenwart Gottes, mit dem Logos und Pneuma, zu rechnen. Die Botschaft Jesu und der Christusglaube kann von jeder Kultur bereichert, neu entdeckt und umgeformt werden, kann aber auch umgekehrt diese human verändern und mehr zu sich selbst bringen. – Mindestens eine Rückfrage bleibt: Kann dieses, nach allen Seiten so vorteilhaft offene Modell einer dialogischen Kontextualität nicht – abstrakt harmonistisch – von einer dominanten Kultur oder von Dominierenden in einem Kontext gegen die Schwächeren mißbraucht werden, *wenn* die vier oder fünf Elemente alle *gleich* gültig sind? Ergibt sich nicht die Frage nach einem Vorrang des Evangeliums Jesu Christi in seiner ganz bestimmten Inhaltlichkeit (und dazu gehört z.B. die vorrangige Option für die Ausgegrenzten) als im Konfliktfall den Ausschlag gebendem Kriterium auch kontextueller Theologie und Christologie?

e) Das von Bevans *transzendental* genannte oder Subjektivitäts-*Modell* konzentriert sich auf etwas, was leicht in Vergessenheit gerät, wenn man – zu Recht – die Differenz und Pluralität der (kulturellen) Kontexte betont: daß es nämlich prinzipielle Strukturen gibt, die mit dem Menschsein selber gegeben sind. Bevans wendet das Modell sofort pragmatisch und legt allen Nachdruck darauf, daß kontextuelles Theologisieren nicht mit einer Thematisierung des Evangeliums einerseits oder der Kultur andererseits beginnen muß, sondern mit der eigenen religiösen Erfahrung und Selbsterfahrung des theologisierenden Subjekts. Dieses aber ist, auch als gläubige Person, allemal durch seinen Kontext geprägt (durch nationales und kulturelles Erbe, Eltern, Erziehung, Denk- und Verhaltensmuster usw.). Indem das Subjekt daher radikal nach seiner eigenen authentischen religiösen und kulturellen Erfahrung fragt, kann es auch die religiöse und kulturelle Erfahrung anderer im gemeinsamen Kontext artikulieren. Kontextuelle Theologie (im weiten, nicht nur professionellen Sinn) finde demnach dort statt, wo eine Person darum ringt, mit ihrem eigenen Glauben zurechtzukommen, und wo sie diesen Glauben mit anderen im selben kulturellen Parameter teilt. Begegnungen mit Personen anderer Kulturen oder Zeiten können für das eigene theologische Denken fruchtbar sein, *wenn* sie durch den Filter des eigenen Kontextes gehen; entscheidend ist, daß man nie die eigene Authentizität als partikulär historisches und kulturelles Subjekt aufgibt. – Hier dominiert das Suchen nach authentischem Sichverstehen als glaubendes und kulturelles Subjekt (Identität); transkulturelle Belange interessieren primär nicht. Bevans fragt, ob dieses Modell nicht ein Produkt westlicher, männer-dominierter Denkformen ist, mit der Gefahr, daß Subjektivität in Relativismus, utilitaristischen Individualismus und therapeutische Mentalität degeneriert, die vom wirklichen Dialog mit anderen abschneiden. (Pragmatisch gewendet kann das Modell in der Tat geradewegs zur Bestätigung des postmodernen Nebeneinander beliebiger Mentalitäten führen.) Über Bevans hinausgehend muß gefragt werden: Kann ich mich überhaupt angemessen verstehen ohne Begegnung mit dem anderen? Und werden hier nicht Kultur und Glaube allzuleicht konfundiert? Die Differenz zwischen meiner Kultur und dem – ja nie kontextlos und an sich gegebenen – Glauben (bzw. dem anderen, mir fremden Jesus Christus) kann ich ja nur hinreichend wahrnehmen im Spiegel von kulturell anders Glaubenden: der Fremde sagt mir etwas, was ich mir nicht selbst sagen kann; er ist im Denken nicht einholbar, hat eine quasi-transzendentale Bedeutung für mich, hält mich offen fürs Eschaton (der kulturell Andere hält mich für den eschatologisch Anderen offen). Und authentische Subjektivität: Wie kann ich beurteilen, ob ich mich religiös und kulturell authentisch interpretiere? Genügt es zu prüfen und zu fragen: „Do I feel comfortable with a particular expression of my religious experience?"[13] Die Frage nach Kriterien kontextueller Christologie erhebt sich erneut.

---

[13] So Matthew Lamb, zitiert von *Bevans,* a.a.O. (s. Anm. 7) 99.

Wohlgemerkt: *Jedes* der Modelle hat seine Vor- und Nachteile. *Keines* kann beanspruchen, daß es den einzigen Weg zeige, Theologie bzw. Christologie zu treiben. Ein bestimmtes Modell kann in einer bestimmten Situation den Vorzug verdienen (z.b. das Praxismodell in einer Situation großer Ungerechtigkeit, die nach radikaler Veränderung schreit; das anthropologische Modell etwa dort, wo eine Minderheitskultur bedroht ist und der Christusglaube für sie eintreten muß; das eher kulturkritische Übersetzungsmodell dagegen dort, wo in einer Kultur Unrecht verübt und sanktioniert wird, der Glaube sich daher insoweit gegen die Kultur stellen muß)[14]. Die Wahl des modellhaften Zugangs hängt also nochmals vom Kontext ab (auch wenn der vorzügliche Gebrauch des einen Modells den Gebrauch anderer Modelle nicht auszuschließen braucht). Wiederum stellt sich die Frage: Was steuert die bevorzugte Wahl? Diese Wahl müßte offenbar entscheidend mitgesteuert sein von der Grundstruktur des Evangeliums und des Christusglaubens, aus der sich Kriterien zur Wegfindung bzw. Beurteilung ergeben müßten. Eine christologische Hermeneutik hätte sie herauszuarbeiten.

5. Der entscheidende methodische Vorgang

Was kann Christologie im Kontext tun? Daß Jesus Christus im Erinnern und Erzählen, im Meditieren und v.a. praktischen Bezeugen seiner Story sich vergegenwärtigt und als lebendig erweist, bei Christen und Nichtchristen, das ist nicht (oder nur bedingt) methodisch-christologisch steuerbar. Das unverfügbare Wirken des Heiligen Geistes *kann* einen Menschen beim Erzählen einer einzigen Evangelienperikope lebenswendend ergreifen; das bleibt unbestritten. Uns geht es hier darum, wie eine Christologie in ihrem konkreten Kontext vorgehen kann, um dort die zentralen Elemente ins Spiel zu bringen, die eine kontextbezogene Auslegung des Evangeliums Jesu Christi und eine entsprechende Praxis der Nachfolge ermöglichen.

Was ist methodisierbar? Was muß ins kontextuelle Spiel der Kräfte kommen, damit Jesus Christus und sein Evangelium in einen konkreten

---

[14] Dazu *Bevans* (s. Anm. 7) 111f, *Schreiter* (s. Anm. 1) 22-38 sowie *R. Schreiter*, Inkulturation des Glaubens oder Identifikation mit der Kultur?, in: Conc 30 (1994) 12-18.

Kontext nicht so eingepaßt wird, daß er als Projektionsschirm für beliebige Wunschprojektionen vereinnahmt wird oder gar ganz verschwindet? Kriterien dafür werde ich im dritten Teil zu bestimmen versuchen. Wie also vorgehen und zu Konkretisierungen kommen? Im pluralistischen Kontext könnte man versucht sein, sich aus den skizzierten Kontextualisierungsmodellen das pragmatisch gewendete transzendentale Modell auswählen: Bei den pluralen eigenen Erfahrungen mit Jesus Christus einsetzen (akademische Büchererfahrungen mit einem historisch oder dogmatisch reduzierten Jesus, gemeindliche, liturgische und meditative Erfahrungen mit dem Herrn, Frauenerfahrungen mit Jesus usw.), das bliebe freilich alles so partiell, daß fraglich ist, ob von da aus der reale gesellschaftliche Kontext – mehr als nur am Rande – erreicht wird. Man (Mann und Frau) bliebe im stark mittelschicht-geprägten akademischen und binnenkirchlichen Kontext einer weißen Majoritätskultur verfangen. Gewiß muß so *auch* angesetzt werden, aber es genügt nicht.

Ich halte das von Bevans transzendental genannte Modell gerade im heutigen pluralistischen Kontext (nur) für bedingt hilfreich – als Moment im synthetischen oder dialektischen Modell, das m.e. den Vorzug verdient, allerdings mit einem starken Akzent im Sinne des befreiungstheologischen oder Praxismodells.

Der entscheidende methodische Vorgang wäre dann schon im Ansatz ein dialogischer, so daß es um ein fortwährendes Wechselverhältnis folgender Elemente geht: Einerseits (durchaus von den begrenzten eigenen Erfahrungen ausgehend) möglichst genaues Hinhören auf den komplexen Kontext und Analysieren seiner Strukturen, Grundmuster und Symbolsysteme, woraus sich die Grundthemen für eine kontextuelle Christologie ergeben. Andererseits müssen diese Themen im Dialog sein mit den grundlegenden, aus Bibel und Tradition sich ergebenden Kriterien (s. III) von Christologie. Drittens muß dieser wechselseitig kritische Dialog zwischen Kontext und hergebrachten christologischen Texten zu einer wechselseitigen Transformation beider führen, und zwar in einer Christologie, die (in einer neuen Artikulation der Bedeutung Jesu und einer neuen Sicht auf den Kontext) die vorfindliche Praxis je nachdem bestärkt oder kritisiert und zu einer Christopraxis anregt, die *mehr* dem Evangelium entspricht und daher zugleich *mehr* den Menschen heilsam ist.

II. Hermeneutisch relevante Beobachtungen
an frühchristlichen kontextuellen Christologien

Hier möchte ich nur an einige bekannte neutestamentliche und historische Sachverhalte erinnern und aus ihnen erste Konsequenzen für eine kontextuelle christologische Hermeneutik ziehen.

1. Vorbemerkungen zur Partikularität Jesu und zum Ansatz der Christologien

a) Es ist (gerade für Dogmatiker) gut, sich zunächst die äußerste Partikularität dieses Jesus bewußt zu machen. Ganz abgesehen von den immensen zeitlichen (und räumlichen) Tiefen der kosmischen Entwicklung, auch in der Menschheitsgeschichte kam Jesus erst spät, und doch ist es – mit Hegel zu sprechen – „schon so lange her, daß es bald nicht mehr wahr ist". Ein kleiner jüdischer Dorfhandwerker (vielleicht gar des Lesens und Schreibens unkundig[15]) läßt sich von der Gerichts- und Bußpredigt eines apokalyptisch-asketischen Täufers herausrufen und dringt dann erst zu seiner eigenen, andersgearteten Sendung durch; sodann ein ganz kurzes öffentliches Auftreten von 1 bis höchstens 3 Jahren (nicht 45 Jahre wie bei Buddha, der mit 80 starb), und kaum daß dieser Jesus seine Sache in die kleine Öffentlichkeit seines Volkes gebracht hat, wird er auch schon von der Obrigkeit (der eigenen religiösen und der fremden politischen) elend umgebracht: vorbei! Wie eine Sternschnuppe. Ein kurzer Einschlag. Der Einfall Gottes in die Menschheitsgeschichte, so behauptet der Glaube: der realsymbolische Einfall Gottes (und damit letztgültigen, absoluten Sinns in die Relativitäten unserer Geschichte). Partikulärer kann es fast nicht sein. Jesus war nicht in Indien, kein Afrikaner und kein Europäer, keine Frau, kein Priester, kein Wissens- oder Kraft-Genie, kein ausgereifter Senior, auch kein Krüppel und kein behindertes Kind. Daß er alle Phasen und Facetten des Menschseins in sich rekapituliert habe, ist eine schöne Idee (des Irenäus), aber nicht die Realität. Die ist äußerst partikulär.

Von diesem partikulären Jesus von Nazareth behauptet christlicher Glaube, er sei – als der Messias-Christus (= mit Gottes Geist Gesalbte)

---

[15] *J.D. Crossan*, Jesus. Ein revolutionäres Leben (engl. Original 1994) München 1996, 46-48. Zu kritisieren wäre Crossans weitestgehende Ausblendung der für Jesus grundlegenden Gottesbeziehung und Crossans unkritisch-überkritische Einschätzung der Passionsgeschichte.

oder Heilbringer von Gott her – von zentraler und universaler (oder eschatologischer oder gar kosmischer) Bedeutung.

b) Aller Christologie liegt eine doppelte, verschränkte Erfahrung voraus und zugrunde: Zum einen die (zeitlich winzig kurze und selber kontextuell situierte) Erfahrung der Jünger mit dem irdischen Jesus, zum andern die österliche und nachösterliche Erfahrung als (sehr viel längere) neue Erfahrung mit *demselben* Jesus – nun freilich als in Gott geborgenem und von Gott her lebendig gegenwärtigem. Christologie erwächst aus der Begegnung mit dem irdischen und gekreuzigten Jesus, aber nicht als nur vergangenem, sondern als aktuell erfahrenem (m.a.W.: als erhöhtem und im Geist neu gegenwärtigem).

Die frühen Christen, die aus unterschiedlichen kulturellen Traditionszusammenhängen kamen, versuchten sich dem, was sie in ihrer – direkten oder bereits durch Tradierung vermittelten – existentiellen Beziehung zu und mit Jesus erfuhren, mit Hilfe von kontextuell bereitliegenden Vorstellungen in bestmöglicher Weise anzunähern, und zwar indem sie es in einer kritischen Kommunikation mit dem jeweiligen Kontext situationsgemäß zu explizieren suchten. So entstand eine große Vielfalt von frühchristlichen Christologien.

Sie läßt sich auf zwei Grundtypen reduzieren, die sich beide schon früh (vor Paulus) zeitlich nebeneinander finden, wenngleich in unterschiedlichen Kulturräumen: einerseits altjudenchristlich-heilsgeschichtliche Erwählungs- und Erhöhungschristologien (z.B. Röm 1,3f; Synoptiker), andererseits hellenistisch-judenchristliche kosmische Präexistenz- und Inkarnationschristologien (z.B. Phil 2,6-11; Joh-Ev). Auf diesen Christologien basieren eigentlich alle künftigen Christologien der christlichen Geschichte (bis hin zu heutigen indischen oder afrikanischen), indem sie mal mehr dem einen, mal mehr dem andern Typ zuneigen.[16]

Nun ist ein Sachverhalt von nicht zu unterschätzender Bedeutung:

2. Die Jesus-Geschichte verwandelt und formt sich ihre Rezeptionsmuster

Die Christologien bedienten sich bei ihren Sprechversuchen, wie gesagt, von Anfang an bereitliegender Vorstellungen. Weil aber diese bereitlie-

---

[16] Zu diesen Sachverhalten vgl. *H. Kessler*, Christologie, in: Th. Schneider (Hg.), Handbuch der Dogmatik, Düsseldorf 1992, Bd.1, 292-324.

genden Schemata (Heilserwartungen, christologische Hoheitstitel, biographische Erzählmuster, leitende Ideale usw.) selten auf Jesu Wirken, Weg und Person paßten, mußten sie aufgebrochen und verändert werden.

Der Titel und Name „Christus" z.b. bezieht seinen Inhalt ja nicht aus einem vorher fixierten jüdischen Konzept von Messias (das eher geeignet war, Jesu wahre Identität zu verdecken: vgl. Mk 8,29; Joh 7,26f; 12,34), sondern aus Person und Wirken Jesu von Nazareth. Und deshalb kann das NT alttestamentliche Zeugnisse für die Messianität Jesu finden, die vorher nie messianisch gedeutet worden waren.[17] Die Evangelisten verwendeten zwar (v.a. mit Abraham, Mose und David verbundene) Motive aus dem AT, aber ihr eigenes Jesusbild formten sie nicht nach dem Bilde dieser alttestamentlichen Gestalten, sondern brachten auch ihre eigenen Ideale mit ein, die sich von den alttestamentlichen deutlich unterschieden, gerade weil sie sich an dem wirklichen Jesus orientierten, von dem so Wesentliches erhalten blieb und zum Zuge kam.[18] Die unterschiedlichen (alttestamentlichen und anderen) Traditionen wurden im Licht des beständigen Einflusses Jesu neugestaltet, und gleichzeitig wurde dieser starke, bestimmende Einfluß Jesu im Licht des Studiums der alttestamentlichen Schriften interpretiert.[19]

Nicht allein der Christustitel erfuhr bei der Anwendung auf Jesus eine spezifische Umprägung (der dienende, gekreuzigte und auferweckte Messias). Vielmehr *verändern* generell alle christologischen Vorstellungs- und Rezeptionsmuster, indem sie auf Jesus angewandt werden und damit seine konfliktive Geschichte samt Kreuz und Auferstehung in sich aufnehmen, von der konkreten Wirklichkeit Jesu her ihre *herkömmliche* Bedeutung.[20] Ausdrücke wie Messias, Kyrios, Got-

---

[17] Vgl. dazu *N.A. Dahl*, Jesus the Christ. The Historical Origins of Christological Doctrine, Minneapolis 1991, bes. 65-79, 113-136, 137-151.

[18] So *E.P. Sanders*, Sohn Gottes. Eine historische Biographie Jesu (engl. Original 1993), Stuttgart 1996, 144.

[19] In diesem Sinne *B.S. Childs*, Die Theologie der einen Bibel (engl. Original 1992), Freiburg-Basel-Wien 1996, Bd.2, 138ff.

[20] Das ist ein Sachverhalt, den K.-H. Ohlig (s.o. Anm. 9) m.E. nicht genügend beachtet. – Ohlig formuliert in m.E. problematischer Weise, daß „die Inhalte der Christologie immer schon vor- oder außerchristlicher Herkunft waren: Das Christentum hat die von ihm vorgefundenen Hoffnungen aufgegriffen und sich zu eigen gemacht." „Alle Christusbekenntnisse erweisen sich inhalt-

tessohn, Inkarnation, Opfer, Sühne, Rechtfertigung, Befreiung usw. meinten nicht mehr einfach dasselbe wie herkömmlicherweise. Die christologischen Titel und Ausdrucksmittel empfangen ihren entscheidenden Inhalt und ihr Maß von Jesus her, nicht umgekehrt! Wenn und im Maße hingegen die herkömmliche (z.b. Sieger- oder Vergeltungs-) Logik der Vorstellungen sich verselbständigt und bestimmend bleibt, wird die „Sache" Jesu gerade verfehlt.[21]

Das ist für die Kontextualisierungsfrage höchst relevant: Nicht der Kontext ist das regierende Subjekt, sondern die Grundstruktur und der Grundinhalt der Geschichte Jesu von Nazareth (s. III). Die kontextuellen Vorgegebenheiten (etwa vorherrschende soterische Interessen) sind zwar der hermeneutische Ort und das Bezugsfeld, sie können aber nicht einfach den normativen hermeneutischen Rahmen abgeben, auf den hin

---

lich als Produkte der jeweiligen soteriologischen Traditionen, in die das Christentum hineinkam." Deshalb ließen sich die verschiedenartigen Christologien „inhaltlich nicht miteinander versöhnen", sondern widersprächen einander inhaltlich (*Ohlig* [s. Anm. 9] 195f.199). – Mir scheint Ohligs Verwendung des Ausdrucks „Inhalt" überprüfungsbedürftig, weil er gar nicht den Jesus-Inhalt (also das, was für Jesus inhaltlich charakteristisch ist: s.u. III.) meint, sondern die immanenten (Bild-) Logiken der in verschieden-kulturellen Traditionen bereitliegenden soterischen Vorstellungen. Diese Vorstellungslogiken (z.b. die des mittelplatonischen kosmischen Logos, des sakrifiziell-kultischen Sühnopfers, des triumphalistischen Pantokrators oder des Befreiers der Armen) können natürlich, wenn sie ungebrochen und unkorrigiert auf Jesus angewandt werden, ihre Vorstellungslogik sich also ihm gegenüber verselbständigt, untereinander und vor allem zur Sache Jesu in Widerspruch geraten. Wenn und im Maße sie jedoch von der bestimmten Inhaltlichkeit Jesu her (s.u. III.6) transformiert werden, können sie sich durchaus verbinden und gegenseitig korrigierend erläutern.
[21] *G. Sellin*, Die religionsgeschichtlichen Hintergründe der paulinischen ‚Christusmystik', in: ThQ 176 (1996), 7-27, bes. 15-19.26f, macht auf ein anderes Beispiel aufmerksam: Auf die bei Philo bezeugte alexandrinisch-jüdische Vorstellung vom Einwohnen der Weisheit, des Logos, des Pneuma im Frommen, der dadurch ein höheres, pneumatisches Wesen wird. Die Pneumatiker in der korinthischen Christengemeinde beanspruchen, solche höheren, pneumatischen Wesen zu sein. Paulus korrigiert dies mit Bezug auf den Gekreuzigten und seine Schwachheit, aber doch so, daß er in *korrigierter Aufnahme* der hellenistisch-jüdischen Vorstellung vom Einwohnen nun selber vom Einwohnen des Geistes Gottes und Christi bzw. von „Christus in euch" (Röm 8,9-11, 1 Kor 2,16; 2 Kor 13,5) sprechen und sagen kann: „ich bin mit Christus *gekreuzigt*, nicht mehr ich lebe, Christus lebt in mir" (Gal 2,19f).

Jesus funktionalisiert wird, so daß er in die vorhandenen Plausibilitätsstrukturen schlichtweg eingepaßt, „domestiziert" und neutralisiert würde.

Wie aber kann im dialektisch-dialogischen Wechselspiel der verschiedenen im Kontextualisierungsprozeß relevanten Momente solche Funktionalisierung Jesu methodisch (!) vermieden werden? Das ist die Frage nach Kriterien kontextueller Christologie.

3. Kulturell andere Vorstellungen können erschließende Kraft haben

Gegenläufig zu der im vorigen Punkt bedachten Blickrichtung können kulturell bereitliegende Vorstellungen (wie etwa die Präexistenz- und Inkarnationsvorstellung) auch dazu verhelfen, eine zuvor wohl geahnte oder sogar deutlich erfahrene, aber kaum oder nur behelfsweise ausdrückbare Tiefe am Geheimnis Jesu *in einem bestimmten kulturellen Kontext* auf überraschende Weise gut (und plausibler als alle Nicht-Präexistenz-Muster) zum Ausdruck zu bringen und in ihrer unausdenklichen Abgründigkeit wahrzunehmen.

Solche Vorstellungen konnten allerdings das Geheimnis Jesu nur dann einigermaßen angemessen explizieren, wenn sie von der Jesusgeschichte (mit Kenose, Kreuz, Erhöhung) und dem mit ihr gegebenen eschatologischen Anspruch her umgeprägt wurden. Nur dann konnte *ihre kulturell ungewohnte, ihre christliche Aussagespitze* hervortreten. Inkarnation hieß dann nicht mehr nur Inspiration oder (hellenistisch und hinduistisch) Erscheinen Gottes in Form und Hülle irgendeines Menschen, sondern reale Verbindung des Gott-Logos oder der Gott-Sophia mit einem ganz bestimmten endlichen Menschen, der anderen nicht den Kopf, sondern die Füße wusch, der, weil er Mächtigen nicht ins Konzept paßte, ans Kreuz geliefert wurde und auch dort noch an seiner äußersten Liebe zu allen festhielt.

Und zugleich blieben und bleiben auch solche Vorstellungen immer ein Notbehelf und stellen keineswegs den optimalen, einzig angemessenen Ausdruck dessen dar, was Geschichte und Person Jesu zu denken, zu sagen, zu tun geben. Denn wegen der Endlichkeit allen menschlichen Verstehens bedeutet jeder Gewinn in *einer* Hinsicht immer auch Verlust in einer anderen Hinsicht. So führt beispielsweise das Präexistenz- und Inkarnationsmuster, wo es *dominiert* (wie bei Joh; nicht bei Paulus), zur

Unterbewertung konkreter Geschichte und des historisch konkreten Menschseins Jesu, so „daß am Leitfaden der Inkarnationsvorstellung entworfene Christologien bisher noch nie zum historisch konkreten Menschsein Jesu von Nazareth geführt haben"[22]. Auch dies ist für die Kontextualisierungsdebatte von größter Relevanz: Neue kulturspezifische (z.b. indisch-advaitische) Muster können, *wenn* sie von der Jesusgeschichte her umgeprägt werden und so ihre kulturell deviante, christliche Aussagespitze hervortreten kann, den Christusglauben – durchaus in Kontinuität zum überlieferten Jesuszeugnis – im betreffenden Kontext verständlich und relevant aussagen, ja ihn vielleicht sogar über diesen partikulären Kontext hinaus in einem (wiederum begrenzt) erhellenden neuen Licht zeigen.

4. Der Kanon als Maßgabe für einen Dialog pluraler Konzepte

Im Kanon des NT stehen nicht umsonst plurale christologische Konzepte beisammen. Das ist Wegweisung: Nicht ein einzelnes, partikuläres Konzept (auch nicht das johanneische) darf einseitig zur Norm erhoben werden. (Die Alte Kirche hat am johanneisch-hellenistischen Konzept die Probleme durchgespielt und in seinem Rahmen angemessene Denkmöglichkeiten abgesteckt; dies kann auch im Rahmen anderer Konzepte geschehen.) Alle neutestamentlichen Christologien sind als bewährte kontextuelle Christologien der Ursprungszeit von der Glaubensgemeinschaft anerkannt und daher normativ. Alle haben ihr eigenes Recht, bringen die universale Bedeutung Jesu jeweils für einen partikulären Kontext zur Sprache, mit Anschlußmöglichkeiten für spätere ähnlich gelagerte Kontexte. Es geht deshalb um ein dialogisches Verhältnis verschiedenartiger christologischer Traditionen und Konzepte zueinander.

Dies gilt auch über die bewährten (kanonischen) Gestalten von Christologie hinaus. Wo immer in der Theologiegeschichte der Dialog – aus ängstlichem oder bequemem Festhalten des Gewohnten, aus Machtinteressen usw. – abgebrochen wurde und wird (bis hin zu aktuellen Fällen), hat dies der Sache Jesu Christi geschadet. Der Verlauf der

---

[22] So bemerkt mit Recht *W. Pannenberg*, Christologie und Theologie, in: *ders.*, Grundfragen systematischer Theologie Bd. 2, Göttingen 1980, 129-145, hier 134.

altkirchlichen Christologie ist auch dafür ein Lehrstück. Warum eigentlich wagt man es oft nicht, mehr Vertrauen darauf zu setzen, daß der Jesus der Evangelien – wo immer man auf ihn zurückkommt – sich mit seinen wesentlichen Momenten immer wieder zur Geltung bringt, selbst durch *einseitige, verengte Rezeptionsformen* hindurch? Es gälte, *den Dialog mit diesen aufrechtzuerhalten statt ihn abzubrechen.* Die Geschichte der Christologie insgesamt erweist sich als der immer neue, vielgestaltige (mehr oder weniger gelungene) Versuch, sich dem Geheimnis Jesu Christi und seiner Heilsbedeutung im Horizont der jeweiligen Zeit und Kultur – je nach deren Möglichkeiten – anzunähern.

Die unhintergehbare Vielheit der Christologien hat ihren Grund nicht nur in der Pluralität der Kontexte, sondern auch in der Sache selbst: Die Erfahrung mit Jesus Christus und dem Gottgeheimnis in ihm hat – wenn denn „in ihm die ganze Fülle der Gottheit leibhaftig wohnt" (Kol 2,9) und er „Gott mit uns" (Mt 1,23) ist – viele Seiten; keine einzige Christologie vermag die „Fülle des Christus" (Eph 4,13) auch nur theoretisch zu fassen oder auszuschöpfen[23]. Ausnahmslos *jede* Christologie ist *perspektivisch* und ergänzungsbedürftig, und sie entgeht dieser Begrenzung auch dann nicht, wenn sie sich für die anderen dialogisch offenzuhalten versucht. Jesus Christus ist universal, die Christologien sind es nicht (auch nicht diejenigen von Nizäa und Chalkedon, wohl aber das von ihnen Intendierte, das „Dogma", das freilich notwendigerweise kontextuell bedingt ausgesagt ist).

Als ein grundlegendes formales Kriterium für kontextuelle Christologien ergibt sich somit: der Dialog der vielen kontextuellen Ansätze (die sich bescheiden als Kommentare zu den ursprünglichen kontextuellen Ansätzen des NT verstehen könnten).

5. Eine Grundfrage: Was gewährleistet Kontinuität in der Diskontinuität der Kontexte?

Wenn es die kontext-übergreifende universale Christologie nicht gibt, sondern nur plurale und differente kontextuelle, also partikuläre Christologien, wie ist dann über Kontext- und Kulturgrenzen hinweg Dialog und wechselseitige Anerkennung als Christen, wie gemeinsames Bekenntnis und christliche Identität möglich?

---

[23] Vgl. dazu *Kessler*, Christologie (s. Anm. 16) 388-391.

Um die Frage einmal an intrakulturellen Teilkontexten innerhalb eines kulturellen Kontextes zu exemplifizieren: Welche Gemeinsamkeit besteht z.b. zwischen dem (mit dem geraubten Gold überzogenen) imperial-himmlischen Christus-Herrscher der Eroberer, dem (in einer Passion ohne Ostern) ohnmächtig stillhaltenden Schmerzensmann der Unterdrückten und dem (sie aufrichtenden) Befreier-Christus der Armen? Gibt es hier Gemeinsames, oder sind die drei Christusbilder alle häretisch einseitig und deshalb widersprüchlich, oder ist eines orthodoxer als das andere?

Das Beispiel zeigt: Der sozio-kulturelle Kontext, in dem das Evangelium Jesu Christi rezipiert wird, droht unbemerkt immer wieder vom hermeneutischen Ort auch zum normativen hermeneutischen Rahmen und Selektionsraster zu werden, mit dem wir die Geschichte und das Evangelium Jesu lesen, es uns anpassen, verharmlosen, seine Grundstruktur verkürzen, verdunkeln und so weiter. Kann dem begegnet werden?

Es stellen sich ganz grundlegende Fragen: Wie kann in der unaufhebbaren Dialektik von pluralen christologischen Texten und situativen Kon-Texten der eine Jesus Christus (mit seinem unverwechselbaren Stil, seiner Widerständigkeit und Heilsamkeit) selber „der heilsam Bestimmende"[24], der Vertextete, bleiben und werden, so also, daß der Text einer partikulär-kontextuellen Christologie diesen Jesus Christus nicht einfach *nur* für den Kon-Text funktionalisiert? Was gewährleistet die Kontinuität und Identität des Christlichen in der Diskontinuität der Kontexte und Pluralität der Texte? Allein der Dialog der pluralen Christologien und die praktischen Früchte, die Christopraxis?

Wenn es eine erneute einheitlich-uniforme Formulierung des Christusbekenntnisses und der Christologie über die Kulturgrenzen hinweg heute kaum geben kann (es sei denn, man intendiert von vornherein nochmals den Imperialismus *einer* Kultur und die Ausgrenzung der anderen), lassen sich dann nicht doch Mindestbedingungen und Kriterien christologischer und christlicher Aussagen erarbeiten, die für alle Kontexte gelten und die in allen geschichtlich-kulturellen Transformationsprozessen die Kontinuität zu Jesus Christus und die Identität des Glaubens verbürgen helfen?

---

[24] H. *Dembowski*, Christologie weltweit. Einleitung, in: Dembowski/Greive (s. Anm. 9) 14ff.

III. Die Kriterienfrage:
Zu einer Kriteriologie[25] kontextueller Christologien

Der Inhalt des christlichen und Christus-Glaubens liegt nirgendwo in einer reinen (nicht schon durch einen partikulären Kontext geprägten) Form vor. Es gibt also keine kontextunabhängig-einheitliche, einfache und klare *Formulierung* des Glaubens. Aber von früh an wurden kontextüberschreitende *regulae* fidei formuliert, die – für die Formulierung, symbolische Darstellung, praktische Nachfolge – regulativen Charakter hatten, nicht um die mögliche Bedeutungsfülle des Geheimnisses Jesu Christi einzuengen, sondern um sie im Gegenteil gerade offenzuhalten.

Gewiß ist auch jeder Versuch, solche Kriterien des Christusglaubens und der Christologie in Worte zu fassen, wieder kontext-, kultur-, zeit-, personbedingt; eine andere Person in einem anderen (Makro-, Meso- und schon Mikro-) Kontext würde sie etwas anders formulieren, als ich es hier versuche. Dennoch gibt es da - für Jesus und für Christusglauben typische – Muster und (auch inhaltliche, nicht nur formale) Grundstrukturen, die sich in den verschiedenen Versuchen durchhalten und

---

[25] Zur Aufgabe einer Kriteriologie erscheinen mir aktuell zwei Bemerkungen nötig:
(1) Ich spreche von Kriterien der Christologie, nicht von einer Grammatik der Christologie. Anders als *G.A.* Lindbeck (The Nature of Doctrine, Philadelphia 1984; dt.: Christliche Lehre als Grammatik des Glaubens. Religion und Theologie im postliberalen Zeitalter, Gütersloh 1994) und *I.U. Dalferth* (Der auferweckte Gekreuzigte. Zur Grammatik der Christologie, Tübingen 1994) möchte ich Theologie und Christologie nicht am Vorbild der Grammatik orientieren. Denn „Grammatik ... beschreibt nur, aber erklärt in keiner Weise, den Gebrauch der Zeichen" (*L. Wittgenstein*, Philosophische Untersuchungen, Frankfurt a.M. 1967, Teil I, Nr. 496). Ein Programm „Theologie als Grammatik" (ebd. Nr. 373) greift daher m.E. zu kurz.
(2) Angesichts einer gegenwärtig verbreiteten Angst vor verbindlichen Regeln (als Angst vor Heteronomie und Vereinnahmtwerden) bedarf auch die Suche nach Kriterien einer rechtfertigenden Erklärung. Es geht hier nicht um Regeln, die gesetzhaft festlegen, fesseln und Lebendigkeit abwürgen, sondern gerade um solche Kriterien (d.h. Prüfsteine, Merkmale und Kennzeichen), an denen man erkennen kann, ob man auf der Spur jenes Jesus bleibt, der für Offenheit, neue Freiheit und Lebendigkeit steht, die es gerade zu ermöglichen gilt; sie sind also nur anwendbar bei gleichzeitiger Götzen- und Ideologiekritik. Vgl. unten Schlußbemerkung 2.

die bei jeder angemessenen Kontextualisierung von Christologie (ob in Indien oder Afrika oder Europa) leitend sind und sein müssen, und dies ebenso auch auf der Primär-Ebene des christlichen Alltags (beim Erzählen von Jesus, bei Christusbeziehung und -frömmigkeit, in Liturgie und Lied, beim Durcharbeiten der eigenen Situation von ihm her[26]), *wenn* dies alles auf der Spur Jesu bleibt und bleiben soll.

Um solche inhaltlich relevanten Grundstrukturen und Leitlinien, die den Weg weisen können, geht es hier. Es geht also nicht um eine ausgearbeitete Christologie, vielmehr um eine Meta-Reflexion und Vergewisserung darüber, an welchen Wegweisern kontextuelle Christologie sich orientieren und wie man Christologie *so eindeutig strukturieren* kann, daß sie − auch in der Praxis − nicht mehr *gegen* die Grundintentionen Jesu mißbraucht werden kann, daß sie also z.b. Antijudaismus oder Unterdrückung und Unrecht, wenn schon nicht verhindert, so doch wenigstens nicht rechtfertigt, sondern anklagt (anders als z.b. Melchior Canos Werk über die loci theologici, das bekanntlich wegen seiner Uneindeutigkeit auch zum Handbuch der Inquisition werden konnte).

Wie aber lassen sich die gesuchten wegweisenden Kriterien finden? Sie liegen *nicht* apriorisch in einem *übergeschichtlichen Kriterienkatalog* vor, sondern erwachsen selber aposteriorisch aus dem offenen Gespräch mit der bisherigen christlichen und christologischen Geschichte einerseits und dem gegenwärtigen menschheitlichen Bewußtseinsstand andererseits, und zwar im Rahmen der christlich-kirchlichen Gemeinschaft (mit ihrem unabschließbaren Ringen zwischen Institution und institutionskritischen Bewegungen). Die folgenden Kriterien für Versuche von kontextueller Christologie sind in dieser Weise − im diachronen und synchronen, auch interkulturellen Gespräch − aposteriorisch gewonnen und müssen selber offen bleiben für den Fortgang dieses ekklesialen Gesprächs.

1. Der gemeinsame Bezugspunkt aller Christologien: die menschliche Geschichte Jesu

Alle Christologien und Christopraxen haben einen gemeinsamen Bezugspunkt, einen ihnen vorausliegenden Realgrund, auf dem sie stehen

---

[26] Eindrucksvoll zeigt dies etwa der Erfahrungsbericht von im Frankfurter Bahnhofsviertel arbeitenden Christen bei *H.-M. Schulz*, Seitenwechsel. Für eine Kirche, die dem Leben dient, Mainz 1996.

und den sie nicht erst geschaffen haben: *die menschliche Geschichte Jesu, wie sie im NT bezeugt ist,* mit ihrem jüdischen Hintergrund, d.h. den „Jesus des Glaubens"[27]. Es liegt an Jesus, daß Menschen verschiedenster Kontexte – auch solche, denen andere (angebliche) „Christen" Greuliches angetan, so daß ihnen eigentlich Christentum und Kirche gründlich vergangen sein könnten – daß sie Jesus glauben, ihm nachfolgen, Christologie treiben. Es liegt an Jesus, an dem, was er inhaltlich darstellt und bringt. Von ihm wird deshalb bezeugend erzählt, ihm werden Heilbringerprädikate beigelegt, er wird bekannt.

Christologie ist daher Explikation dessen, wer Jesus ist und was er deshalb für das Heil der Welt bedeutet. Diese Heilsbedeutung ist von ihm selbst in gar keiner Weise ablösbar. Alle christologischen Aussagen müssen sich in ihrem wesentlichen Inhalt als Explikation des der Geschichte Jesu – im Licht von Ostern – eigenen Bedeutungsgehalts erweisen lassen.

Natürlich ist Jesus auch deswegen faszinierend, weil er fundamentale menschliche Daseinsprobleme (Gewalt usw.) aufnimmt und fundamentalen menschlichen Sehnsüchten und Erwartungen entgegenkommt. Aber *welchen* soterischen Projektionen er entspricht und welche er durchkreuzt, muß er selber sagen (und zwar vermittelt über die kritische

---

[27] So formuliert der vor zwei Jahren tödlich verunglückte bedeutende indische Exeget *George Soares-Prabhu,* The Jesus of Faith. A Christological Contribution to an Ecumenical Third World Spirituality, in: K.C. Abraham / B. Mbuy-Beya (ed.), Spirituality of the Third World (EATWOT 1992 Assembly Nairobi/Kenya), Maryknoll-New York 1994, 139-172. Im Unterschied zu dem von der historischen Kritik rekonstruierten und interpretierten „historischen Jesus" und zu dem in liturgischen und dogmatischen Formeln anvisierten und interpretierten „Christus des Glaubens" meint Soares-Prabhu mit dem „Jesus des Glaubens" jenen Jesus, wie er uns in der Glaubensgeschichte des NT begegnet, wie er seinen ersten Jüngern begegnete, wie sie ihn erfuhren und interpretierten. Diesem Jesus des Glaubens begegne der Theologe im christlichen Leben seiner Gemeinde, und er überdenke als ein kritischer Gläubiger dessen Bedeutung in einem doppelt dialektischen Prozeß, bei welchem (1) der Jesus des Glaubens ihm aus der dialektischen Wechselwirkung unserer erlebten Jesus-Erfahrung und dem Studium der Evangelien-Texte über ihn entgegentrete und (2) sich eine bedeutungsvolle Christologie entwickle als Folge der dialektischen Begegnung zwischen dem Jesus des Glaubens und der Lebenswelt, in welcher er heute erfahren und verkündet wird.

Überprüfung dieser Projektionen an dem biblisch bezeugten Jesus des Glaubens).[28]

Freilich, der Hinweis auf die Jesus-Story[29] als den gemeinsamen Bezugspunkt aller kontextuellen Christologien (Metaphern, Schemata und Konzepte) ist für sich allein genommen noch keine befriedigende oder ausreichende Wegweisung. Für wie Gegensätzliches hat man sich auf Jesus bezogen: Auch Gnostiker bezogen sich auf die Geschichte Jesu Christi, unter Verdrängung des Kreuzes; für andere (z.B. Tertullian, Anselm) kam Christus umgekehrt nur, um zu sterben; wieder andere (Moderne wie z.B. Schleiermacher) lassen die Auferstehung weg und beschränken sich auf die Strecke zwischen Empfängnis und Tod; nochmals andere sehen von Gott ab und entwerfen einen humanen Jesus für Atheisten oder Agnostiker; und nochmals andere (vermeintlich Orthodoxe) betonen genau das Gottsein Jesu und stemmen sich vielleicht *nicht* gegen die Unterdrückung von Menschen. Der gemeinsame Bezug zur einen Geschichte Jesu Christi ist also allein kein hinreichendes Kriterium.

Kein Zweifel, es *ist* schon etwas, sich überhaupt auf Jesus zu beziehen (selbst wenn man ihn domestiziert), weil darin immer auch die Chance liegt, daß seine Einflüsse, daß er selbst mit seinem Ureigenen auf überraschende Weise wirksam werden kann (bei Christen *und* bei Hindus usw.) und man dann tatsächlich Spuren seiner Gegenwart im faktischen Leben finden kann (vgl. Mk 9,38-40). Die Jesus-Story *hat* – ob man nun für Jesus Letztgültigkeit behauptet oder nicht – ihre eigene Überzeugungskraft, die Begegnung mit ihr *bringt* einen Clearing- und Wandlungs-Prozeß in eine ganz bestimmte Richtung in Gang. Es ist gut, daß sich viele, auch Nichtchristen, auch Atheisten, auf Jesus beziehen: können sie, sollen sie. Aber für Anlage und Durchführung einer im

---

[28] Insofern halte ich die Formulierung von K.-H. Ohlig (s. Anm. 9), die Christologie sei Funktion der Soteriologie, für unglücklich und falsch. Christologische und soteriologische Aussagen müssen von Jesus als ihrem – nicht nur grammatikalisch – regierenden Subjekt bestimmt bleiben. Die verschiedenen Prädikate (z.B. Sohn Gottes) und Motive (z.B. Sühnopfer, Inkarnation) erhalten durch ihn ihre spezifisch christliche Bedeutung, bekommen einen gegenüber ihrem sonstigen religionsgeschichtlichen Vorkommen *neuen Inhalt* und verändern ihren Charakter.

[29] Vgl. etwa *R.A. Krieg*, Story-Shaped Christology: The Role of Narrative in Identifying Jesus Christ, Mahwah, N.J. 1988.

Kontext methodisch verantworteten Christologie und Verkündigung ist der Bezug auf die noch nicht weiter bestimmte (und darum evtl. entscheidend verkürzte) Geschichte Jesu Christi allein nicht ausreichend. Deshalb sind weitere Kriterien erforderlich.

2. Der Mensch Jesus ereignet Gott

Der partikuläre Mensch Jesus von Nazareth stellt vor Gott, er erschließt und vergegenwärtigt Gott (im Sinne des jüdischen Monotheismus von Dtn 6,4). So richtig und grundlegend wichtig es ist, christologisch beim Menschen Jesus einzusetzen und seine ganze Menschlichkeit durchgehend ernstzunehmen, so kurzschlüssig wäre es, beim Menschsein Jesu unter Absehung von seiner Verbundenheit mit Gott einzusetzen (und ihn auf einen vorbildlichen, einen der maßgebenden Menschen zu reduzieren). Nicht nur die neutestamentlichen Schriften verstehen ihn ganz von Gott her, Jesus selber versteht sich ganz theozentrisch von Gott her. Sein zentrales und im Grunde einziges Thema ist die ankommende Herrschaft Gottes, *Gottes* Entgegenkommen und Ankommen; er selbst stellt sich ganz in den Dienst des Ankommens Gottes in dieser Welt. Die Geschichte Jesu Christi beansprucht, *Gottes* Geschichte und Weg mit uns zu sein.[30]

---

[30] Ich kann J. *Fischer*, Wahrer Gott und wahrer Mensch. Zur bleibenden Aktualität eines alten Bekenntnisses, in: NZSTh 37/1995, 165-204.172, nicht folgen, wenn er urteilt: „An die Gottheit Jesu Christi glauben heißt demnach nichts anderes als: die Welt im Lichte der Texte wahrnehmen, in denen seine Geschichte erzählt wird." – Auf der andern Seite verbaut man die Möglichkeit, sich mit Jesus zu identifizieren und sich nachfolgend auf ihn einzulassen, wenn man ihn, wie es immer noch geschieht, monophysitisch hochjubelt (von uns entfernt) und antichalkedonisch sagt: Jesus ist Gott oder eines Wesens mit Gott (so als angebliche Aussage von Nizäa) oder gar: „der Mann aus Nazareth als zweite Person der göttlichen Dreifaltigkeit" (*W. Thiede*, Der kosmische Christus und sein Jesus, in: Dt.PfrBl 1992, 192). Solche Aussagen sind christologischer Unsinn und fatal. Präexistent und eines Wesens mit Gott ist (nach Nizäa) nicht der Mensch Jesus, sondern der Logos-Sohn, der sich in Jesus inkarniert hat (Nizäa spricht von dem „einen Jesus Christus, dem Sohn Gottes", der als solcher „eines Wesens mit dem Vater" ist). Der Mensch Jesus ist (Chalkedon zufolge) Mensch und nicht Gott; Gott und Mensch sind in dem konkreten Gesamtphänomen Jesus Christus *unvermischt*, aber sie sind auch *ungetrennt*: der Mensch Jesus ist so untrennbar mit Gott verbunden (und –

Gerade der methodische Ansatz beim Menschen Jesus führt also zu der Erkenntnis, daß Jesus sich selbst ganz von Gott her verstanden hat und daß er in der Tat nur als Initiative Gottes und Realsymbol Gottes angemessen verstanden werden kann, daß deshalb z.b. die Aussagen „Gott war in Christus" (2 Kor 5,19) oder der Mensch Jesus ist „Gott-mit-uns" (Immanuel-Motiv in Mt 1,23) oder der Inkarnationsgedanke jeweils eine sachgemäße Entfaltung derselben im Auftreten Jesu schon enthaltenen Bedeutung sind.[31]

Die altkirchlichen Konzilien von Nizäa und Chalkedon haben diese Überzeugung, daß im Menschen Jesus Gott als er selbst zu den Menschen kommt, in ihrem Kontext auf ihre Weise festgehalten. Chalkedon spricht – mit negativen Formeln („unvermischt und ungetrennt") – vom Zusammen von Gott und Mensch in Jesus Christus. Es liefert *ein* wichtiges Kriterium für christologische Rede, die das neutestamentliche Zeugnis wahren will, macht negative Aussagen auf der Meta-Ebene der Kriterien oder Regeln und steckt damit den regulativen Rahmen ab, füllt diesen aber nicht mit Leben (das muß von der Schrift und der gläubigen Erfahrung her geschehen), macht also in weiser Zurückhaltung keine weitere positive Aussage über das Geheimnis der Einheit in Jesus Christus. Aber da die abstrakte Formel von Chalkedon als solche nichts darüber sagt, *wie* der vere deus in dem unvermischt-ungetrennten Zusammen von deus und homo inhaltlich zu verstehen ist, wehrt *sie* allein dem Mißbrauch nicht. Ein verbal-orthodox abstraktes Christusbekenntnis *ohne inhaltliche Bestimmtheit* konnte daher in der Christenheit auch das Bewußtsein erzeugen, ein Plus (und Non-plus-ultra) zu *haben*, es konnte - gegen Mk 10,42ff - Überlegenheitsgefühle[32] (v.a. gegenüber dem Judentum) wecken, mit bösen und leidvollen Folgen. Gewalttätige, dämonische Gottesbilder wurden mit Jesus verbunden, anstatt sie von ihm her dramatisch aufzuarbeiten und zu überwinden.

„hypostatisch" – eins), daß man in der Begegnung mit der konkreten Wirklichkeit Jesu wirklich Gott begegnet und Jesus „Gott-mit-uns" (Mt 1,23) ist.

[31] Vgl. *Kessler*, Christologie (s. Anm. 16) 384f.433-437.

[32] Natürlich gibt es Überlegenheitsgefühle auch bei andern, z.B. im Islam; doch dieses Auch-Du-Argument ist kein vertretbares Argument angesichts von Mk 10,42ff. Alle Überlegenheitsgefühle begründen Abgrenzung und Leiden. So wurde Jesus häufig auf Kosten des Judentums profiliert – mit Ent- und Beerbungs- und Ersetzungstheorien; aber das Judentum besteht ja fort und hat recht mit seinem Hinweis auf die noch immer unerlöste Welt, und eben dies provozierte Judenhaß und Abwehrmechanismen schlimmster Art.

Christologische Rede wird erst *so* eindeutig, daß sie den Mißbrauch Jesu Christi gegen andere (Juden, Campesinos, Frauen, Ausgegrenzte und Unterdrückte aller Art), wenn schon nicht verhindern kann, so doch wenigstens nicht mehr rechtfertigt, sondern kritisiert, anklagt, zu seiner Beendigung auffordert, wenn das folgende (inhaltlich entscheidende) Kriterium beachtet wird:

3. In Jesus begegnet Gott als die unbedingt für alle entschiedene Güte

Viele Gottesbilder sind erschreckend ambivalent und zweideutig. Gott scheint nicht nur alles zu tragen, sondern auch alles zu rechtfertigen, wie es ohnehin ist und läuft: Gewalttätigkeit und Zärtlichkeit, Liebe und Haß, Aufbauen und Zerstören, Pflegen und Töten, Beglücken und unnachsichtig Strafen. Gott scheint also selbst Positives und Negatives zu umgreifen und in sich zu vereinigen, die unentschiedene „Schwebe" zwischen beidem: Projektion der ambivalenten Erfahrungen, Hoffnungen und Ängste des zwischen Liebe und Haß zerrissenen Menschenherzens auf das Gottgeheimnis.

Über diesen gleicherweise gütigen wie grausamen Gott weisen schon viele Partien des AT (z.B. Hos 11,8f) und z.t. auch anderer Religionen (z.B. in der Bhagavadgita) hinaus. Eindeutig widerspricht ihm und überwindet ihn wohl erst Jesus.[33] In der Gottentdeckung Jesu tritt Gott in großer Klarheit und Eindeutigkeit als reine Güte und vorbehaltlose Barmherzigkeit hervor (vgl. z.B. Mk 10,18; Mt 7,9-11; 20,1-5; Lk 15,11-32). Und an der Geschichte Jesu geht auch anderen Gott als unbedingte Agape auf (1 Joh 4,8.16): „Gott ist Licht (Liebe), und Finsternis (Haß) ist *nicht* in ihm" (1 Joh 1,5). Die Negation besagt Be-

---

[33] Zu dieser Zweideutigkeit der Gotteserfahrungen und ihrer Vereindeutigung durch Jesus vgl. *H. Kessler*, Gott, der kosmische Prozeß und die Freiheit. Vorentwurf einer transzendental-dialogischen Schöpfungstheologie, in: G. Fuchs / H. Kessler (Hg.), Gott, der Kosmos und die Freiheit. Biologie, Philosophie und Theologie im Gespräch, Würzburg 1996, 189-232, hier 202-205. Ausführlicher demnächst *H. Kessler*, „Schweigen müssen wir oft; es fehlen heilige Namen" (Hölderlin). Zur Hermeneutik trinitarischer Rede, in: J. Beutler / E. Kunz (Hg.), Heute von Gott reden, Würzburg 1998 (im Druck). Ferner *E. Biser*, Kennen wir den Gott Jesu Christi? Ein Beitrag zur Klärung der christlichen Identität, in: StZ 121 (1996) 590-600.

stimmtheit und Eindeutigkeit: Das „Ich bin da, als der ich dasein werde" (Ex 3,14) erweist sich in Jesus als restlose, für alle entschiedene Güte, die in ihrem Entschluß für alle nicht andere erniedrigt, sondern selbst in die Erniedrigung geht und, indem sie auf die Seite der Ausgegrenzten und Opfer tritt, selbst ausgegrenzt und Opfer der Gewalt wird.

Von dieser Güte Gottes her lebte Jesus, sie war der ihn erfüllende Inhalt, darum lebte er selbst diese grenzensprengende Güte, und das kostete ihn das Leben. Er wurde umgebracht von solchen Menschen, die diese grenzenlose Güte nicht ertrugen, weil sie von der Ausgrenzung anderer ihr falsches Leben lebten. Seine Verkündigung der Gottesherrschaft brachte ihn in Gegensatz (nicht zu seinem Volk, aber) zur etablierten Ordnung der Herrschenden, die ihn beseitigten. Das zeigt, daß der Inhalt, der Jesus erfüllte, nichts Billiges und Harmloses ist[34]: „Man pflegt niemanden umzubringen, der ein rein transzendentes Reich predigt, man tötet niemanden, der ein Reich predigt, das nur innere Beziehung zu Gott und nur ‚Liebe' oder nur ‚Versöhnung' oder nur ‚Vertrauen auf Gott' heißt".[35] Jesus sagt nicht einfach, daß Gott „gut" ist, was nichts Neues wäre, sondern daß er – alle Bedingungen wegfegend

---

[34] Unbedingte Güte ist nichts Harmloses, keine billige Gnade und keine Jenseits-Vertröstung. Sie anzunehmen und zum Maßstab zu nehmen, schließt die Verpflichtung zur Anerkennung auch der Ansprüche ein, die sich aus ihr an einen selbst ergeben (deshalb verwässern Christen und Kirchen diesen Maßstab nur zu gern). Aber die in Jesus realsymbolisch erschienene unbedingte Güte Gottes ist auch dem Versagen (unserem eigenen wie dem unseres Nächsten) schon voraus und wehrt deshalb allem rigiden Moralismus und Masochismus.

Was unbedingte Güte (restloses Vertrauen und grenzenloses Lieben) in den diversen Lebenslagen und gegenüber anderen (im Konflikt mit ihnen) theoretisch und praktisch *konkret bedeuten könnte, merken* auch diejenigen oft nicht, die das Prinzip oder die Struktur durchaus erkannt haben (z.B. die Johannesbriefe mit ihrer eingeschränkten „Bruderliebe" oder Augustinus mit seiner „massa damnata" und seinem „limbus puerorum" oder wir Heutigen in unseren Beziehungen und manche an der Kirchenspitze mit ihrem Dirigismus, Moralismus und zweierlei Maß). Oft wird es uns *erst im Spiegel anderer* – Christen und Nichtchristen – bewußt, oder wir lernen es erst nach geschichtlichen Prozessen voller Irrtum, Unrecht und Leid.
[35] *J. Sobrino*, Die zentrale Stellung des Reiches Gottes in der Theologie der Befreiung, in: I. Ellacuria / J. Sobrino (Hg.), Mysterium Liberationis, Bd. 1, Luzern 1995, 461-504, hier 480.

und alle Grenzen sprengend – bedingungslos und grenzenlos jedem und jeder gut ist (gerade auch dem, dem andere nicht gut sind). Dies aber nicht in einer indifferent-bindungslosen Äquidistanz zu allen und allem: Wenn die buddhistische metta eine (naturwüchsig sein lassende) Güte gegenüber allen Wesen ist, ohne innere Abneigung (selbst gegenüber denen, die einen zersägen), aber eben auch „ohne innere Zuneigung und Bindung"[36], so meint die chäsäd-Güte, die schon an etlichen Stellen des AT zum Inbegriff JHWHs wird, bei Jesus die beziehungswillige und sich bindende Güte, die gerade deshalb, weil sie für *alle* entschieden und engagiert ist, parteilich ist für die Ausgegrenzten und Benachteiligten, eben im Hinblick auf die Versöhnung und Gemeinschaft aller *ohne* Ausgrenzung und Benachteiligung (vgl. die vorrangige, aber nicht exklusive Option für die Armen).

Die Pointe der Geschichte Jesu ist die – praktische und verbale – Erschließung der Nähe (Gegenwart) Gottes als unbedingter, universal für alle entschiedener Güte, Barmherzigkeit oder Liebe, einer Güte, die außerhalb dessen steht, was ein Mensch erwarten kann oder verdient hat, und die nur deswegen, weil sie reine, unkonditionierte Güte ist (chäsäd meint Güte und Gnade!), universal allen gelten kann.[37]

---

[36] So *H.W. Schumann*, Buddhismus. Stifter, Schulen und Systeme, Olten 1976, 100: „die Güte (metta) zu den Wesen... wird als Wohlwollen ohne Zuneigung verstanden und hat den Zweck, aus dem eigenen Herzen den Haß zu entfernen. Sie ist eine Läuterungsübung, die die Erlösung fördert und in der das Objekt der Güte von untergeordneter Bedeutung ist". In der überarbeiteten Neuausgabe, München 1993, 108f ist „ohne Zuneigung" durch „ohne innere Bindung" ersetzt und der zweite zitierte Satz in den folgenden abgeschwächt: „Sie dient der eigenen Läuterung und Erlösung." (In der Neuausgabe 109f Belege aus Itivuttaka 27 sowie das Metta-Sutta und ebd. 111 zum Gleichnis von der Säge Majjhima-Nikaya 21.) Diese von Schumann herausgestellte Tendenz ist im Prinzip und Ansatz Buddhas (Vergänglichkeit von allem und Nicht-Anhaften) begründet; sie schließt m.E. aber in concreto praktische Güte, die sich engagiert für andere einsetzt, nicht aus. – Vgl. im übrigen *P. Schmidt-Leukel*, „Den Löwen brüllen hören". Zur Hermeneutik eines christlichen Verständnisses der buddhistischen Heilsbotschaft, Paderborn 1992.

[37] *Kern* der Botschaft und Praxis Jesu ist die Erfahrung bzw. praktische Behauptung Gottes als unbedingter, universal für alle entschiedener Güte. Dies impliziert (1) einen kategorischen Indikativ an jede/n (Zusage bedingungsloser Güte und Annahme; das Primäre ist das „ich darf", nicht das „ich

Diese keine Vorbedingungen setzende, vorbehalt- und grenzenlose Güte Gottes, die möchte, daß ich *sei* und daß der andere genauso *sei*, und die sich beiden gleicherweise bejahend zuwendet, erfüllt Jesu Existenz so durch und durch, daß er in seiner konkreten historischen Existenz – für diejenigen, die zu hören und zu sehen bereit sind – reines Geschehen und Zeichen (Offenbarung) dieser Güte Gottes werden kann, ihr konkretes Realsymbol, dieser unbedingt gute „Gott-mit-uns", die Ikone und das fleischgewordene Wort dieses Gottes.[38]

---

soll", gegen alle Moralisierung des Evangeliums), (2) einen dadurch erst begründeten und motivierten ethischen Imperativ an jede/n (Forderung nicht willkürlich eingrenzbarer Güte, die man selbst nur beanspruchen kann, wenn man sie auch für die jeweils anderen beansprucht), (3) eine universale Verheißung für jede/n (daß Gott als universale Güte und so als rettendes Heil und unbedingter Sinn sich end-gültig erweisen werde).

Diese Bestimmung des Kerninhalts des Auftretens Jesu bedeutet *keine Idealisierung* des Menschen Jesus. Andere Momente im Wirken Jesu sind diesem Rahmen eingeordnet und von ihm her zu interpretieren. So etwa das Gerichtsmotiv, das in der Verkündigung Jesu selbst auffällig zurücktritt und, wo es begegnet, die Umkehr dringlich macht, sie aber keineswegs motiviert (seine Warnrufe und -gleichnisse haben paränetische Funktion). Anders hingegen bei Matthäus: Er entwickelt, wie schon ein simpler synoptischer Vergleich zeigt, eine erkennbare Vorliebe für Gerichtstermini (Gericht, Lohn, hinauswerfen in die Finsternis draußen, wo Heulen und Zähneknirschen ist) und ausführliche Gerichtsschilderungen, die beide, auch wenn sie rein paränetischen Zweck haben, doch eine deutliche Verschiebung gegenüber der Verkündigung Jesu bringen (und zum Rückfall hinter sie verleiten können). Vgl. hierzu die redaktionskritische Analyse von *G. Barth*, Das Gesetzesverständnis des Evangelisten Matthäus, in: *G. Bornkamm / G. Barth / H.J. Held*, Überlieferung und Auslegung im Matthäusevangelium, Neukirchen 1970, 54-154, bes. 54-58. – Eine *völlige Verkennung* und geradezu zwanghafte Verdrehung der Sachlage bietet der Grazer Philosoph *G. Streminger*, Die Jesuanische Ethik, in: E. Dahl (Hg.), Die Lehre des Unheils. Fundamentalkritik am Christentum, Hamburg 1993, 126-150; zu seinen von wissenschaftlicher Forschung völlig unbeleckten, unseriösen Ausführungen im Gefolge von K. Deschner und F. Buggle vgl. den überzeugenden Beitrag von *Th. Söding*, Der Anstoß des Glaubens. Anmerkungen zum Streit um die Ethik Jesu, in: P. Schmidt-Leukel (Hg.): Berechtigte Hoffnung. Antwort auf Edgar Dahl (Hg.): Die Lehre des Unheils, Paderborn 1995, 175-198.
[38] Genaueres hierzu bei *H. Kessler*, Pluralistische Religionstheologie und Christologie, in: R. Schwager (Hg.), Christus allein? Der Streit um die pluralistische Religionstheologie, Freiburg 1996, 158-173, hier 162-165.

Gott als bedingungslose und grenzenlose Güte: Dieser Inhalt bestimmt Jesu Existenz und Lebenspraxis völlig. „Ein Mensch wirkte hier als schlechthin gut, das kam noch nicht vor" (Ernst Bloch)[39]. An Jesus geht deshalb unbedingte Güte nicht nur als Prinzip oder schöne (zu verwirklichende) Idee auf, vielmehr wird sie in der Beziehung zu ihm als reales Geschehen erfahrbar, als in einem begrenzten Menschen partikulär verwirklichte und von ihm ausstrahlende Wirklichkeit: letztgültige Wirklichkeit, die sich universal allen personal zusagt. Gottes für alle entschiedene Güte wird in der Geschichte Jesu nicht anders offenbar, als indem sie konkret (in real-symbolischer Ereignung) *geschieht*. „Sehet die Liebe, die endlich als Liebe sich zeiget" (G.Tersteegen). Der Mensch Jesus vergegenwärtigt somit Gott als die unbedingt allen geltende Güte. Das ist auch für den Ethikdiskurs relevant: Dieser von dem partikulären Jesus repräsentierte letztverbindliche Inhalt (Gott als unbedingte Güte) ist selbst nicht mehr partikulär, sondern *per se universalistisch*; für unbedingte Güte allen Ernstes einen absoluten Geltungsanspruch zu erheben, kann vom Prinzip her gerade nicht mit Unterdrückung des anderen verbunden werden[40], weil es praktische Kritik an allen Unmenschlichkeiten einschließt.

Dieser Inhalt (der Jesus vollkommen erfüllte und den er realsymbolisch vergegenwärtigt) ist entscheidend: die Zugewendetheit einer unbedingten chäsäd oder rachamim oder Agape oder Dikaiosyne – die in ihm (nicht nur erkannt, sondern) in geschichtlich-partikulärer Konkretheit *gegeben* und *so* offenbar ist. Jesus ist nicht nur Zeuge, sondern zugleich das Ereignis der unbedingten Liebe Gottes und insofern die personale Selbsterschließung der Wahrheit Gottes.[41]

Wenn man, wie es viel zu oft geschieht, formelhaft-abstrakt redet und von dem konkreten Inhalt, der Jesus erfüllt und den er lebt und verkün-

---

[39] So der Atheist *Ernst Bloch*, Das Prinzip Hoffnung, Frankfurt 1959, 1487. Beeindruckend auch seine weiteren Ausführungen über Jesus ebd. 1487-1489.
[40] Gegen *W. Welsch*, Postmoderne – Pluralität als ethischer und politischer Wert, Köln 1988, 57, der meint, „daß die Wiedereinführung einer solchen (sc. universalistischen Wahrheit und einheitlichen inhaltlichen Basis) unweigerlich mit Unterdrückung verbunden wäre". Dies trifft jedenfalls – und vielleicht einzig – für *unbedingte* Güte als inhaltliche Basis nicht zu; denn sie bewährt sich eben darin, daß sie *jeden* Anderen in seiner Andersheit und in seinem Eigenrecht anerkennt und praktisch gutheißt.
[41] Vgl. *Kessler*, Christologie (s. Anm. 16), 403.

det, absieht, *dann* muß man korrigierend sagen: Nicht daß *Jesus* diese Botschaft sagt, begründet den absoluten Anspruch, mit dem sie vorgetragen wird (wer sollte dem Zimmermannssohn das auf seine Autorität hin auch abnehmen?), sondern eben allein der Inhalt der Botschaft selbst[42]. Da aber dieser Inhalt Jesus völlig bestimmt und er ihn lebt, begründet eben doch auch Jesus (aber nun in seiner material-konkreten Bestimmtheit betrachtet!) selbst bzw. die in *ihm*[43] den Menschen auf den Leib rückende Güte Gottes den absoluten „*An-spruch*" und die *Evidenz* dieser Güte[44]. Dieser Inhalt (die nicht an Bedingungen gebundene Liebe) spricht für sich selber, ohne formale Absolutheitsansprüche, und zwar kontextübergreifend: „Die Sprache der Liebe ist die einzige Sprache, die alle Menschen verstehen" (Josef Freinademetz). Bedingungslose Liebe hat ihre eigene Evidenz – für jeden, der hörende Ohren und ein fühlendes Herz hat; darauf setzt Jesus etwa in den Parabeln Lk 15,11-32 und Mt 20,1-15.

Universale Wahrheit und eschatologische Geltung beansprucht Jesus also nur für eins (und darf auch ein auf ihn sich berufendes Christentum, oder wer immer sich auf Jesus beruft, nur für eins beanspruchen): für die grenzenlose Barmherzigkeit und universale Güte Gottes, die niemanden ausschließt, sondern auf Anerkennung und Annahme des Anderen in seiner Andersheit zielt. Nur was in einem konkreten Kontext an solcher Güte als Motiv und Regulativ sich ausrichtet, kann christologisch gerechtfertigt und bestärkt werden; was solcher Güte widerstreitet, muß von einer kontextuellen Christologie her, gleich in welchem Kontext sie inkulturiert wird, kritisiert und entlarvt werden.

---

[42] Vgl. *Dalferth*, Der auferweckte Gekreuzigte (s. Anm. 25), 109f.

[43] Sein konkretes, inhaltlich sehr bestimmtes Auftreten selbst ist das Zeichen von Gott her, die Forderung nach sonstigen, legitimierenden Zeichen wird abgewiesen!

[44] Wo unbedingte, nicht willkürlich eingeschränkte Güte sich ereignet und geschieht, da kann dies (1) nur in der Kraft der unbedingten Güte Gottes geschehen (vgl. 1 Joh 4,7), da kann dies (2) nicht mehr überboten werden (unbedingte Liebe ist nicht überbietbar, sondern nur multiplizierbar), und da gewinnt dies deshalb (3) den Charakter des End-gültigen, Unüberbietbaren und Maßgeblichen (trotz seiner partikulär-vorläufigen Gestalt und Strittigkeit in dieser Welt, in der Gott eben noch längst nicht überall mit seiner Güte vorkommen kann).

4. Leben-Tod-Auferstehung Jesu als unzerreißbarer Bestimmungs- und Begründungszusammenhang

Daß Gott die unbedingte, nicht willkürlich einschränkbare Liebe ist (1 Joh 4,8.16; Mt 5,44-48par. u.a.), geht den Anhängern Jesu an der Geschichte Jesu *als ganzer* auf: an Jesu öffentlichem Wirken, Kreuzestod und der Erfahrung seiner neuen Lebendigkeit von Gott her (die durch Metaphern wie Auferweckung, Erhöhung, unsterbliches Leben und andere zum Ausdruck gebracht wird). Gegen alle – gnostischen, rationalistischen, fundamentalistischen – Verkürzungen (um Kreuz oder Auferstehung oder konkretes Wirken Jesu) gilt deshalb als regulatives Kriterium: Bezugspunkt jeder Christologie ist die *ganze* Geschichte Jesu Christi, die als Einheit das Geschehen und die Selbstoffenbarung der unbedingten Liebe Gottes darstellt.

Leben-Tod-Auferstehung[45] Jesu bilden einen einzigen Bestimmungszusammenhang, in dem alle drei Momente sich gegenseitig bestimmen, also keines ohne die beiden anderen das besagen kann, was es im Zusammenhang mit ihnen besagt.[46] (Den Einstieg mag man kontextbedingt unterschiedlich bei einem der Momente wählen, doch kann eine verantwortete kontextuelle Christologie die beiden anderen Momente nicht ausblenden[47].)

---

[45] Die wie andere große Wörter (Liebe, Opfer, Freiheit, Gott, Schöpfung usw.) mit manchen Mißverständnissen belastete, aber unverzichtbare Metapher „Auferstehung" steht hier als Kürzel für die gemeinte Sache, die schon im NT auch mit anderen (ergänzenden) Metaphern ausgesagt wurde und die in den kulturell pluralen heutigen Kontexten erst recht mit anderen Metaphern zum Ausdruck zu bringen ist.

[46] Vgl. hierzu *H. Kessler*, Sucht den Lebenden nicht bei den Toten. Die Auferstehung Jesu Christi in biblischer, fundamentaltheologischer und systematischer Sicht (1985), erweiterte Neuausgabe Würzburg 1995, 448ff; *ders.*, Christologie (s. Anm. 16), 385-391 und 424; außerdem mit prägnanten Formulierungen *Th. Pröpper*, Freiheit als philosophisches Prinzip der Dogmatik, in: E. Schockenhoff / P. Walter (Hg.), Dogma und Glaube. FS für Walter Kasper, Mainz 1993, 180.

[47] Anselm von Canterburys Schrift Cur Deus homo, die Leben und Auferstehung Jesu außer acht läßt, ist m.E. eine problematische und mißlungene Kontextualisierung von Christologie, die – ihren guten Absichten zum Trotz – aufgrund ihrer Anlage und ihres Duktus *faktisch* den Christusglauben in seiner inhaltlichen Grundstruktur verhängnisvoll entstellend verändert, wie

139

Das öffentliche Wirken (Verhalten und Verkünden) Jesu ist die Grundlage, ohne die Gott als die reine und schon gegenwärtige (jede/n ohne Vorbedingung radikal annehmende) Liebe nicht kund geworden wäre; es bot den Jüngern auch den Schlüssel zum Verständnis der Passion und den Horizont, in dem sich ihnen ihre Ostererfahrungen spontan in einem bestimmten Sinn erschlossen. Doch der Anspruch Jesu, daß die von ihm verkündete und gelebte unbedingte Güte wirklich durch Gott gedeckt sei, daß also Gott mit ihr sich identifiziere, war von Anfang an strittig, legitimationsbedürftig und nicht einmal im Jüngerkreis problemlos akzeptiert, und dieser Anspruch wurde durch die Kreuzigung Jesu im Namen eines *anderen* Gottesverständnisses zusätzlich – in einer dem flüchtigen Rückblick kaum vorstellbaren Weise – in Frage gestellt. Erst im Licht der (in Glaubensbereitschaft) erfahrenen neuen Lebendigkeit Jesu von Gott her, also im Licht der *offenbaren* (bzw. im Glauben angenommenen) Auferweckung, ist Jesu am Kreuz endendes Leben nicht einfach nur das Scheitern einer großen menschlichen Liebe, die sich fantastischerweise auf Gott berufen hätte, sondern der Erweis der unbedingten Liebe Gottes selbst und ihrer unter allen Umständen, auch im Tod, verläßlichen Treue.

Es ist eine Unterbestimmung des im NT Bezeugten, wenn man nur davon redet, daß die Liebe Jesu stärker ist als der Tod und den Tod dadurch entmachtet und überwindet, daß sie sich nicht durch Furcht vor dem Tod abwürgen läßt.[48] Wenn der Tod das Letzte ist und es keine reale Überwindung des Todes durch ein Leben im Tod von Gott her gibt, dann wird die Liebe Jesu zwar nicht durch die Furcht vor dem Tod, aber eben durch den Tod selber abgewürgt. Mit dem Tod am Kreuz wäre die menschliche Liebe Jesu und die Liebe Gottes in ihr gestorben, wenn diese Liebe Gottes (für die österliche Erfahrung im Glauben) nicht gerade im Tod Jesu ihre Lebenskraft erwiesen hätte.

Dem Gekreuzigten ging der allmächtige Nothelfergott verloren, er konnte seine Not nur noch in das Dunkel der nackten, schweigenden

---

die Wirkungsgeschichte zeigt. Vgl. *H. Kessler*, Christologie (s. Anm. 16) 358-361; ders., Die theologische Bedeutung des Todes Jesu. Eine traditionsgeschichtliche Untersuchung, Düsseldorf ²1971, 93-165.

[48] Dies ist eine Tendenz bei *H. Verweyen*, Gottes letztes Wort. Grundriß der Fundamentaltheologie, Düsseldorf 1991, 266; 276f; 299 u.ö.; ders., ‚Auferstehung': Ein Wort verstellt die Sache, in: ders. (Hg.), Osterglaube ohne Auferstehung? Diskussion mit Gerd Lüdemann, Freiburg 1995, 105-144, hier 140-144.

Gottheit hineinschreien und in ihn hineinsterben.[49] Kein supranaturaler Eingriff erfolgte, um der Tortur ein Ende zu setzen; erst der Tod beendete sie. Was von Gott her geschah, vollzog sich – wie freilich erst nach Tagen den Osterzeugen klar wurde – jenseits der sichtbaren Szene, aber nicht nach oder über oder neben dem Kreuz, sondern an diesem selbst: Der in Gott hineinsterbende Jesus wird von Gott in Gottes Ewigkeitsdimension und Lebensfülle hinein geborgen (dieses Handeln Gottes im Tod Jesu meinen die Metaphern auferweckt, erhöht usw.). Das Kreuz ist nicht überholte Durchgangsstation und die Auferweckung nicht ein nachträgliches Mirakel.

Wenn Gott – der Ostererfahrung zufolge – Jesus auch in seinem Sterben treu geblieben war und an seiner Lebensgemeinschaft mit ihm festgehalten hatte, dann hat dies grundsätzliche, universale und keineswegs nur Jesus betreffende Bedeutung. Denn dann war und ist die von Jesus verkündete unbedingte Liebe Gottes tatsächlich stärker als der Tod: Gott, nicht der Tod hatte dann in Jesu Geschichte das letzte Wort. Der Universalanspruch des Todes für alle war falsifiziert, die Geschichte Jesu hatte universale Heilsbedeutung, die gütige Nähe Gottes hatte sich anfanghaft als die letzte, eigentliche Wirklichkeit erwiesen (die – so die Hoffnung – sich noch endgültig erweisen werde); Jesus war definitiv als der erkannt (nicht erst zu dem geworden!), der Gottes Wesen letztgültig, irreversibel und durch keine irdische Instanz überbietbar wahr zum Ausdruck brachte.[50]

Daher kann gesagt werden: Dieser bestimmte Mensch Jesus hat im Zusammenhang seiner *ganzen* (partikulären) Geschichte Gottes reines Wesen unbedingter Güte wahrhaft manifestiert und ausgelegt. Jesu Leben (Solidarität und Konflikt), Tod (Untergang und Lebenshingabe) und erkanntes neues Leben (Geborgensein in Gott, Auferstehung) bilden einen einzigen differenzierten, aber unzerreißbaren Bestimmungszusammenhang, in dem der Christusglaube und die Christologie gründen. Die Auferstehung gehört in den Begründungszusammenhang des Glaubens mit hinein. Der Glaubensgrund wird nur *im* Glauben erreicht und übt doch innerhalb seiner eine begründende Funktion aus. Der damit gegebene Glaubens-Zirkel ist unvermeidbar, wenn der Glau-

---

[49] Vgl. E. *Biser*, Der unsichtbare Sonnenaufgang. Vom Zweck zum Sinn des Kreuzes, StZ 120 (1995) 723-729.
[50] In diesem Sinne auch *Dalferth*, Der auferweckte Gekreuzigte (s. Anm. 25), 25-28.

be sich nicht über sich selber täuschen will.[51] Auf diesen Glaubens-Zirkel kann sich natürlich eine rein religionswissenschaftliche oder eine philosophische Betrachtung nicht einlassen, eine theologische muß es.

5. Jesu Geschichte als Solidarisierung Gottes mit allen zur Einbeziehung ins göttliche Leben

Schon das AT weiß von der kenotischen (nicht bloß doketischen) Solidarisierung Gottes nach unten mit dem winzigen Israel (inmitten der Großmächte), mit den Witwen, Waisen, Unterdrückten und Fremdlingen, mit dem leidenden Gottesknecht und Gerechten. Auf diesem Hintergrund ist die Geschichte Jesu (in der Einheit von Leben-Tod-Auferstehung) als die radikale Selbstentäußerung und ganz konkrete Solidarisierung der Liebe Gottes mit uns Menschen zu lesen.

---

[51] Dazu *Kessler*, Sucht den Lebenden (s. Anm. 45), 245f und insgesamt 237-265; *ders.*, Auferstehung Christi, in LThK[3] I (1993) 1182-1190, hier 1186f. – Zu Verweyen und Ohlig, die die Auferstehung aus dem Begründungszusammenhang des Glaubens meinen herausnehmen zu können, vgl. ebd. 442-463 und 436 Anm. 41; 453 Anm. 79. – Natürlich kann auch eine österliche Offenbarungserfahrung nur für Glaubende gegeben sein und nur eine *Glaubens-Gewißheit* bewirken. Insofern *überschreitet* die durch Ostern ausgelöste Gewißheit *prinzipiell nicht* den Rahmen einer mit Glaubenserfahrungen verbundenen epistemischen Gewißheit. Dennoch ist folgendes bedeutsam: Jesus setzt sich mit dem, was bis zu seinem Tod an ihm erfahrbar geworden ist, in den Jüngern (und über sie vermittelt in den späteren Glaubenden) durch, aber eben nicht als der bloß Vergangene, sondern *als der lebendig Gegenwärtige*, als der er glaubend erfahren/erkannt wird; der Osterglaube bringt also ein inhaltliches Mehr gegenüber dem vorösterlichen Glauben. Deshalb ist nicht nur die Geschichte Jesu von Empfängnis bis Tod, sondern auch die österliche Geschichte der Jünger mit Jesus *integrales Moment der Selbstoffenbarung* Gottes in Jesus (gegen Verweyen, s.o. Anm. 48). Kein einsamer Jesus als abstrakte Offenbarung Gottes, sondern ein nur in der (Glaubens-) Geschichte der Jünger mit ihm zugänglicher Offenbarer Jesus – einer Glaubensgeschichte, die nicht nur bis zu seinem Tod reicht, sondern (grundlegend und horizonteröffnend für allen künftigen Glauben) bis zur gläubigen Erfahrung/Annahme seiner neuen Lebendigkeit und Realpräsenz. *Die Inkarnation*, das pneumatisch vermittelte Eingehen von Gottes Wort ins Fleisch Jesu, *ist nicht wirklich ernstgenommen, wenn* nicht angenommen wird, daß Gottes Wort in sein Kommen auch das Fleisch der Jünger und ihrer Gemeinschaft pneumatisch so einbezieht, daß es nicht bei einem einsamen Jesus bleibt.

Wir hatten gesagt: Aufgrund seiner Verbundenheit mit Gott bringt Jesus Gott nahe (ist „Gott-mit-uns"), und zwar Gott als die unbedingte Güte. Nun ist aber von der Verkündigung Jesu und des NT her zu bedenken, daß *die ganze Initiative von Gott ausgeht*. Jesus lebt ganz aus der erfahrenen Zugewandtheit Gottes zu ihm (die nicht ihm allein, sondern allen gilt, in deren Dienst er sich deswegen stellt: durch seine eigene Zugewandtheit zu den anderen). Er ist nicht einfach nur der Mensch, der ein besonders kräftiges Gottesbewußtsein entwickelt und von sich her auf Gott zu lebt, vielmehr lebt er ganz aus *dem* Verhältnis zu Gott, das *Gott* zu ihm hergestellt hat. Nicht *er* hat sein Verhältnis zu Gott hergestellt, er lebt aus dem vorgängigen Verhältnis Gottes zu ihm, auf das er im Zuge seiner menschlichen Entwicklung frei antwortet[52]. Jesu Gott-Verbundenheit darf nicht einfach nur (schon auch!) als die perfekte Realisierung der allgemein-menschlichen (wenngleich sonst nicht oder nur unzureichend realisierten) Weltoffenheit und Gottbezogenheit durch den Menschen Jesus gesehen werden. Zu solcher vollkommener Gott-Verbundenheit kann – vollends unter den gegebenen naturalen, sozio-historischen und existentialen Bedingungen – kein Mensch sich selbst entwickeln. Jesu Gottverbundenheit ist vielmehr ermöglicht durch die *besondere* Beziehung Gottes zu diesem Menschen: Gott setzt sich zu ihm in besondere Beziehung, um sich in *ihm* auf ganz neue, geschichtlich unüberbietbare Weise zu *uns* in Beziehung zu setzen (m.a.W.: um ihn zu seiner Sprache und Gabe an uns und seinem Exempel für uns zu machen). Dieser Mensch kann christologisch letztlich nur als die Initiative Gottes, als der realsymbolische Einfall Gottes selbst, als von Gott gesetzter Neuanfang verstanden werden: Gott schafft sich im Zuge seines Selberkommens diesen neuen Menschen, der ihm ganz entspricht, um in ihm sich (transzendent bleibend und zugleich in nie dagewesener Weise radikal immanent werdend) auf menschliche Weise den Menschen selbst mitzuteilen. Jesu menschliche Geschichte ist die Entäußerung und Selbstmitteilung Gottes (im Logos-Sohn) an die Menschen.

Nur kurz andeuten kann ich hier, daß von daher *Passion und Tod Jesu* das Äußerste an liebend-leidender Entäußerung Gottes und die wirklich kenotisch-herabsteigende (nicht bloß doketisch-episodenhafte)

---

[52] Genaueres hierzu und zum folgenden bei *Kessler*, Christologie (s. Anm. 16) 394f und 435-437.

Solidarisierung Gottes mit *allen* Menschen darstellt.[53] Jesus ist (auch im Leiden) ihr befreit-freier Akteur. In ihm, der seine Beziehung zu Gott wie zu den Menschen bis in deren tödliche Beziehungsverweigerung hinein durchhält, läßt sich Gott – dessen Gemeinschaft mit Jesus nie abgebrochen war – als er selbst an den Ort auswegloser Gott-Ferne ziehen, um auch dort da zu sein mit seiner beziehungswilligen, unbedingt versöhnungsbereiten Liebe (mit der er noch seine Widersacher umfängt), wehrlos bis dahin, daß er nur noch um Gegenliebe bitten und auf Antwort warten kann. Gott zeigt sich nicht als der allmächtige Herr- und Nothelfer-Gott, der in die Geschichte mit starkem Arm eingreift, sondern als jene unbedingte Güte, die als liebende Entschiedenheit für die freien Anderen sich (in freiwilliger Machtbeschränkung) von diesen abhängig macht und nichts erzwingt, ja gar nicht anders eingreifen kann, es sei denn so, daß diese Anderen, Menschen also, ihn erhören, seine Güte in ihr Leben einlassen und sie erwidern. Vom Gekreuzigten her wird offenbar: In der gewaltlosen und äußerlich machtlosen (Gott- und Schöpfungs-) Offenheit sich an andere wegliebender Menschen gewinnt der für seine Welt – gleichsam Geburtsschmerzen – leidende Gott mit seiner Liebe Raum und (eine paradoxe, befreiende Gegen-) Macht in einer machtförmigen Welt, die ihn weithin nicht zuläßt.

Zur Aussage von der besonderen Beziehung Gottes zu dem Menschen Jesus (um seiner Beziehung zu den andern Menschen willen) veranlaßt zunächst das NT. Diese Aussage stellt dann aber zugleich eine *relationale Transponierung der* (hellenistisch-kontextuell bedingten) substanzontologischen Kategorien *An- und Enhypostase* dar und bringt wohl den von diesen Kategorien intendierten (und ntl. berechtigten) Sinn zum Vorschein. Das Person-bildende Moment bei Jesus ist Gottes Verhältnis zu ihm (durch den Logos im Pneuma). Dennoch darf Jesus auf diese Weise nicht von den andern Menschen ab- und in einsame Einzigkeit (Beziehungslosigkeit) emporgehoben werden. Als derjenige, dessen Wesen Beziehung zu Gott und zu allen Menschen ist, will er ja gerade nicht der einsame „solus altissimus" und „solus Christus", keine einsame Ausnahme bleiben. Gott (der Logos) selbst will sich letztlich in

[53] Vgl. hierzu H. *Kessler*, Art. Erlösung, in: NHthG I (1984) 241-254, hier 251f; *ders*.: Christologie (s. Anm. 16) 418-423 und 435-437; außerdem *H. Hoping*, Stellvertretung. Zum Gebrauch einer theologischen Kategorie, in: ZkTh 118 (1996) 345-360.

allen Menschen inkarnieren[54] und sie (im Pneuma) in die trinitarische Gemeinschaft des göttlichen Lebens einbeziehen. In den Worten des hellenistisch (-judenchristlich) empfundenen johanneischen Jesus: damit alle eins sind, *gleichwie* der Vater und der Sohn eins sind, und wie du, Vater, in mir und ich in dir, *auch sie* in uns sind, ich in ihnen und du in mir (vgl. Joh 17,21-23)[55].

---

[54] Dazu *Kessler*, Pluralistische Religionstheologie und Christologie (s. Anm. 38) 165f mit Anm. 13, sowie *ders.*, Schweigen (s. Anm. 33).

[55] Der relational re-interpretierte Gedanke der An- und Enhypostase kann daher geöffnet werden: Auch wir finden unsere personale Einheit im vorgängigen Bezug Gottes zu uns, durch den wir aus unserer gestörten Beziehung zu Gott (und so zu uns und den andern) in unsere Wahrheit gebracht werden, indem wir dem Logos und Pneuma Raum geben, selbst mit Jesus und durch ihn vermittelt in seinem Geist allen Ernstes abba sagen und die praktischen Konsequenzen dieses Gottesverhältnisses zu übernehmen beginnen. – Wird dadurch die Einmaligkeit und *Einzigartigkeit (Letztgültigkeit) Jesu Christi* angetastet? Es gibt in der Christologiegeschichte immer wieder ein *Schwanken* zwischen Antiochien und Alexandrien, also Versuche, diese auf universal alle bezogene *Beziehungs-Einzigartigkeit* Jesu nach zwei Seiten hin zu entspannen oder aufzulösen: *entweder* indem Jesus, um seine Beziehung zu und Erreichbarkeit für die andern (Nachfolge) offenzuhalten, nur als graduell besonderer oder höchster Fall einer allgemein menschlichen Möglichkeit verstanden wird, ein Höchstfall, der theologisch natürlich als von Gott transzendental ermöglicht gedacht wird; *oder* indem Jesus, um seine Einzigartigkeit soz. prinzipiell zu sichern, zum absoluten Ausnahmefall erhoben und damit für Nachfolge im Grunde unerreichbar wird.
Ich fürchte, dieses Schwanken ist unentrinnbar, solange *theoretische Verstehensweisen* vorherrschen. (Jesus-) Erzählungen bieten eine andere Verstehensweise an, die *Michael Root* (The Narrative Structure of Soteriology, in: Modern Theology 2 [1986], 145-158, hier 151ff) mit Louis O. Mink *configurational understanding* genannt hat: Erzählungen bringen Ereignisse (z.B. die verlorene Drachme) als Elemente in einem konkreten Komplex von Beziehungen, die man ohne persönlich-existentielle Beziehung zu diesem bedeutungsvollen Komplex und Muster nicht versteht. Eine partikuläre Größe kann innerhalb eines solchen konfigurationalen Musters von einzigartig-universaler Bedeutung sein, wenn sie darin zentral plaziert ist, so daß die Bedeutung *jedes* anderen Elements mit Bezug zu *ihr* als Brennpunkt beschrieben werden muß (vgl. z.B. die Zentralfigur in einem Bild). So hat die konkret-partikuläre Person Jesus mit ihrer singulär-kontingenten Geschichte nach christlicher Überzeugung in der Konfiguration der Menschheitsgeschichte und der gesamten Schöpfung eine einzigartige Bedeutung und Rolle, und die kann durch ein *vorgängiges allgemeines* Verstehensmuster oder soteriologisches Konzept nicht erfaßt werden.

Kontextuelle Christologie wäre deshalb – *pneumatologisch* dimensioniert – als *suchende Beziehungs*christologie zu entfalten, welche auf die alle einbeziehende universale Gemeinschaft des Reiches Gottes zielt. Sie hätte zum einen die ungeteilte Offenheit für und Erfülltheit Jesu von Gottes Geist grenzenloser Güte, der auch uns erfüllen will, hervorzuheben, deswegen zum andern den Weg der suchenden Liebe Gottes in Jesus zu den Armen und Verlorenen (d.h. zu mir selbst und zum jeweils anderen) ernstzunehmen, zum Annehmen seines Entgegenkommens sowie zum Nachgehen dieses Weges zu den Armen, Gedemütigten und Schwachen im jeweiligen Kontext einzuladen, und so zum dritten deutlich zu machen, wie von Jesus Christus her Menschen inmitten der bestehenden Kontexte in ein neues, alternatives Kraftfeld (in das Gottesverhältnis Jesu und so in das In-Christus- bzw. Im-Pneuma-Sein) hineingezogen werden, ein Kraftfeld, aus dem ihnen neue Kräfte zuwachsen und das sich in vergemeinschaftenden Lebensformen darstellt, die sich aus ihrer Verankerung in der Mitte heraus offen halten für alle und für den Dialog mit allen.

6. Der soteriologische Kern kontextueller Christologien

Jesus Christus kann zu jeder Zeit und in jedem Kontext Identifikationsfigur für die tiefsten Sehnsüchte und Erfahrungen der Menschen sein. Die diversen Heilshoffnungen dürfen sich auf ihn richten, um sich in der Begegnung mit ihm und an ihm zu verwandeln. An ihm selber wird erst klar, was dem Menschen wirklich zum Heile dient, und auch, in welchem Sinne Jesus der Erlöser ist; er ist es immer wieder auch gegen unsere Erwartung und über sie hinaus. Es gibt soterische Projektionen, die sich legitimerweise auf ihn richten, weil er ihnen entgegenkommt, und solche, denen er widerspricht, wie die kritische Überprüfung dieser Projektionen an der historisch erkennbaren Wirklichkeit der konfliktiven Geschichte Jesu und am Wahrheitsgewissen der universalen christlichen Gemeinschaft zeigt.

Der soteriologische Kern der einen Geschichte Jesu Christi besteht darin, daß er *ein neues Gottesverhältnis ermöglicht*: ein existenzbestimmendes Vertrauen auf Gott (die grenzenlose Güte) als Grundbeziehung und Lebensform, die ein verändertes Wirklichkeitsverständnis und -verhältnis impliziert. Jesus zieht – durch seinen Geist – diejenigen, die sich auf ihn einlassen, in sein Gottesverhältnis hinein. Das ist der ausschlaggebende Punkt: Die Jesus-Geschichte bringt uns in die rechte, erlösende Beziehung zu Gott – als der unbedingt allen geltenden Liebe, von der ich mich *wie* jede/n andere/n ohne Vorbedingung und unter allen Umständen angenommen weiß (mit *diesem* Gott will keine Verbindung, wer an einem Lebensprojekt der rücksichtslosen Selbstbehauptung und Ausgrenzung festhält). Diese inhaltliche Bestimmtheit vorausgesetzt kann mit Kierkegaard sehr prägnant gesagt werden: Christsein, „das ist nämlich rein ein Gottesverhältnis"[56] (als Lebensform). Alles hängt an dem durch Jesus Christus eröffneten Gottesverhältnis (mit der Folge, daß mein ganzes Lebensgefühl und Wirklichkeitsverhältnis *unlösbar* ist von diesem durch Jesus zugänglichen Gott, durch alle Nächte, Zweifel, Entfernungen und Kämpfe hindurch, in denen ich versuche, mit ihm zurechtzukommen).

Was das heißt, inmitten einer sich über unseren Köpfen schließenden Immanenz durch Jesus vor diese andere Wirklichkeit Gott und zu ihr in eine Beziehungsverhältnis zu geraten, das muß aufgeschlüsselt werden und dazu muß kognitiv und affektiv (ästhetisch-liturgisch, mystagogisch, pragmatisch usw.) hingeführt werden. Die Chancen dazu sind m.E. größer als weithin wahrgenommen.

Dieses alles entscheidende (erlösende) Gottbezogensein kann kontextuell unterschiedlich expliziert werden: z.B. als Sündenvergebung und Versöhnung (soweit Gemeinschaft mit Gott entsteht, ist das Abgeschnittensein vom Lebensgrund überwunden) oder als Rechtfertigung; als Befreiung vom lähmenden Bann dämonischer Mächte und Götzen wie Schicksal, Mammon usw. (von denen man fälschlicherweise die Erfüllung erhofft oder die schlimmste Bedrohung befürchtet) hin zu Handlungsfähigkeit aus einer umfassenden Glaubensgewißheit und Wirklichkeitssicht; als Befreiung von der Daseinsangst um sich selbst (und ihren zerstörerischen Folgen) zur Annahme seiner selbst und des andern als von Gott unbedingt angenommen und geborgen; als Erlösung aus Vergänglichkeit, Tod und Sinnlosigkeit (etwa hellenistisch ausgesagt durch die Metapher Vergöttlichung, indisch durch die der advaitischen Unio mit dem Göttlichen); als Anschluß an die göttliche Lebenskraft durch den Proto-Ahn (afrikanisch); als Befreiung zu eigener Würde (Dalit); als Befreiung aus Individualismus hin zu gelebter Solidarität

---

[56] S. *Kierkegaard*, Einübung im Christentum (1850), Gütersloh 1980, 300; zum Ganzen vgl. *Kessler*, Christologie (s. Anm. 16) 403-409.

mit dem ungleichen Anderen (als gleichermaßen von Gott bejaht) und zu Selbstverpflichtung für Gemeinwesen, Glaubens- und Weltgemeinschaft.

In kulturell und soziohistorisch bedingt je verschiedener Akzentuierung kann so das ganze Spektrum menschlicher Unerlöstheit und Erlösungsbedürftigkeit von der Selbstmitteilung Gottes in Jesus Christus her durchgearbeitet werden.

Alle diese Explikationen müssen, anders als Ohlig meint, nicht zu *inhaltlichen Widersprüchen* führen. Widersprüche, Verzerrungen und Verirrungen entstehen dort (und *nur dort*), wo man soterische Vorstellungen, die von ihrem ureigenen Duktus her der Unbedingtheit und Universalität der Güte Gottes in Jesus widersprechen, mehr oder weniger ungebrochen und unkorrigiert auf Jesus anwendet, so daß sich ihre je eigene Vorstellungslogik[57] (etwa die der sakrifiziell-kultischen Opfervorstellung) verselbständigt und als zureichende Beschreibung der Sache erscheint. Dann kommt es aufgrund der sich verselbständigenden Bildlogik zu Widersprüchen der Vorstellungen untereinander, v.a. aber zu Jesus selbst. Solche Vorstellungen bedürfen daher der Transformierung von der personalen Liebe (Barmherzigkeit, Vergebung usw.) Gottes her, evtl. durch korrigierende andere Metaphern.[58]

7. Christologisch begründetes dialektisches Verhältnis zu den Kontexten

Das christologisch begründetes Wirklichkeitsverhältnis und damit das Verhältnis zu den pluralen Kontexten ist *inkarnatorisch* und *paschatisch* (und so von *eschatologischer Gespanntheit*).[59]

---

[57] Also das, was Ohlig in m.E. unglücklicher, verwirrender Terminologie mit Inhalten meint: vgl. oben Anm. 9 und 20.

[58] Das ist übrigens ein systematischer Mangel an der sonst schönen und reichen Metaphernfelder-Soteriologie von *J. Werbick* (Soteriologie, Düsseldorf 1990), daß sie die Metaphern mit deren immanenter Logik je für sich betrachtet und durch die Geschichte hindurch verfolgt, während doch bei den großen Autoren diese Metaphern sich oft gerade gegenseitig ergänzen und korrigieren, d.h. ihre jeweilige Bildlogik gerade nicht ausgezogen wird und ungebrochen zum Zug kommt.

[59] *Th. Gertler*, Jesus Christus – Die Antwort der Kirche auf die Frage nach dem Menschsein. Eine Untersuchung zu Funktion und Inhalt der Christologie

Auf die Kontextualisierungsfrage angewandt: Die Jesusüberlieferung hat sich, wo sie lebendig blieb und kreativ angeeignet wurde, zu jedem Kontext (seinen Gegebenheiten, Orientierungen und Erwartungen) einerseits einläßlich-verständnisvoll, sympathetisch-inkarnatorisch, andererseits kritisch-aufdeckend, durchkreuzend-überschreitend-transformierend verhalten. Weil sie die ganze Ambivalenz der menschlichen Wirklichkeit wahrzunehmen vermochte, hat sie keinen Kontext unkritisch akzeptiert und keinen abstrakt-pauschal verworfen.

Das alte scholastische Axiom „gratia non destruit naturam, sed praesupponit eam et perficit eam" behält seine Gültigkeit, wenn man das „et perficit eam" durch ein *„per viam crucis seu paschae"* (d.h. durch den transitus des Pascha hindurch) ergänzt und präzisiert.[60] Das Kreuz ist nicht einfach pauschal der Tod aller natürlichen Gottesvorstellungen und aller sonstigen menschlichen Wirklichkeiten, das Pascha (Kreuz und Auferstehung) ist vielmehr deren Krise und Transformation. Die sozio-kulturellen menschlichen Gegebenheiten und (Gottes-, Heils-, Hoffnungs-) Vorstellungen sind – in ihrer ganzen Ambivalenz von Gewalt *und* Güte – aufzugreifen und von Jesus Christus her, durchaus dramatisch, aufzuarbeiten und zu läutern.

Anknüpfung und Widerspruch: Einerseits ist immer das Risiko der Identifikation mit dem Kontext, des Sich-Einlassens (und damit auch des evtl. Vereinnahmt- und Verformtwerdens) nötig, soll der Glaube im Kontext Wurzeln schlagen und nicht einfach etwas Fremdes ohne Bezug zur Realität bleiben; andererseits gibt es keine wirkliche Kontextualisierung oder Inkulturation der Christologie, wenn sich im Kontext nichts ändert und er nicht auf jene Bestimmung des Menschen und der Schöpfung hin geöffnet wird, die in der Geschichte Jesu Christi sichtbar geworden ist. Ändern unsere Christologien an unseren Kontexten etwas?

Wie weit aber darf umgekehrt *der zentrale Inhalt* des Glaubens selbst durch den jeweiligen Kontext *beeinflußt und verändert* werden? Daß

---

im ersten Teil der Pastoralkonstitution „Gaudium et spes" des Zweiten Vatikanischen Konzils, Leipzig 1986, hat dies als leitende Struktur der Christologie von GS herausgearbeitet.
[60] In diesem Sinne *J. Ratzinger*, Gratia praesupponit naturam. Erwägungen über Sinn und Grenze eines scholastischen Axioms, in: J. Ratzinger / H. Fries (Hg.): Einsicht und Glaube. FS G. Söhngen, Freiburg 1962, 135-149.

dieser grundlegende Inhalt (das Evangelium) nie in einer kontextunabhängigen, reinen Form, sondern immer schon und nur in inkulturierten Gestalten gegeben ist, haben wir herausgestellt. Daß jede inkulturierte Form einige Aspekte des Evangeliums besonders stark und andere folglich weniger betont, dürfte unumstritten und unproblematisch sein. Wenn aber der andere scholastische Satz „quidquid recipitur, secundum modum recipientis recipitur" zutrifft, dann kann das Evangelium als solches überhaupt nur rezipiert werden, wenn sich der rezipierende Einzelne in und mit seinem hermeneutischen Kontext (und damit das Maß der Rezeption) in der Begegnung mit dem Evangelium durch eine metanoia selber verändert.

In dieser dialogischen Begegnung muß sich, was das Evangelium betrifft, einerseits die Darstellung des Evangeliums nach und nach von ihrem früheren kontextuellen Eingebettetsein befreien und eine in den neuen Kontext indigenisierte, kontextualisierte Gestalt annehmen[61]. Andererseits darf sich dabei das für Jesus und fürs Christusbekenntnis charakteristische Grundmuster, das wir durch das hier vorgelegte *Bündel von* (immer vorläufig formulierten) *Kriterien* oder Leitlinien anvisieren, nicht selber strukturell wesentlich verändern. Verändert sich jedoch diese Grundstruktur dadurch, daß eines dieser Kriterien der Sache nach völlig ignoriert wird, entstehen vom Evangelium wegführende Akzentverschiebungen bzw. unheilvolle, menschen- und schöpfungsfeindliche Verkürzungen, Verdunkelungen und Verwirrungen des Evangeliums, wofür es in Geschichte und Gegenwart manche Beispiele gibt. Damit kontextualisierte Christologien ihnen entgegenwirken und aus ihnen heraus in die Weite und Fülle des Evangeliums weisen können, kann eine Kriteriologie wie die hier versuchte dienlich sein.

8. Das praktische Kriterium der „Früchte"

Oft wird gesagt, das wichtigste Kriterium, um eine Christologie zu beurteilen, seien die Früchte und das Tun (vgl. Lk 6,44/Mt 7,16; Jak

---

[61] *Schreiter*, Inkulturation (s. Anm. 14) 13: „wenn sich eine wirkliche Inkulturation ereignen soll", ist es in einem „stärker dialektischen Ansatz" notwendig, daß in der zu evangelisierenden Kultur die Darstellung des Evangeliums „nach und nach von ihrem früheren kulturellen Eingebettetsein befreit und ihr eingeräumt wird, neue, mit dem neuen kulturellen Hintergrund vereinbare Formen anzunehmen".

3,12; Joh 15,14; 8,32 u.a.). Eine komplette Christologie sei keine Garantie dafür, daß jemand Jesus besser verstanden und erfahren hat als ein anderer, den ein Aspekt an Jesus so anrührt, daß er sein Leben verändert. Das ist ohne Zweifel richtig: Jesus will nicht primär in eine vollständige Christologie (ein-)gefaßt und auch nicht primär angebetet werden, er will primär, daß man ihm nachfolgt. Keine noch so gute Christologie kann die Nachfolge, persönliche Christusbeziehung und -bezeugung ersetzen.

Nachfolge und Weitergabe können sich freilich auch gewaltig vertun und Jesus widersprechende Formen annehmen, ihn verdinglichen, vergesetzlichen usw. Darum ist Klarheit darüber nötig, welche Art Früchte und Tun oder welche soterischen Effekte gemeint sind. Gal 5,22 nennt als Früchte des Geistes Jesu Christi „Liebe, Freude, Friede; Großmut, Freundlichkeit, Güte; Treue, Sanftmut, Enthaltsamkeit"; und nach 1 Joh 4,7 stammt die Praxis der Agape (nicht ihr Gegenteil) aus Gott.

Das früher (unter 3) genannte Kriterium der unbedingten Güte oder Liebe bedarf natürlich der kontextuellen Konkretisierung. Diese wird von einer methodisch bewußt vorgehenden Christologie zumindest noch folgende nähere Anleitung bekommen können: Die in Jesus Christus erschienene universale Güte Gottes erweist sich immer dort als parteilich für bestimmte Menschen, wo diese von der realen Teilhabe an der Güte (etwa in Form von sozialer Gerechtigkeit) ausgeschlossen sind. Gerade wegen der Universalität der allen geltenden Güte Gottes gilt *vorrangige* Option oder Parteilichkeit für die konkreten Armen, eben im Hinblick auf die Versöhnung *aller*. Christologisch begründete Versöhnungspraxis meint nicht beschwichtigend-schweigende Anpassung an den Status quo und die Komplizenschaft mit bestehender Ungerechtigkeit; sie bagatellisiert nicht Gewaltanwendung und Schuldgeschichte, sondern nimmt die Perspektive der Opfer ein und arbeitet an deren Befreiung.[62]

Frucht und Effekt der praktischen Orientierung an Jesus Christus ist darum *nicht zwangsläufig* eigenes Glück, gelingendes Leben, Gelassen-

---

[62] Vgl. hierzu auch *R.J. Schreiter*, Wider die schweigende Anpassung. Versöhnungsarbeit als Auftrag und Dienst der Kirche im gesellschaftlichen Umbruch, Luzern 1993.

heit, die runde, allseits verwirklichte Persönlichkeit, sondern oft genau das Gegenteil: Konflikte, innere und äußere Kämpfe, „das Leiden, das aus dem Kampf gegen das Leiden erwächst" (L. Boff), Verwundet- und Diskriminiertwerden (auch in der Kirche), die Karriere nach unten, Scheitern, das Kreuz. Nachfolge des Gekreuzigten heißt gewiß gewaltlose Toleranz, aber auch den prekären gewaltlosen Widerstand gegen allen Götzendienst, d.h. gegen Verabsolutierungen und Sakralisierungen von Bedingtem aller Art: ökonomisch, technisch, politisch, ethnisch, sexistisch, ideologisch, religiös, kirchlich, theologisch. Auch zu dieser Freiheit zum Widerspruch (parrhesia) und Widerstand muß kontextualisierte Christologie in ihren kontextuellen Verblendungs-, Gewalt- und Schuldzusammenhängen anhalten.

Sie hat in die Jesus-Geschichte so einzuweisen, daß Menschen in ihrem jeweiligen Lebenskontext zu dem Freund und Helfer Jesus eine lebendige Beziehung entwickeln, sich für das erlösende Gottgeheimnis in ihm öffnen und in seine Nachfolge eintreten können.

9. Das Kriterium des unabschließbaren Dialogs pluraler Christologien

Gott teilt sich selber mit in der partikulären Person und dem geschichtlichen Ereignis Jesus Christus. Ein geschichtliches Ereignis und eine Person läßt sich nie in eine allgemeine Vernunftwahrheit und Theorie transponieren, die zu jeder Zeit reproduzierbar wäre. Von einem Ereignis kann man nur erzählen, einer Person nur begegnen. Ihre Bedeutung für Menschen in neuen Kontexten läßt sich nicht in ein für allemal gefundenen Formeln vergegenwärtigen, sie muß Menschen in ihrem Verstehens- und Lebenskontext durch Zeugnis und Interpretation erschlossen werden.[63]

---

[63] Vgl. hierzu O.H. Pesch, Der junge Mann aus Nazaret – Retter aller Menschen?, in: J. Thomassen (Hg.), Jesus von Nazaret, Würzburg 1993, 102-130; ders., „... und auch die Liebe Christi erkennen, die alles Begreifen übersteigt". Das Christusverhältnis – Herausforderung zur Erneuerung der Kirche und zu gemeinsamem Zeugnis, in: W. Brandmüller u.a. (Hg.), Ecclesia Militans. FS R. Bäumer, Paderborn-München 1988, 117-160. Dieser inhaltsreiche Beitrag entwickelt u.a. eine Typologie von kulturell differenten Formen des Christusverhältnisses.

Es kann deshalb keine allgemein gültige christologische Sprache als Kriterium der Gemeinsamkeit geben. Die partikulären christologischen Aussagen (Symbole usw.) müssen jedoch – wenigstens prinzipiell und approximativ – *ineinander übersetzbar* sein, sonst ist eine gegenseitige Anerkennung und ein Dialog nicht möglich. Anthropologische Konstanten (die Fähigkeit, andere Sprachen zu lernen und in ihnen zu denken; die relativ unbeliebigen gemeinsamen Daseinsprobleme usw.) einerseits und die tiefen Gemeinsamkeiten kulturell pluraler christlicher, an Jesus Christus orientierter Erfahrung, die wir mit den bisher genannten Kriterien in den Blick zu bringen versuchten, andererseits ermöglichen solche Übersetzbarkeit. Alles christlich und christologisch Wichtige läßt sich in allen Sprachen sagen.

Dennoch übersteigt das *Geheimnis* Jesu Christi und der in ihm offenbaren, unbedingt für alle entschiedenen Güte Gottes letztlich alles Begreifen. Es ist weiter und tiefer als alle christologischen Denkbemühungen und Konzepte, die sich deshalb bewußt füreinander und für noch nicht absehbare Gestalten von Christusbeziehung und Christologie offenhalten müssen. Der Andere, Fremde hat, so sahen wir, eine quasi-transzendentale Bedeutung: Der sozio-kulturell Andere (mit seiner anderen Christologie) hält mich offen (für den uneinholbar mir vorangehenden) eschatologisch Anderen, für Jesus Christus und sein Evangelium.

Der Inhalt der Offenbarung Gottes durch Jesus im Geist ist *endgültig* und unüberholbar maßgeblich (universal). Aber alle unsere menschliche Erkenntnis, sprachliche Fassung und lebenspraktische Darstellung dieses Inhalts ist *vorläufig* und nie frei von Mißverständlichkeiten, Verstellungen und anderen mit unserer Endlichkeit und (sündigen) Gebrochenheit gegebenen Begrenzungen. Christen und Christologen *besitzen* nicht die Wahrheit Jesu Christi, sondern können immer nur ihre schwachen Zeugen und Hermeneuten sein. Jede Verabsolutierung der eigenen Vorstellungen verkennt die (hermeneutische) Differenz zwischen der Wahrheit Jesu Christi und unserem Wahrheitsbewußtsein, sie *macht aus Christus ein Idol, einen Götzen,* der uns zur Verfügung steht; daraus erwachsen Unduldsamkeit gegen andere und deren Ausgrenzung.

Deswegen können wir nur in einem – wahrhaft katholischen – diachronen und synchronen Dialog miteinander, der außer den pluralen kirchlichen Christologien auch die Erfahrungen von Ketzern und Nichtchristen mit Jesus Christus einbezieht, auf dem Weg mit dem geschichtlichen und gegenwärtigen Jesus bleiben, dessen Geheimnis wir nicht einholen und der uns dennoch einen Weg weist: den Weg der Nachfolge, der erst zum wirklichen Verstehen führt.

Drei hermeneutisch-methodische Schlußbemerkungen:

(1) Für diesen offenen Suchprozeß habe ich einige Kriterien im Sinne von Regulativen (Leitlinien, Wegweisern) zu formulieren versucht. Das zuletzt genannte Kriterium des Dialogs bildet gewissermaßen die nie verzichtbare *prozessuale Form*, innerhalb deren die vorausgehenden mehr *inhaltlichen* Kriterien ständig (eben im unabschließbaren Dialog miteinander) *fortzuschreiben* sind.

(2) Der *Status dieser Kriterien* darf nicht mißdeutet werden: Sie sind bei keiner Kontextualisierung *vollkommen* gewahrt (stets kann man Defizite feststellen). Es handelt sich nicht um (unter Strafandrohung) zu erfüllende gesetzliche Normen, sondern um Regulative, an denen man sich orientieren kann und sich selber messen (lassen) muß. Eine solche Kriteriologie ist kein neues Lehramt, sondern eine gemeinsam fortzuschreibende Selbstvergewisserung.

(3) Darüber aber, ob diese Kriterien (in ihren strukturellen Grundzügen, nicht in ihrer konkreten Formulierung) die entscheidenden Elemente anvisieren und ob sie kontextübergreifend und interkulturell konsensfähig sind, wäre – in einem fundamentalchristologischen Meta- oder Strukturdiskurs – zu diskutieren.

Salvatorische Nachbemerkung

Ein Problem und *eine deutliche Grenze der vorliegenden Ausführungen* besteht darin, daß sie sich mit der Konzentration auf die Kriterienfrage nur dem einen Referenzsystem (sozusagen den loci proprii) zuwenden und so bei dem einen oder anderen Leser den Eindruck hervorrufen könnten, doch wieder für eine methodisch bloß prä-kontextuelle Christologie oder einseitig für ein Übersetzungsmodell von Kontextualisierung zu votieren. Damit wären diese Ausführungen mißverstanden. Das von mir bevorzugte synthetisch-dialektische Modell mit befreiungstheologischer Akzentuierung verlangt nämlich im gleichen Maße eine möglichst genaue Analyse des anderen Referenzsystems, nämlich unseres engeren, mitteleuropäischen und unseres weiteren, globalen Kontextes (sozusagen der loci alieni) sowie eine hermeneutische Reflexion auf die Konsequenzen für die Gestaltung von Christologie in diesem Kontext. Ein weitgespanntes Unternehmen für die künftige theologisch-christologische Arbeit.

VI
Ist die Einzigkeit Jesu Christi im Kontext einer pluralistischen Weltzivilisation vermittelbar?

Gerhard Ludwig Müller

1. Jesus Christus, der einzige Heilsmittler: Eine Herausforderung der multireligiösen Einheitsgesellschaft

Wir befinden uns gegenwärtig in einer entscheidenden Phase des seit gut 500 Jahren sich vollziehenden Prozesses, der offensichtlich hinführt zu einer alle gewachsenen Differenzen übergreifenden Weltgesellschaft und Einheitszivilisation.

Bei diesem Prozeß können – im Unterschied zu den großen missionarischen Initiativen der europäischen Christenheit – nicht mehr ohne weiteres die Transzendenzverwiesenheit des Menschen, der Glaube an Gott überhaupt oder gar an den Gott und Vater Jesu Christi als Basis der Begegnung des sich mitteilenden Gottes und der sein Wort gläubig aufnehmenden Menschen angesehen werden. Auf dem Hintergrund eines vorwiegend funktionalistischen Menschenbildes formt sich vielmehr eine säkulare, nicht-theistische Zivilisation heraus. Deren technisch-naturwissenschaftlich-ökonomische Faktoren führen zur Vernetzung aller Informations- und Wertsysteme und machen die Menschheit zu einer universalen Kommunikationsgesellschaft. Das Identität stiftende Moment einer partikulären religiösen Kultur und das Einheit fordernde Prinzip der Weltzivilisation treten in ein unüberbrückbares Spannungsverhältnis, wenn sich die historischen Religionen nicht auf eine Metaebene übersteigen ließen, d.h. daß sich eine Übereinkunft über die letzte Selbigkeit des unaussagbar-namenlos bleibenden transzendentalen Woraufhin aller religiös-moralischen Intentionalität erzielen lassen müßte.

Gegenüber dem damit verbundenen Sog zur Vereinheitlichung und Nivellierung aller historischen und regionalen Besonderheiten wird den

Religionen die Rolle der Bewahrung der kulturellen und ethnischen Identität zugedacht. Mit dem Rekurs auf eine allen historischen Religionen zugrundeliegende anthropologische Konstante einer „religiösen" Existenzhaltung soll der säkularistischen Daseinsbewältigung die geballte Kraft der alliierten Religionen entgegengesetzt werden, die freilich nur unter der Bedingung eines interreligiösen „Burgfriedens" zur Wirkung kommen kann. Gelegentlich wird, z.b. im „katholischen Subkontinent" Lateinamerika, der Versuch gemacht, die vom kolonialen Christentum verdrängten vorkolumbianischen Religionen und Kulturen wiederzubeleben, um in ihnen ein Identität stiftendes Element (wenn auch in Verbindung mit dem christlichen Bekenntnis) gegen die Jahrhunderte dauernde Überfremdung zurückzugewinnen. Freilich dürfte sich in diesem Gesamtkonzept keine soziologisch faßbare und durch ihr Glaubensbekenntnis eindeutig identifizierbare Gemeinschaft als die von Gottes Offenbarungswillen getragene geschichtliche Repräsentanz seines universalen Heilswillen und als das von Gott selbst initiierte Medium der Begegnung religiös-philosophischer Suche nach Heil und Wahrheit mit der freien eschatologisch-geschichtlichen Selbsterschließung mit dem Wort Gottes verstehen, das nach dem Zeugnis der Ur-Kirche in Jesus von Nazaret „Fleisch" geworden ist.

Die heutige Weltzivilisation ist geprägt von diesen gegenläufigen Prozessen, einerseits vom Sog zur Vereinheitlichung und andererseits vom Selbstbehauptungswillen einer Vielzahl konkreter geschichtlicher Religionen und regionaler Kulturen. Zugleich sollen diese historischen Identitäten nicht spaltend wirken, sondern ihrerseits das *Bewußtsein* und *Gefühl* einer letzten überphänomenalen Einheit im letzten Ziel aller, jeder Religion zugrundeliegenden „Religiösität" vermitteln.

Man kann dieses multipolare Bezugssystem durchaus mit dem Begriff *pluralistische Weltkultur* charakterisieren. Dieser Pluralismus kompliziert sich und gerät in eine völlige Unüberschaubarkeit hinein, wenn die Welt nicht mehr durch ein Aneinandergrenzen homogener religiöser Kulturen allein geprägt ist, sondern durch die religiöse und weltanschauliche Pluralisierung fast aller traditionellen Gesellschaften sowie auch durch die Pluralisierung des individuellen Bewußtseins vieler Menschen. Um so stärker wird aber der Ruf nach einem transindividuellen, alle Differenzen übergreifenden, integrierenden und zugleich entschärfenden Bezugspunkt (Weltethos, Menschenrechte, Frieden der Religionen u.a.).

Gemäß der eben beschriebenen Rollenzuweisung käme dem Christentum die Funktion zu, in einer multireligiösen Weltzivilisation bzw. in einer verschiedengradig multikulturell geprägten Gesellschaft den jeweils bis zum 20. Jahrhundert erreichten Status quo christlicher Teilkulturen zu konservieren. Christentum wäre in der Hauptsache die europäisch inkulturierte Form und damit regional dominante und zugleich begrenzte Gestalt einer allgemeinen Grundreligiösität des Menschen. Ob man Christ oder Hindu ist, hinge vom Ort der Geburt und der religiösen Sozialisation, den prägenden Bildungsfaktoren (z.b. die Bekanntschaft mit der griechisch-abendländischen philosophischen Denkform) ab, nicht vom freien personalen Glaubensakt, zu dem jeder Mensch von welcher Herkunft auch immer, nach christlichem Verständnis berufen und befähigt ist (vgl. Röm 3,21-26).

Der Ursprung des christlichen Glaubens in der freien Initiative Gottes und seinem Willen, sich in Jesus Christus als das *Heil der Welt* zugänglich zu machen, läßt aber eine solche Unterordnung unter ein von der spekulativen Vernunft entworfenes Einheitskonzept nicht zu, weil der Glaube sich als spontane Antwort auf das frei ergangene Wort Gottes versteht und nicht als die Verbalisierung und Ritualisierung der religiösen Intentionalität auf eine immer nur asymptotisch erreichbare, sich aber nie von sich selbst her zu erkennen gebende „Transzendenz".

Der christliche Glaube enthält aufgrund seines universalen und geschichtlich-konkreten Offenbarungsverständnisses schon in sich selbst die innere Spannung zwischen der historischen Existenz einer partikulären Bekenntnisgemeinschaft, die durch Glaube und Taufe konstituiert ist, und ihrer universalen Sendung, die sich aus ihrem Gründungsereignis als Kirche Jesu Christi ergibt. Der christliche Glaube läßt sich keineswegs auf ein religiöses Subsystem reduzieren oder seine materialen Bekenntnisinhalte einer Erkenntnisform- und kriteriologie unterziehen, die nicht auf die dem Glauben eigene Logik bezogen sind (vgl. 1 Kor 2,5; 1 Petr 3,15).

Die Bekenntnisgemeinschaft hat gerade als ein von anderen gesellschaftlichen Formationen deutlich abgehobenes soziales Gebilde den universalen Heilswillen Gottes zu bezeugen und seiner geschichtlichen Durchsetzung zu dienen. Wenn die Kirche sich als Resultat der freien geschichtlichen Selbsterschließung Gottes in Jesus Christus und nicht als eine nur aus menschlichen Impulsen zustandegekommene Gemeinschaft von religiös Gleichgesinnten versteht, kann sie sich nicht anders begreifen und nach außen hin präsentieren als „*in Christus gleichsam Sakrament, das heißt Zeichen und Werkzeug für die innigste Vereinigung mit Gott wie für die Einheit der ganzen Menschheit.*"[1]

2. Die pluralistische Religionsphilosophie – der adäquate Kontext des Christusglaubens in einer pluralistischen Welt?

Eine Glaubensgemeinschaft, die sich nicht mit der über sie verfügten Platzanweisung in einer multireligiösen Gesellschaft zufrieden gibt und die mehr sein will als nur die historisch-partikuläre Realisierung eines allgemeinen religiösen Verlangens im Raum einer regionalen Kultur, sieht sich mit moralisierenden Vorwürfen konfrontiert: Sie störe den Frieden der Religionen; sie unterstütze den im Gewand des Christentums daherkommenden europäischen Kulturexpansionismus; sie verabsolutiere nur den eigenen subjektiven religiösen Standpunkt, der prinzipiell nicht überschreitbar sei, und spreche anderen Religionen das Recht auf Transzendenzerfahrung und Wahrheitserkenntnis wie eine echte Heilssuche ab. Nur wenn alle Religionen gleichwertig als „Offenbarungen" anerkannt seien, könne auch der Gegensatz auf der Bekenntnisebene entschärft werden. Indem alle historischen Religionen sich als Bewegungen der Suche nach Wahrheit und Heil begreifen, die von der religiös gedeuteten „Wirklichkeit" (eines mysterium numinosum) ausgelöst und geprägt seien, könnten alle ihre Selbstverabsolutierung aufgeben und sich begreifen als unentbehrliche Stimmen im polyphonen Ringen um die „Wahrheit" und der Suche nach „Heil".

Die genannten Vorwürfe erschienen berechtigt, wenn die Skepsis gegenüber der Möglichkeit definitiver Wahrheitserkenntnis im Bereich der Transzendenz eine weitaus größere Plausibilität für sich in Anspruch nehmen könnte als die Gewißheit einer nicht bloß hypothetischen Glaubensantwort auf die eschatologische Selbstmitteilung Gottes.[2]

---

[1] II. Vatikanisches Konzil, Dogmatische Konstitution über die Kirche „Lumen gentium" Art. 1 (= LThK. Das Zweite Vatikanische Konzil I, 157).
[2] *Perry Schmidt-Leukel*, Demonstratio christiana, in: *Heinz Döring / Armin Kreiner / Perry Schmidt-Leukel*, Den Glauben denken. Neue Wege der Fundamentaltheologie, Freiburg i. Brsg. 1993, 49-145.

Diese skeptisch-agnostische Plausibilität einer prinzipiellen Nicht-erkennbarkeit der transzendenten Wirklichkeit sieht sich gerechtfertigt im Blick auf die Erkenntnistheorie. Nach ihr ist die endliche und auf die möglichen Gegenstände sinnlicher Erfahrung beschränkte Erkenntnis-kraft des Menschen außerstande, theoretische Gewißheiten im Bereich der Transzendenz zu erreichen. Aber nicht nur im wissenschaftlichen Diskurs, sondern auch in der alltäglichen Begegnung von Christen mit ihren andersgläubigen Nachbarn scheint die pluralistische Formel „ein Gott als (immer asymptotisch anzustrebendes) Ziel und die Vielheit der Religionen als verschiedene Wege dahin" die unerläßliche Bedingung des praktischen Zusammenlebens zu bilden.[3] Das christliche Bekenntnis zu Jesus als dem *einzigen* Mittler zwischen dem ein-einzigen Gott und der Vielheit der Menschen, in dem sich der universale Heilswille kon-kretisiert (1 Tim 2,4f), muß darum für die erkenntnistheoretisch über die Grenzen des menschlichen Verstandes Aufgeklärten eine „Torheit" (vgl. 1 Kor 1,23) und für die, die um des Heils ihrer Anhänger willen alle Religionen als das Ergebnis einer „Offenbarung" glauben ansehen zu müssen, ein „empörendes Ärgernis" darstellen.[4]

---

[3] Vgl. z.B. *Paul F. Knitter*, Ein Gott – viele Religionen. Gegen den Abso-lutheitsanspruch des Christentums, München 1988; zur Gesamtproblematik vgl. die in der Qualität freilich recht unterschiedlichen Beiträge in dem Sammelband von Anton Peter (Hg.), Christlicher Glaube in moderner Gesell-schaft. Erfahrungen – Theologische Reflexionen. Missionarische Perspekti-ven (= NZM.S. 44), Immensee 1966.

[4] Eine ausgezeichnete Darstellung und Kritik des religionspluralistischen Konzepts bietet *Karl-Heinz Menke*, Die Einzigkeit Jesu Christi im Horizont der Sinnfrage (= Kriterien 17), Freiburg i.Brsg. 1995; *Bertram Stubenrauch*, Dialogisches Dogma. Der christliche Auftrag der interreligiösen Begegnung, Freiburg i. Brsg. 1995; vgl. auch *Gerhard Gäde*, Die vielen Religionen und das eine Wort Gottes. Eine theologische Auseinandersetzung mit der plurali-stischen Religionstheologie John Hicks, Gütersloh 1998 (im Druck); *Alister E. McGrath*, Der Weg der christlichen Theologie. Eine Einführung, München 1997, 571-591, hier 590f: „Hick zieht jedoch die Schlußfolgerung, es gelte zu erkennen, daß alle Religionen zu demselben Gott führten. Christen haben keinen besonderen Zugang zu Gott, der universal durch alle religiösen Tradi-tionen erkennbar sei. Diese Behauptung ist nicht problemlos. Z.B. ist ziemlich deutlich, daß sich die religiösen Traditionen der Welt hinsichtlich ihrer Glaubensüberzeugungen und Bräuche radikal voneinander unterscheiden Hick bewältigt diesen Aspekt durch die Behauptung, diese Differenzen müßten im Sinne eines ‚sowohl-als auch' und nicht eines ‚entweder-oder'

Wenn im Bereich religiöser Überzeugungen der Standpunkt subjektiver Betroffenheit von einer immer (hier allerdings im Horizont einer Wesensmetaphysik habbar-quantitativ gedachten) transzendent bleibenden Wahrheit nicht überstiegen werden könnte, dann müßte der – dem Begriff nach allerdings mißverständliche, weil einer idealistischen Konzeption des Christentums verhafteten (Hegel, Troeltsch) – „Absolutheitsanspruch des Christentums"[5] in der Tat als ein gefährlicher Mißton im multireligiösen Konzert der säkularen Weltkultur zum Schweigen gebracht werden.

Für die christliche Theologie ergibt sich im Horizont einer pluralistischen Weltkultur nicht allein die Frage der Inkulturation (d.h. einer Vermittlung des geschichtlich ergangenen und gestalteten Offenbarungswortes mit der kulturell geprägten Urintuition menschlicher Existenz, – z.B. der griechischen Seinsfrage, der asiatischen Grunderfah-

interpretiert werden. Man solle sie als einander ergänzende, nicht als einander widersprechende Erkenntnisse der einen göttlichen Wirklichkeit verstehen. Diese Wirklichkeit bilde den Kern aller Religionen; doch ihre unterschiedlichen Erfahrungen dieser Erfahrungen, ... hätten zu wachsender Differenzierung und gegensätzlicher Entfaltung geführt ... Dennoch hat Hick Schwierigkeiten mit den nicht-theistischen religiösen Traditionen wie dem Advaitin-Hinduismus oder dem Theravada-Buddhismus, in denen kein Raum für Gott ist. Diese Schwierigkeiten beziehen sich auf die zu beobachtenden Kennzeichen religiöser Traditionen. Anders gesagt, die Glaubensüberzeugungen der nicht-christlichen Religionen lassen nur schwer annehmen, daß sie alle von demselben Gott reden. Doch eine noch weitaus grundsätzlichere theologische Sorge verbleibt: Spricht Hick überhaupt über den Gott der Christen? Hick muß um seines Ansatzes willen eine zentrale christliche Überzeugung beiseite drängen, – daß Gott sich definitiv in Christus geoffenbart hat. Hick behauptet, er vertrete lediglich statt eines *christozentrischen* einen *theo*zentrischen Ansatz. Doch das christliche Beharren darauf, daß Gott normativ durch Christus zu erkennen ist, impliziert, daß christliche Gotteserkenntnis sich von Christus herleitet. Aus der Sicht vieler Kritiker bedeutet die Tatsache, daß Hick Christus als Bezugspunkt aufgibt, die Aufgabe jedes Anspruchs, aus einer *christlichen* Perspektive zu reden."
[5] Zu den Mißverständnissen, die schon aus dem falschen Begriff resultieren, vgl. die wichtigen Hinweise bei *Jürgen Werbick*, Heil durch Christus allein? Die „Pluralistische Theologie" und ihr Plädoyer für einen Pluralismus der Heilswege: Michael v. Brück / Jürgen Werbick (Hg.), Der einzige Weg zum Heil? Die Herausforderung des christlichen Absolutheitsanspruches durch pluralistische Religionstheologien (= QD 143), Freiburg i.Brsg. 1993, 11-61.

rung der Endlichkeit und der Leidverhaftetheit des Menschen), sondern auch die Notwendigkeit einer theologischen Auseinandersetzung mit den religionsphilosophischen Konzeptionen, die eine theoretische Bewältigung des pluralistischen Grunderlebnisses versuchen, das auch den Zugang zum Wahrheits- und Geltungsanspruch der je eigenen religiösen Herkunft mitbestimmt,

Deswegen versuchen die Vertreter der sogenannten „pluralistischen Religionstheologie" das klassische Christusbekenntnis so umzuformulieren, daß es mit der faktisch unüberwindbaren Pluralität der Religionen versöhnt und harmonisch in den Chor der multireligiösen Gesellschaft eingefügt werden kann.

Um dieses Ziel zu erreichen, müssen jedoch zuvor zwei Formen ausgeschaltet werden, in denen das Verhältnis des christlichen Glaubens zu den Religionen nach ihrer Ansicht falsch beschrieben werde. Bei der ersten Form, die zu überwinden sei, handelt es sich um den an der Theologie Karl Barths exemplifizierten *Exklusivismus*. Dieser behaupte eine ausschließliche Bindung von religiöser Wahrheit und religiösem Heil an das geschichtliche Christentum. Die zweite Form stelle eine mildere Variante dar: der *Inklusivismus*, den Karl Rahner vertrete. Der Inklusivismus sehe Wahrheit und Heil im Christentum nur auf höchstmögliche Weise geschichtlich kategorialisiert. Die Wirksamkeit der Gnade Christi werde in den Religionen und sogar bei den Atheisten angenommen, vorausgesetzt, sofern sie sich angesichts der existentiellen Grundfragen menschlichen Daseins nicht einer letzten geistigen und sittlichen Herausforderung entziehen.

Allein noch das Modell der *pluralistischen Religionstheorie* entspreche aber sowohl dem Stand erkenntnistheoretischer Aufgeklärtheit über die Grenzen der menschlichen Vernunft wie auch dem Gebot der Stunde, die Vielfalt der konkreten Religionen nicht unversöhnbaren Gegensatz zu akzeptieren. Nur dieses pluralistische Modell versöhne die konkurrierenden Wahrheitsansprüche auf ihren gemeinsamen Mittelpunkt hin. Dieser Bezugspunkt sei freilich allein hypothetisch in der prinzipiell unzugänglichen Transzendenz anzunehmen, die sich allerdings auf unterschiedliche Weise in den religiösen Erfahrungen der Menschheit spiegeln soll.

Der Anspruch, daß dieses Dreier-Schema logisch zwingend und sachlich erschöpfend das mögliche Verhältnis des Christentums zu den historischen Religionen und umgekehrt beschreibe,[6] erscheint dennoch zweifelhaft. Es ließe sich auch ein Integrismus denken, wonach die andere Religion nur eine andere Erscheinungsform der eigenen ist (z.b. Jesus als Vorläufer Mohammeds; die christlichen Glaubensüberzeugungen als geschichtliche Ausprägung des Hindu-Dharma bei S. Radhakrishnan).[7]

Diese Zweifel werden genährt durch die Tatsache, daß beim Überschritt zum Pluralismus ein grundsätzlicher Wechsel im Offenbarungsverständnis und im hermeneutischen Bezugssystem vollzogen wird.

Barth und Rahner verbindet das Verständnis einer freien und geschichtlich-konkreten Selbsterschließung des dreieinen Gottes in seinem WORT und GEIST „die im personalen Glaubensakt angenommen und nicht nur in religiös-mystischer Erfahrung seinen Widerhall findet, während dem Pluralismus z.b. bei John Hick das Verständnis der Offenbarung als das Aufscheinen eines Numinosums in der religiös-ethischen Innenerfahrung des Menschen zugrundeliegt. Das Reale an der Welterfahrung manifestiert sich hier nur insofern, als sich des Menschen eine mystische Gestimmtheit bemächtigt, die er sich in einem zweiten Akt begrifflich vergegenwärtigt.

Zunächst zu Barth und Rahner: Bei Karl Barth geht es nicht primär um den kategorischen Ausschluß der Heilsmöglichkeit für Nichtchristen. Ihn interessiert vielmehr der gnadentheologisch relevante Gegensatz zwischen Rechtfertigung des Menschen aus Gnade und Selbstrechtfertigung aus eigenem frommen Tun. Diesen Gegensatz zwischen Gna-

---

[6] So *Perry Schmidt-Leukel*, Die religionstheologischen Grundmodelle: Exklusivismus, Inklusivismus, Pluralismus, in: Anton Peter (Hg.), Christlicher Glaube in moderner Gesellschaft, a.a.O. 227-248; vgl. *Armin Kreiner*, Kritische Erwägungen zum pluralistischen Wahrheitsverständnis, ebd. 249-267.

[7] Vgl. *Horst Bürkle*, Der Mensch auf der Suche nach Gott – die Frage der Religionen (= AMATECA III), Paderborn 1996, 187ff; *ders.*, Das Christentum und die Religionen. Leitlinien für den Dialog, in: Gerhard Ludwig Müller (Hg.), Aufbruch ins Dritte Jahrtausend. Theologisches Arbeitsbuch (= Auf dem Weg zum Heiligen Jahr 2000), Köln 1997, 277-29; *Hans Waldenfels*, Der Mensch auf der Suche nach Gott – die Frage der Religionen, in: ebd. 257-276; *Karl-Heinz Menke*, Religion ja – Gott nein. Die postmoderne Herausforderung des christlichen Glaubens, in: ebd., 310-329; *Gisbert Greshake*, Der dreieine Gott. Eine trinitarische Theologie, Freiburg-Basel-Wien 1997, 499-537.

de und Werk diagnostiziert er ebenfalls in den historischen Religionen, sogar im Christentum. Er bezeichnet *diesen* Gegensatz als den *von Glaube und Religion.*[8] Es geht nicht um die Frage, ob das Christentum im Unterschied zu den Religionen der einzige Weg ist zum Heil, sondern darum, daß alle Menschen allein durch die Gnade und Vorherbestimmung und nicht durch eigenes Suchen nach Wahrheit und Heil von Gott die Gerechtsprechung empfangen können.

Wie schon Barth, so rückt ebenfalls Rahner das Verständnis der *Offenbarung als Selbstmitteilung Gottes* ins Zentrum seines Denkens. Danach ist Gott das Subjekt der Offenbarung (und nicht Gegensatnd, Horizont, Medium oder Inbegriff religiöser Erfahrung). Gott ereignet seine Unmittelbarkeit und Nähe zu den Menschen dadurch, daß er sich mit dem menschlichen Mittler Jesus von Nazaret (in hypostatischer Union) verbindet. Im menschgewordenen Sohn realisiert sich die Einheit der Unmittelbarkeit Gottes und der menschlich-geschichtlichen Vermittlung dieser Unmittelbarkeit. Gott setzt diese Einheit kraft der Identifikation seines Wesenswortes mit Jesus, der durch dieses Wesenswort als Mensch existiert. Auch beim „Inklusivismus" Rahners und bei seinen in diesem Zusammenhang stets angeführten Überlegungen zum sogenannten „anonymen Christentum" geht es keineswegs um eine (inkludierende) Vereinnahmung Andersgläubiger. Bedacht wird vielmehr die Frage, wie das in Jesus Christus verwirklichte universale Heil über den Bereich des ausdrücklichen Glaubens an ihn und der expliziten Kirchlichkeit hinaus als wirksam behauptet werden kann. Transzendentale Offenbarung ist nicht ein von der geschichtlich-kategorialen Offenbarung verschiedener Akt Gottes, durch den er gleichsam übergeschichtlich-universal schon einmal allen Menschen sich mitteilt und diese Mitteilung in den verschiedenen Religionen in einem zweiten Anlauf konkretisiert und zwar in verschiedener Modalität, wobei Jesus Christus als Mittler und die Kirche als sakramentale Vermittlungsform nur den höchsten Modi darstellen würden. Es gibt in der Tat nur die

---

[8] Vgl. *Walter Kreck*, Grundentscheidungen in Karl Barths Dogmatik. Zur Diskussion seines Verständnisses von Offenbarung und Erwählung, Neukirchen-Vluyn 1978; zum Religionsbegriff vgl. *Ernst Feil*, Die Geschichte eines neuzeitlichen Grundbegriffs vom Frühchristentum bis zur Reformation, Göttingen 1986.

eine geschichtlich-konkrete Offenbarung des Gottes in Jesus Christus, die aber gemäß dem pluralen Selbstvollzug des sie rezipierenden menschlichen Geistes unter einem transzendentalen und einem kategorialen Aspekt im Glauben In der Kraft des Heiligen Geistes (vgl. 1 Kor 12,3) wahr- und angenommen wird.[9]

Das religionspluralistische System ist dagegen wesentlich geprägt von einem grundverschiedenen Vorverständnis von Offenbarung. Man spricht von einer transzendental-apriorischen Einheitserfahrung mit dem Transzendenzgrund der Wirklichkeit. Aufgrund der kulturgebundenen Perspektivität des religiösen Subjekts, das Wahrheit immer nur als Wahrheit für mich erfassen kann, wird diese Einheitserfahrung konzeptualisiert und kategorialisiert. Dies geschieht im Rückgriff auf den Fundus, den die verschiedenen regionalen Kulturen der Menschheit bereitstellen.

Da im (nicht immer leicht zu durchschauenden) Anschluß an die Erkenntnistheoreme Humes, Kants, Feuerbachs, Wittgensteins u.a. alle menschliche Verstandestätigkeit auf den Radius der sinnlichen Erscheinungen eingeschränkt wird, kann die transempirische Wirklichkeit Gottes niemals in ihrem An-sich erkannt werden. Dies würde eine Vergegenständlichung Gottes bedeuten, bzw. eine Verabsolutierung und Vergötzung der menschlichen Mittlergestalt oder des menschlichen Begriffs, unter denen sich das Absolute darstellt. Aufgrund der Gnoseologie Kants ist es unmöglich zu behaupten, Gott gebe sich in einer geschichtlichen Offenbarung dem menschlichen Subjekt zu erkennen. Gegen Kant meint jedoch Hick von einer Erfahrung „Gottes" sprechen zu können. Alle kognitiven, propositionalen Aussagen des christlichen Bekenntnisses könnten dann nicht mehr darstellen als anthropomorphe, dem Kulturkontext verpflichtete Symbolisierungen der Unbedingtheitserfahrung eines ‚Sinnes-an-sich' oder des moralischen Sollens. Folglich sage auch das theologische Verständnis von Gott als Person nichts über die vermittels seiner Selbsterschließung ermöglichten analogen Erkenntnis der inneren Wirklichkeit des Absoluten und Unbedingten aus. Es handelt sich dann bei der in der Hypostase des Gott-Logos vermittelten Identität von Selbstvermittlung Gottes und menschlichem

---

[9] Vgl. die noch immer grundlegende Studie hierzu von *Nikolaus Schwerdtfeger*, Gnade und Welt. Zum Grundgefüge von Karl Rahners Theorie der „anonymen Christen" (= FrThSt 123), Freiburg i.Brsg. 1982.

Mittler, (d.h. dem zentralen Inhalt des christlichen Bekenntnisses) um eine projektiven Imagination, d.h. eine Versprachlichung der religiösen Erfahrung, daß „Gott" in besonders dichter Weise von Jesus selbst erfahren wurde und er damit zu einem Vorbild und Katalysator der religiösen Grunderfahrung seiner Anhänger geworden sei. Das Unbedingte der menschlichen Transzendenzerfahrung würde in Jesus nur in der Weise menschlicher Individualität veranschaulicht. Im einzelnen seien die religiös-mystischen Äußerungen, die materiale Ethik und auch die liturgisch-rituelle Praxis der historischen Religionen lediglich partikuläre Medien der Erfahrung des Absoluten, ohne daß sich „Gott" in diesen Medien selbst geschichtlich vergegenwärtigen und zugänglich machen könnte. Der religiöse Akt, der gemäß der pluralistischen Position allen historischen Religionen univok zugrunde liegt, richtete sich auf das jenseits aller geschichtlichen Konkretion von allen gemeinsam irgendwie intendierte Geheimnis, das jegliche Aussagbarkeit transzendiert. In ihm finde der religiöse Akt seinen imaginären Einheitspunkt. Auf der Ebene der religiösen Phänomene, einschließlich der Bekenntnisaussagen, herrsche hingegen eine unüberbietbare Vielfalt. Diese Vielfalt könne auf eine Einheit jenseits aller Sagbarkeit hin vereint werden. Der Grundunterschied zum Christentum zeigt sich hier aber gerade insofern, als Einheit und Vielheit nicht in der Transzendenz, sondern in der Immanenz vermittelt werden, weil Jesus nicht einer der vielen Vermittler ist zum fernen Absoluten, sondern weil er der einzige Vermittler des universalen Heilswillens Gottes ist inmitten der Welt durch seine konkrete Antreffbarkeit im verbum incarnatum (Joh 1,14) und seine Verletzlichkeit „in der Gestalt des Fleisches der Sünde" (Röm 8,3).

Das hier vorausgesetzte Offenbarungs- und Wahrheitsverständnis weist eine frappante Nähe zur Lessing'schen Ringparabel auf wie auch zur deistischen Konzeption. Nach dieser Auffassung werden alle positiven Religionen auf den kleinsten gemeinsamen Nenner der natürlichen Religion gebracht. In einem solchen Koordinatensystem können die menschlichen Religionsstifter, charismatischen Gestalten und Religionsreformer lediglich als Katalysatoren für den religiösen Akt des Einzelnen fungieren, der sich im Medium eines kulturgeschichtlich bedingten religiösen Kollektivs vollzieht. Bezogen auf das Christentum hieße dies: Jesus Christus kann in seiner geschichtlichen Existenz nicht als die Selbstauslegung des ewigen Wortes Gottes begriffen werden.

Wenn auch er im Neuhinduismus, auf den sich die Religionspluralisten beziehen, durchaus als eine Manifestation des Göttlichen rezipiert wird, so hat dies doch mit dem christlichen Verständnis von Inkarnation nichts gemein. Jesus spielt allenfalls noch als normatives Beispiel für gelungene Menschlichkeit und eine tiefenreligiöse Ergriffenheit eine Rolle.[10] Oder er wird zum Repräsentanten eines Heils erklärt, das in einer von der Erfahrung des transzendenten Grundes aller Wirklichkeit ausgelösten Wende bestehe – in der Wende von einer verhängnisvollen Selbstzentriertheit hin zur Wirklichkeit im Sinn der praktischen Realität des Lebens.

Die Vertreter der pluralistischen Religionstheorie sind davon überzeugt, die Systemtheorie eines für alle Religionen geltenden Offenbarungs- und Heilsverständnisses entwickelt zu haben. (Denn das Dreierschema von Exklusivismus etc. sei logisch zwingend und materialiter komplett). Mit der Besetzung der Metaebene meinen sie kraft ihrer Theorie die innere Wahrheit jeder historischen Religion erfassen und darum auch den Abstand der historischen Religionen untereinander im gemeinsamen Bezug auf die unerkennbare Transzendenz beschreiben zu können. Gleichzeitig sind sie davon überzeugt, dem Standpunkt eines total skeptischen Relativismus in religiösen Fragen Paroli zu bieten. Wenn aber wegen der Endlichkeit der Vernunft die transzendente Wirklichkeit Gottes prinzipiell unerkennbar bleibt und sich auch als solche nicht zu erkennen geben kann und in der analogen Begriffsbildung des Menschen wahr repräsentiert wird, wie kann man dann behaupten, ihre Präsenz in den religiösen Erfahrungen der Menschen sei eine zwar nicht vollständige aber immerhin komplementäre Repräsentanz des sich offenbarendes" Gottes"? Eine grundsätzliche Unerkennbarkeit Gottes könnte selbst durch die größtmögliche Summe von „Transzendenzerfahrungen" nicht überwunden werden.

Es muß bezweifelt werden, ob sich die Vielfalt der historischen Glaubensrichtungen, Religionen und Weltanschauungen in einem übergreifenden theoretischen System versöhnen läßt bzw. daß sich die verschiedenen Religionen als vielgestaltige Manifestationen einer Meta-

---

[10] So *Perry Schmidt-Leukel*, Christlicher Wahrheitsanspruch angesichts der Kritik und des heutigen Pluralismus. Religionstheologische Konsequenzen, in: Anton Peter (Hg.), Christlicher Glaube in multireligiöser Gesellschaft, a.a.O., 351-380, bes. 377-80.

Einheit verstehen lassen wollen und können. Es müßte der tragende Systempunkt des Religionspluralismus mit dem tragenden Einheitspunkt jeder der historischen Religionen koinzidieren. Man müßte zeigen können, daß der Satz, der den Grund- und Eckstein des Christentums bezeichnet, „Jesus ist der einzige Sohn des Vaters" nichts anderes aussagt als das islamische Bekenntnis „Allah ist ein Einziger und er hat keinen Sohn", daß also beide Aussagen nur die kulturspezifischen komplementären Varianten eines identischen religiösen Aktes darstellen, in dem sich die Erfahrung des gemeinsamen Transzendenzgrundes auf unterschiedliche Weise konzeptualisiert.

Im religionswissenschaftlichen Vergleich muß man jedoch nüchtern davon ausgehen, daß die einzelnen Religionen eine derartige Vielfalt in Form, Inhalt, Begründung und Zielbestimmung aufweisen, daß sich eine direkte Parallelisierung und ihre Erfassung in einem univoken Begriffssystem sich als unmöglich erweist. Ferner ist davon auszugehen, daß die Integration der unterschiedlichen Religionen in ein umfassendes theoretisches Konzept nicht umhin kommt, das Spezifische der einzelnen Religionen zu überspielen. Anders ist eine übergreifende Allgemeinheit kaum zu erreichen. Die Anwendung der pluralistischen Religionstheorie z.B. auf das Christusbekenntnis zeigt die Unmöglichkeit einer solchen ‚Verallgemeinerung'. Sie gelänge nur, wenn die entscheidenden Aussagen des biblischen und konziliaren Bekenntnisses zu Christus aufgegeben oder entgegen ihrem Aussagewillen in ein ihnen fremdes Koordinatennetz eingefügt werden, demzufolge sie nur noch als (semitischen oder hellenistischen, germanischen, indischen etc.) Veranschaulichungen einer gewissen Bedeutsamkeit Jesu anzusehen sind.

Es ist absurd, die biblischen Bekenntnisaussagen von der einzigen Heilsmittlerschaft Christi um ihre eigentliche Aussageabsicht zu bringen, indem man behauptet, die Apostel hätten Jesus nur mit Superlativen überschüttet und zu ihrem Helden hochstilisiert, bzw. die Kirchenväter hätten gar nicht anders gekonnt als den Menschen Jesus im Hellenismus-Kontext zu einem 2 Gott neben dem Vater, also den (adoptianisch gedachten) „Sohn Gottes" zu Gott-Sohn, der Zweiten Person der Trinität zu machen – so ähnlich wie verliebte Teenager dazu neigen, den Angebeteten anzuhimmeln und ihn in übersteigerten Prädikaten zu verhimmeln.

Wenn nach christlichem Verständnis der Glaube als menschlicher Akt in der Präsenz des Heiligen Geistes je durch das persönliche Wahrheitsgewissen und die *Entscheidung* zur persönlichen Nachfolge Christi konstituiert wird und nicht einfach durch die Partizipation an einer religiös-kulturellen Tradition entsteht, dann erweist sich der Versuch, eine Universalreligion und ein Weltethos in der Gestalt der pluralistischen Religionstheorie herzustellen als von vornherein zum Scheitern verurteilt.

Obgleich vom christlichen Glauben her von einer inneren Beziehung aller historischen Religionen auf die Offenbarung Gottes in Jesus Christus gesprochen werden muß, so kann doch die Beziehungsebene des interreligiösen Gesprächs nicht mit der nur im Glauben zu erkennenden Beziehung aller Menschen auf den universalen Heilswillen Gottes zusammenfallen. Die Bezugsebene des interreligiösen Dialogs ist vielmehr die *Anthropologie gerade in* deren philosophisch-theologischer Dimension. Danach ist die sich in den Religionen aussprechende und anthropologisch zu reflektierende Verwiesenheit der Menschen auf Gott zwar nicht der Inhalt, wohl aber der Horizont, in dem sich die Menschen verschiedener Religionen begegnen können.

Das II. Vatikanum betrachtet in seiner Erklärung über das Verhältnis der Kirche zu den nichtchristlichen Religionen die Anthropologie, in der sich die Grundartikulation des Menschseins gerade auch in seiner Gottoffenheit vollzieht als das Forum des Dialogs und Anknüpfungspunkt der Darbietung des Evangeliums: *„Die Menschen erwarten von den verschiedenen Religionen Antwort auf die ungelösten Rätsel des menschlichen Daseins, die heute wie von je die Herzen der Menschen im tiefsten bewegen: Was ist der Mensch? Was ist Sinn und Ziel unseres Lebens? Was ist das Gute, was die Sünde, woher kommt das Leid und welchen Sinn hat es? Was ist der Weg zum wahren Glück, was ist der Tod, das Gericht und die Vergeltung nach dem Tode? Und schließlich: was ist jenes letzte und unsagbare Geheimnis unserer Existenz, aus dem wir kommen und wohin wir gehen?"*[11]

Im Hinblick auf den Konvergenzpunkt aller religiösen Praxis in der theologisch-philosophischen Anthropologie muß der Glaube der Kirche an den einen Heilsmittler Jesus Christus in einer multireligiösen Gesell-

---

[11] Erklärung über das Verhältnis der Kirche zu den nichtchristlichen Religionen „Nostra Aetate" Art. 1 (= LThK, Das Zweite Vatikanische Konzil II, 489).

schaft bezeugt werden. Ihrer Natur nach geht es nicht um eine Wahrheit, die außerhalb ihres Bezogenseins auf das Wahrheitsgewissen aufoktroyiert (d.h. wie eine Sachwahrheit demonstrierbar wäre), sondern nur als Botschaft zur freien Annahme im Glauben angeboten werden kann.

Der hermeneutische Kontext, in dem diese Glaubensüberzeugung zur Sprache kommt, ist vom Selbstverständnis des Christentums aus zu entwickeln. Dann erst läßt sich das spezifische Bekenntnis in einen interreligiösen Dialog einbringen. Das Christentum kann sich nicht unter eine umfassende und allgemeine Offenbarungskonzeption und Wahrheitstheorie subsumieren oder als eine sekundäre und akzidentelle Verbegrifflichung der allgemein menschlichen religiösen Erfahrung qualifizieren lassen.

Die existentiellen Fragen lassen sich im interreligiösen Gespräch in ihrer Analogie aufweisen, während Ursprung und Inhalt des christlichen Offenbarungsglaubens anthropologisch keineswegs reduzierbar oder deduzierbar sind.

Christlicher Glaube wird nicht durch mystische Erfahrung des Absoluten, Unbedingten, Heiligen mit Hilfe Jesu als Katalysator dieser Erfahrungen konstituiert, sondern durch die unableitbare und nicht manipulierbare Begegnung mit dem historischen Menschen Jesus von Nazaret, der in seine Nachfolge beruft, und vermittelt durch das Glaubenszeugnis der Kirche mit der erhöhten Christus praesens, im Glauben und der im Heiligen Geist gewährten Teilhabe an seiner Gemeinschaft mit Gott, seinem Vater (vgl. Lk 10,21f; Gal,4-4-6; 1 Joh 1,1-3).

„Tatsächlich klärt sich nur im Geheimnis des fleischgewordenen Wortes das Geheimnis des Menschen wahrhaft auf. Denn Adam, der erste Mensch, war das Urbild des künftigen, nämlich Christi, des Herrn. Christus, der schlechthin neue Adam, macht eben in der Offenbarung des Geheimnisses des Vaters und seiner Liebe dem Menschen selbst den Menschen voll kund und erschließt ihm seine höchste Berufung. [Es ist] also nicht verwunderlich, daß in ihm die vorgenannten Wahrheiten ihren Ursprung finden und ihren Gipfelpunkt erreichen. "[12]

---

[12] Pastoralkonstitution über die Kirche in der Welt von heute „Gaudium et spes" Art. 22 (= LThK, Das Zweite Vatikanische Konzil III, 351).

3. Die Heilsmittlerschaft Jesu Christi
im Kontext eines dialogisch Offenbarungsverständnisses

Das Christusbekenntnis der Kirche entstand nicht als die verbale Explikation einer religiösen Erfahrung, d.h. eines subjektives Sichaffiziertfühlens von einem numinosen Weltgrund. Genauso wie die menschliche Erkenntnis grundsätzlich nie vom Allgemeinen zum Konkreten voranschreitet, sondern immer nur vom Konkreten, Kontingenten, Unableitbaren und von der Eröffnung der Erfahrung in einer konkreten Begegnung ausgeht, so entspringt das Bekenntnis der Jünger, daß in Jesus von Nazaret Gott zum Heil aller Menschen definitiv gehandelt hat, der ganz konkreten Begegnung mit diesem historischen Menschen Jesus von Nazaret. Der Gott, auf den Jesus sich bezog und von dem er sich als der Träger des sich jetzt verwirklichenden Reiches Gottes gesandt wußte, war nicht das Unbedingte und Absolute einer allgemeinen Religionsphilosophie. Er war der Gott Israels, der sich dieses Volk im Gang der Geschichte als Werkzeug zur Verwirklichung seines universalen Heilswillens erwählt hatte. Die ursprüngliche Eröffnung der Gotteserfahrung geschieht demnach nicht in einem mystischen Innewerden „Gottes" oder in einer philosophischen Reflexion auf „Gott" als „unbewegten Beweger", sosehr dies unentbehrliche Ansatzpunkte für die Verkündigung des Gottes Israels und des Vaters Jesu Christi an die Gott und seine Wahrheit suchenden Menschen sind (vgl. Apg 17,22-34).

Gott wird in Israel primär in seinem geschichtlichen *Handeln* erfahren. Durch dieses Handeln erschließt sich Gott in seiner souveränen Freiheit und in seinem Dasein für die Menschen. Handelnd (in pneuma und dynamis) uns im WORT sich mitteilend offenbart er seine Personwirklichkeit. Durch sein offenbarendes Handeln qualifiziert er die Geschichte als *den* Ort der gott-menschlichen Begegnung. Nur im Blick auf das konkrete geschichtliche Handeln Gottes kann auch eine universale Dimension des heilschaffenden Bezugs Gottes auf die Welt angenommen werden. Die Universalität des göttlichen Heilswillens ist darum nicht ein theoretisch angenommenes Axiom oder das Postulat einer Religionsphilosophie, aus dem die geschichtliche Verwirklichung begrifflich deduziert werden könnte, oder von dem her sich die historischen Religionen als deren adäquate Manifestationen oder Offenbarungen feststellen ließen. Die transzendentale, universale Dimension und die Konkretheit des göttlichen Handelns sind zu sehen als die zwei polar aufeinander bezogenen Aspekte der einen freien Selbsterschließung Gottes.

Erst aus dem geschichtlichen Heilshandeln Gottes ergibt sich die Einsicht, daß Gott schon in der Schöpfung den Menschen als das ursprüngliche Ereignis der Einheit von Gottbezogenheit und Weltzugewandtheit bestimmt und somit als dasjenige Wesen konstituiert, dem er im Feld der Geschichte möglicherweise definitiv begegnet. Kraft seines Geschöpfseins ist tatsächlich jeder Mensch der Adressat einer Selbstmitteilung Gottes, die er in der Geschichte frei vollzieht. Wenn der Mensch durch das Schöpfungshandeln Gottes als innere Einheit von Transzendentalität und Geschichtlichkeit konstituiert wird, dann ist die Geschichte der *wesenseigene* Raum des Menschen, wo er auf das Wort und Handeln Gottes trifft und diesem in der Freiheit seiner Entscheidung (der Nachfolge) entspricht. Geschichte ist darum aber nicht lediglich der Ort des sukzessiven Inerscheinungtretens einer schon übergeschichtlich immer präsenten Offenbarung und immer geschenkten Heils, sondern tatsächlich der Ort seines Sich-Ereignens. Nur wenn der Mensch im Glaubensakt mit seinen wechselseitig sich bedingenden Momenten der Transzendentalität und Geschichtlichkeit auf die geschichtlich ihm entgegenkommende universale Erschließung des Heilswillens Gottes trifft, vermag die Geschichte der Offenbarung in Israel mit ihrem Höhepunkt in Jesus Christus die personale Unmittelbarkeit zu Gott zu vermitteln (vgl. Joh 1,1.3.14.18; Hebr 1,1-3).

Die christlich-theologische Konzeption der geschichtlichen Offenbarung ist schon über die Aporien der Transzendentalphilosophie Kants hinausgekommen, nach der ein letzter Zugang zur Wirklichkeit überhaupt und damit eine Selbsterschließung Gottes in der Geschichte ausgeschlossen ist, weil sie nicht von der Möglichkeit auf die Wirklichkeit hin fragt, sondern von der den Glauben konstituierenden Wirklichkeit auf die Möglichkeit seiner Annahme im menschlichen Bewußtseinsakt ausgeht.

Das eine und einzige Apriori, das die menschliche Vernunft der Wirklichkeit entgegenbringt, ist nichts anders als die universale Informierbarkeit der Vernunft durch die Wirklichkeit selbst. Aufgrund *dieses* Apriori sind die konkreten Erkenntnisinhalte eine von der geschichtlich gegebenen Realität getragene Synthesis: der Synthesis von konkreter

Erfahrung und begrifflich-allgemeiner Erfassung. Die Begriffsbildung folgt der Wirklichkeit und vermag sich ihr dynamisch anzupassen. Der Mensch kann sich kraft der Analyse seiner Erkenntnisbedingungen nicht von selbst in die Wahrheit stellen. Darum gibt es gewiß auch keine reine philosophische *Letztbegründung der Wahrheit.* Im Ausgang von einem leeren Apriori, das sich schon vor der Begegnung mit der Wirklichkeit in seinen kategorialen Bestimmungen analysieren ließe, können die Strukturen und die Wahrheit aller Wirklichkeit nicht deduziert werden. Erst durch den Vollzug der dialogischen Konstituiertheit der Vernunft kommt der Mensch kraft des Angesprochenseins durch das Wort zur Erkenntnis als relationale Einheit von sich zu erkennengebenden Gott und erkennendem Menschen im Inhalt des Glaubensbekenntnisses.

Der menschliche Geist ist nichts anderes als universale Offenheit für eine Wirklichkeit, die sich ihm vor allem in kontingenten Begegnungen (in Wort und) mit anderen Personen erschließt und die ihn zur geistigen und sittlichen Stellungnahme herausfordern Deshalb verfügt der Mensch nicht über den Anspruch einer *Letztverweigerung:* Er kann nicht apriori die Möglichkeit und Denkbarkeit eines menschlich vermittelten Handeln Gottes ausschließen.

Gottes Handeln entbirgt des Menschen eigene Wahrheit. Dieses Handeln sucht zugleich die freie Annahme seitens des Menschen. Aufgrund seines Handelns ist Gott nach biblischem Verständnis „keinem von uns fern, weil wir in ihm leben, uns in ihm bewegen und in ihm sind" (Apg 17,27f). Er bekundet in der geschaffenen Wirklichkeit seine ewige Macht und Gottheit (Röm 1,20). Er enthüllt seinen Willen im Gewissen eines jeden Menschen (Röm 2,15). Durch sein wirkendes Wort beruft Gott einzelne Menschen zu Trägern seines Heilswillens allen gegenüber. Er macht Abraham zum Stammvater Israels, auf daß alle Geschlechter in ihm Segen erlangen (Gen 12,1-3). Das kleine Israel wird zum Zeichen des universalen Heilswillens Gottes (vgl. Jes 2,3: „Viele Völker machen sich auf den Weg; sie sagen: Kommt, wir ziehen hinauf zum Berg des Herrn und zum Haus des Gottes Jakobs"; vgl. Jes 56,6-8; 60, 11-14; Sach 8,20; 14,16). Die Geschichte des Bundesvolkes zielt mit messianischer Konsequenz auf die eschatologische Konkretion des universalen Heilswillens Gottes. Gottes Selbsterschließung gipfelt auf im Ereignis seines heilschaffenden und den Tod in Leben verwandelnden Wortes. Jesus von Nazaret ist das durch Gottes Handeln im

Heiligen Geist frei ereignete Wort Gottes. Jesus ist die von Gott getragene Einheit von ewigem Wort und menschlich-prophetischem Mittler dieses Wortes. Er ist dieser Mittler, weil er in seinem Menschsein dieses eine Wort Gottes sein will: weil er Gottes Selbstgabe vorbehaltlos annimmt und zur Darstellung bringt – in seinem Leben, in seinem Tod am Kreuz.

In einem zweifachen Sinn fungiert Jesus daher als der eine Mittler: Von Gott her ist er der „Urheber des Lebens" (Apg 3,15; Hebr 5,9). Kraft seiner Sohnschaft, die sich in seinem menschlichen Gehorsam verwirklicht, ist er ebenso von den Menschen her der eine Mittler: als „Urheber und Vollender des Glaubens" (Hebr 12,2).

In der pluralistischen Religionstheologie wird versucht, das Bekenntnis zur Einzigkeit der Heilsmittlerschaft Christi dadurch zu relativieren, daß man das im Neuen Testament zu findende urkirchliche Bekenntnis zu Jesus dem Christus, zu trennen versucht von Jesu historischem Selbstverständnis. Eine solche Trennung ist aber schon von der Struktur der Quellen her unmöglich. Die Evangelien sind durch die christologische Ursynthese bestimmt: durch die Einheit des geschichtlichen Jesus und des Christus des Glaubens.[13] Aus den Evangelien läßt sich darum kein abstrakter historischer Jesus herausdestillieren. Damit entfällt die Möglichkeit, eine abstrakte historische Jesusfigur heranzuziehen, um zu überprüfen, ob das Bekenntnis, „Jesus ist der Kyrios" (1 Kor 12,3), sachgemäß sei oder nicht. Die Evangelien erschließen die geschichtliche Wirksamkeit Jesu im Licht des Heilshandelns Gottes, vor allem im Licht der Auferweckungstat. Somit ist die Erkenntnis Jesu als des Christus nur im Licht des Heilshandelns Gottes, dessen Höhepunkt die Auferweckung Jesu von den Toten darstellt, zugänglich. Gottes Offenbarung *ist* sein den Glauben an ihn konstituierendes heilsgeschichtliches Wirken.

Jesus trat nicht als ein mystisch bewegter Gottsucher auf, als Künder einer kompromißlosen Moral oder als besonders radikaler Reformer der jüdischen Religion. Kraft seiner Sendung im Geist Gottes und seiner sohnschaftlichen Beziehung zu seinem Abba versteht er sich als vollmächtiger Mittler der nahen Gottesherrschaft. Im Medium seines

---

[13] *Gerhard Ludwig Müller*, Christologie. Die Lehre von Jesus dem Christus, in: Wolfgang Beinert (Hg.), Glaubenszugänge. Lehrbuch der Katholischen Dogmatik II, Paderborn 1995, 1-297, hier 18-26.

menschlichen Handlungszentrums vergegenwärtigt, ja inkarniert sich das eschatologische Heilshandeln Gottes, d.h. seine Selbsterschließung in seinem ewigen WORT. Jesus realisiert mit göttlicher Vollmacht das allein Gott zustehende Handeln: Sündenvergebung, Krankenheilung, Dämonenaustreibung (Mk 1,22).

Die pluralistischen Religionstheologen verkennen im Leben des irdischen Jesus diese wechselseitige relationale Identifikation von Jesus und Gott, d.h. die Identität von menschlichem Heilsmittler und der Selbstvermittlung Gottes in die Unmittelbarkeit zu den Menschen. Sie heben demgegenüber die radikale Selbstunterscheidung Jesu von Gott hervor, um das nachösterliche Bekenntnis zur Gottheit des fleischgewordenen Logos auf eine bloße Gemeindereflexion ohne Fundament im Selbstverständnis des vorösterlichen Jesus zurückzuführen. Im Sinn der synoptischen Evangelienüberlieferung muß jedoch festgehalten werden: Die Unterscheidung von Vater und Sohn gründet in der inneren Beziehung beider. Diese Beziehung bekunden Jesu Handeln in Vollmacht, die Anrede des Gottes Israels als Abba, seine Funktion als Mittler der Gottesherrschaft. Diese reale, ihn in Sein und Sendung konstituierende Beziehung zu Gottes Selbstmitteilung als Heil eines jeden Menschen qualifiziert ihn als den Repräsentanten und Vollstrecker (= Gottesknecht) des Heilswillens Gottes: als Selbstvermittlung Gottes im menschlichen Heilsmittler. In der Selbstlosigkeit des Gehorsams zu dem ihn sendenden Vater bis in den Tod hinein, den Menschen ihm zugedacht haben, unterscheidet sich Jesus derart radikal, d.h. aber personal, vom Vater, daß der Vater den gekreuzigten, getöteten und verstoßenen Mittler des Heilshandelns Gottes durch das Auferweckungshandeln in der Tat als „seinen eigenen Sohn" (Röm 8,22; Gal 1,16) offenbaren kann. Gott offenbart sich in der Dahingabe des eigenen Sohnes (Röm 8,3) zugleich als der Gott und Vater Jesu Christi, seines Sohnes, als der, der das, was nicht ist, ins Dasein ruft und der die Toten lebendig macht (Röm 4,17). Gott offenbart sich so in einer definitiven Einheit mit dem sich von ihm als die Person des Sohnes und durch die Geschöpflichkeit seines Menschseins unterscheidenden Jesus, der sich seinerseits mit Gott, seinem Abba, gerade in relationaler Identität verbunden weiß.

In der Auferstehung Jesu von den Toten kommt das Heilshandeln Gottes zu seinem eschatologisch-definitiven Ziel: Es überwindet Tod und Gottferne; es führt zur Gotteserkenntnis und bewirkt das *Leben* aller Menschen. Der universale Heilswille Gottes und die geschichtliche Konkretion verhalten sich nicht zueinander wie ein übergeordnetes Allgemeines und daraus deduzierte einzelne Realisierungen. Der universale Heilswille Gottes hat im Christusereignis seine die Geschichte und den Menschen endgültig qualifizierende und bestimmende Realität gefunden – wie der in einen Teich geworfene Stein die Ursache der horizontalen Ausbreitung der Wellen ist.

Die Christen, die durch das Zeugnis der Apostel zum Glauben gekommen sind, aber kraft des Geistwirkens mittels des geschichtlichen Zeugnisses mit Jesus selbst in personale Unmittelbarkeit kommen (vgl. 1 Kor 12,3), können darum Jesus nicht für einen der vielen Stifter historisch-kulturell bedingter Religionsformen halten. Nicht trotz, sondern gerade in seiner historischen Singularität ist der im Handeln Gottes geoffenbarte geschichtlich-endzeitliche Mittler des Heils von Gott her zugleich auch der Vermittler und Träger der Hoffnung für alle (1 Tim 1,1). In ihm ist für immer die Liebe Gottes *da*, von der keine Kreatur und Gewalt die Menschen mehr trennen können (Röm 8,39). „Darum auch übertrifft die Erkenntnis Christi Jesu alles", was denkbar und erstrebbar ist (Phil 3,8). So ermöglicht Jesus nicht nur eine neue religiöse Interpretation des menschlichen Daseins oder einen Gesinnungswandel von der Selbstbezogenheit zur verantwortlichen Weltorientierung. oder eine therapeutische Verwandlung von Angst in Hoffnung.

Es geht vielmehr um Tod und Leben und nicht nur um eine theoretische Konzeption des menschlichen Daseins. Den realen Widerspruch von Tod und Leben kann keine menschliche Logik und Spekulation, keine mystische Erfahrung und kein Akt noch so selbstloser Liebe überwinden, sondern allein Gottes Handeln. So ist Jesus die von Gott gewirkte reale Überwindung des Todes, d. h. des Verlustes der personalen bis in die Leiblichkeit hinein sich ereignende Identität im Hinblick auf Gott. Jesus in seinem Sein und Geschick vermittelt die reale Gemeinschaft mit Gott, der lebt und Leben spendet (Joh 5,24-26).

Wenn die Rede von der Einzigkeit der Heilsmittlerschaft Jesu in dem hermeneutischen Horizont gelesen wird, in dem sie entstanden ist, kann von einer Selbstverabsolutierung einer partikulären religiösen Tradition nicht die Rede sein. Das Bekenntnis der Apostel war nicht die Verabsolutierung einer inneren persönlichen Erfahrung und Einsicht, bzw. die Vergottung einer einzelnen Manifestation des Göttlichen, sondern die von dem sich mitteilenden WORT Gottes selbst initiierte und getragene sprachliche Vermittlungsform. der Offenbarung. So bekennen sie vor dem Hohen Rat, daß Jesus der Eckstein des Tempels ist, nämlich des gemeinsamen Hauses von Gott und allen Menschen in dieser Welt.: *„Und in keinem andern ist das Heil zu finden. Denn es ist uns Menschen kein anderer Name unter dem Himmel gegeben, durch den wir gerettet werden können "* (Apg 4,12).

Was die Urzeugen der Identität des geschichtlich heilswirksamen Jesus und des auferweckten Christus bekennen, ist darum nicht eine menschliche Interpretation einer religiös interessanten Gestalt. Das Bekenntnis der Urkirche stellt nichts anderes dar als die von Gottes Heiligem Geist ermöglichte Mitvollzug der realen Identifikation Gottes des Vaters mit dem gekreuzigten Jesus Christus im Auferweckungshandeln. *„Wenn nämlich der Geist dessen in euch wohnt, der Jesus von den Toten auferweckt hat, dann wird er, der Christus Jesus von den Toten auferweckt hat, auch euren sterblichen Leib lebendig machen, durch seinen Geist, der in euch wohnt "* (Röm 8,11).

ER, der seinen eigenen Sohn dem Geist der Heiligkeit nach eingesetzt hat als (messianischen) „Sohn Gottes in Macht seit der Auferstehung von den Toten" (Röm 1,3f), trägt und prägt auch die Urteilssynthese des Glaubens: „Niemand kann sagen Jesus ist der Herr außer im Heiligen Geist" (1 Kor 12,3). Die einzelnen biblischen Aussagen zur Einzigkeit der Mittlerschaft Christi stehen immer in einem inneren Bezug zur Aussage des universalen Heilswillens Gottes, weil sie eben nur dessen Konkretion in Christus zum Ausdruck bringen wollen. Bei Lukas etwa entspricht die Aussage, daß Gott in diesen Endtagen seinen Geist über *alles Fleisch* ausgegossen hat (Apg 2,17), die Konkretion, daß in *keinem anderen Namen* das Heil zu finden ist als im *Namen Jesu Christi* (Apg 4,12). Dies ist aber keine triumphalistische Selbstverabsolutierung des Christentums, sondern das demütige und frohe Bekenntnis, daß Gott sich der Menschen angenommen hat und sie tatsächlich in Jesus das ersehnte und von Gott definitiv angebotene Heil wirklich finden können.

Gerade auch der johanneische Christus ist in dieser inneren Polarität von Konkretheit und Universalität zu sehen. In ihm „kommt das *Heil von den Juden*" (Joh 4,22), insofern er „wirklich der *Retter der Welt* ist". Er, der von sich sagt „Ich bin der Weg und die Wahrheit und das Leben; niemand kommt zum Vater außer durch mich" (Joh 14,6), ist eben kein anderer als der, von dem es heißt: „Denn Gott hat die Welt so sehr geliebt, daß er seinen einzigen Sohn hingab, damit jeder, der an ihn glaubt, nicht zugrunde geht, sondern das ewige Leben hat" (Joh 3,16). Und gerade auch die ausdrückliche Aussage „Einer ist Gott, einer auch Mittler zwischen Gott und den Menschen: der Mensch Christus Jesus, der sich als Lösegeld hingegeben hat für alle, ein Zeugnis zur vorherbestimmten Zeit" kann nur verstanden werden als Bekenntnis zum Vollstrecker des Heilswillens Gottes, der eben diesen Christus in die Welt gesandt hat, um die Sünder zu retten und der will, „daß alle Menschen gerettet werden und zur Erkenntnis der Wahrheit gelangen" (1 Tim 1,15; 2,4-6).

Im Hinblick auf die Struktur des gesamten biblischen Christuszeugnisses kann darum von einer Aufhebung der Spannung zwischen Universalität und Konkretion nicht die Rede sein. Das Christusereignis bezeugt vielmehr die Vollendung dieser Polarität und zugleich die innere Einheit beider Pole: Der universale Heilswille manifestiert sich in der Konkretion Jesu. Durch die Gemeinschaft mit dem Menschen Jesus wird darum die personale Unmittelbarkeit zu Gott erreicht, der sich in Jesus offenbart hat als der „Gott mit uns" (Mt 1,23). Jesus ist in seiner Menschheit gerade nicht Gott. Darum kann von einer mythologischen Vergötterung oder metaphysischen Quasi-Vergottung Jesu nicht die Rede sein. (Die pluralistische Religionstheologie scheint Chalkedon monophysitisch mißzuverstehen.) Entscheidend ist aber, daß er in seinem Menschsein, in der Eigenwirklichkeit und Eigentätigkeit seines menschlichen Bewußtseins und Willenszentrums von Gottes sich erschließendem ewigen Wort so getragen und geführt worden ist, daß sich in seinem menschlichen Handeln, Leiden und Schicksal das Handeln, Leiden und Schicksal der Gottesherrschaft und der unmittelbaren Heils-Präsenz Gottes ereignen konnte. Jesu menschliche Freiheit ist hypostatisch geeint mit dem Handeln des Gott-Logos und wesentlich unterschieden von Gott wie Gott und geistige Kreatur. Insofern Jesus sich in seinem Sein, seinem Leben und seinem Heilshandeln ganz und ausschließlich von Gott her verdankt weiß, zeigt sich das ihn tragende Wort der Selbstmitteilung Gottes als die Hypostase, die in Gott selbst sohnschaftlich vom Vater ausgeht. Aufgrund der einzigartigen Einheit mit Gott seinem Vater bei gleichzeitiger Unterschiedenheit seines kreatürlichen menschlichen Seins und Weges von Gott erweist sich der Sohn als Gottes Ebenbild. Durch den göttlichen Glanz auf dem Antlitz Christi kommen wir zur Erkenntnis der Gottheit des Sohnes (2 Kor 4,4-6). Im Lichte seiner heilsgeschichtlichen Vermittlung offenbart sich der Sohn als der Mittler der ganzen Schöpfung und ihres Zielgrundes wie auch als Anfang der eschatologischen Vollendung der Schöpfung aufgrund seiner Auferstehung von den Toten (1 Kor 8,6; Kol 1,16; Eph 1,10; Hebr 1,2; Joh 1,3).

Als Summe des biblischen Christuszeugnisses ergibt sich: Die universale Durchsetzung des eschatologischen Heilswillens Gottes in der geschichtlichen Bindung an Jesus besagt, daß in Christus die Selbstmitteilung Gottes in der Schöpfung und in dem geschichtlichen Handeln an Israel zugunsten aller Menschen in ihre letzte geschichtliche Konkretheit und Anschaulichkeit eingetreten ist. Weil das ewige Wort, das bei Gott war und das Gott ist, Fleisch wurde, trägt der einzige Sohn des Vaters in der Welt den Namen Jesus von Nazaret, der Christus ist. Er ist die Universalität des Heilshandelns Gottes als *universale concretum*. Der Zugang der Menschen zum geschichtlich wirksam gewordenen Heilswillen Gottes in Jesus Christus erfolgt durch den Glauben, der selbst die Synthesis ist von Unmittelbarkeit Gottes und konkreter Vermittlung seines Heilswillens in Christus. Der in Christus geschichtlich real gewordene Heilswille wird im einzelnen Menschen „wirksam durch Glauben" (Röm 3,25). Der Glaube entsteht durch die Begegnung mit Jesus oder durch die Vermittlung der Zeugen des Heilswirkens Gottes in Christus und fordert zur personalen Entschiedenheit auf, indem die definitive eschatologische Entschiedenheit Gottes für jeden einzelnen Menschen in der definitiven Selbstüberantwortung des Menschen in Verstehen und Handeln umgesetzt wird. Der Zugang zur Wahrheit Gottes in Christus erfolgt nicht über eine vom Menschen aus geleistete Synthese der verstreuten Wahrheitselemente in allen Religionen. Vielmehr geht der Christ umgekehrt durch die Erschlossenheit der göttlichen Wahrheit in Christus über den Bereich der Christusgläubigen hinaus. Zugleich kommt er zu der Interpretation, daß überall dort, wo die anthropologischen Grundfragen in letzter Radikalität gestellt werden, sich eine vom Heiligen Geist geleitete Suchbewegung ereignet, die auf die Begegnung mit der Konkretion des Heilswillens Gottes in der Geschichte zielt: auf die Gestalt des Jesus von Nazaret. Die Religionen und das Christentum sind nicht über eine allgemeine Offenbarung miteinander verbunden, sondern über das vom Heiligen Geist bewegte Sichausstrecken nach der Selbstzusage Gottes in seinem WORT im Fleisch der Welt.

4. Läßt sich die Einzigkeit Christi
in einer pluralistischen Welt dialogisch vermitteln?

1. Die Wahrheit und der Heilswille Gottes sind in der Welt nicht in gegenständlicher Vorfindlichkeit empirisch zu demonstrieren noch aus einem rationalen, ethischen oder religiösen Apriori zu deduzieren. Die christlichen Glaubensaussagen lassen sich weder unabhängig von den transzendenten Bedingungen (Geist und Gnade) des Glaubensaktes noch der Spontaneität des Wahrheitsurteils der gläubigen Vernunft verifizieren noch mittels der Regeln einer formalen Logik in ihrer Tatsächlichkeit und Vernünftigkeit deduzieren.

Die Wahrheit der christlichen Bekenntnisaussagen wird erst durch die konkrete Begegnung mit Jesus Christus in der Zeugnisgemeinschaft seiner Kirche erfaßt. Nur in der Kraft des Heiligen Geistes erschließt sich dem Glaubensurteil die relationale Identität Christi mit Gott und die Selbstvermittlung des Vaters im menschgewordenen Sohn (vgl. Röm 1,3f).

Ein Dialog der Religionen kann nicht den Sinn haben, z.B. im Bezug auf eine Art philosophischer Gotteslehre oder gar im Rückgriff auf die Arithmetik zu entscheiden, ob der unitarische oder der trinitarische Monotheismus Recht hat.

Wenn die Wahrheit der Offenbarung sich letztendlich in der Ohnmacht Christi am Kreuz erschließt, kann das christliche Zeugnis vom Heilshandeln Gottes am gekreuzigten und getöteten Jesus in der Auferweckung niemals triumphalistisch oder imperialistisch durchgesetzt werden (im kolonialistischen Gestus kultureller *Überlegenheit* oder im paternalistisch-jovialen Zugeständnis der *Gleichwertigkeit* der Religionen mit dem Christentum bzw. dem „reuevollen" Bekenntnis, daß das Christentum hinsichtlich vieler Werte und besserer Einsichten den Religionen *unterlegen* sei und von ihnen noch viel zu lernen hätte).

Wenn Gott seine ewige Macht und Gottheit in der menschlichen Schwachheit und in der Zufälligkeit der geschichtlichen Kontingenz und Endlichkeit Jesu offenbart, dann wird christliche Mission nicht eine Strategie zur Vereinnahmung Andersgläubiger sein. Christliche Mission ist vielmehr ein der Demut Jesu nachfolgendes Zeugnis in Wort und Tat, daß Gott in Jesus Christus jeden Menschen angesprochen und aus seiner Todverfallenheit zum ewigen Leben befreit hat. Die Adressaten des Evangeliums können nicht (wie Objekte) „missioniert" werden. Der

Missionar ist wie Jesus der Diener derer, zu denen er gesandt wurde. Mission bezeichnet ursprünglich die Teilhabe der Apostel an der Sendung Jesu vom Vater und die Bevollmächtigung zum Heilsdienst (Mt 2,19; Joh 20,21f; 2 Kor 5,20f). Der Bote des Evangeliums wird „missioniert", während den Völkern das Evangelium verkündet wird. (Sie werden nicht „missioniert", sondern „kerygmatisiert" – wenn man das Verhältnis zwischen Glaubensboten und ihren Hörern überhaupt passivisch formulieren will). Der Adressat der Verkündigung, der zum Glauben an das" Evangelium von Jesus Christus, dem Sohn Gottes" (Mk 1,1) kommt, wechselt nicht von der falschen oder unvollkommenen zur richtigen und überlegenen Religion. Er läßt sich durch die Taufe hineinnehmen in die Existenzform „des Menschensohns, der nicht gekommen ist, um sich bedienen zu lassen, sondern um zu dienen und sein Leben hinzugeben als Lösegeld *für* die vielen" (Mk 10,45). Denn wer der Erste sein will „soll der Sklave aller sein" (Mk 15,44). Die Gemeinschaft derer, die zum Glauben an Christus gekommen sind, lassen sich vom auferstandenen Gekreuzigten sagen:" Geht hinaus in die ganze Welt, und verkündet das Evangeliums allen Geschöpfen" (Mk 16,16; vgl. Mt 28,19). Denn diese Botschaft ist weder religiöse Erkenntnis oder Praxis der Menschen, sondern „eine Kraft Gottes, die jeden rettet, der glaubt, zuerst die Juden, aber ebenso auch die Heiden" (Röm 1,16).

Der durch die geschichtliche Kontingenz Jesu Christi (und seiner Kirche) sich vermittelnden souveränen Freiheit Gottes entspricht die auf die persönliche Gewissensfreiheit hin erfolgende Selbstüberantwortung der Person (als Subjekt) an Jesus Christus in seiner Nachfolge innerhalb der Gemeinschaft seiner Jünger, der Kirche.

2. Die christliche Mission hat bis zum Ende der Geschichte mit einer faktisch immer bestehenbleibenden Vielheit von Glaubensrichtungen, Religionen und Weltanschauungen zu rechnen. Gesehen aufs ganze der 2000jährigen Kirchengeschichte, erweisen sich die Perioden einer weitgehenden Kongruenz des kirchlichen Glaubensbekenntnisses und der Mehrheitsüberzeugungen der Gesellschaft (römische Spätantike, abendländisches Mittelalter, frühe europäische Neuzeit) als geschichtlich bedingte Ausnahme, nicht als der Normalzustand des christlichen Glaubens in der „Welt".

Wenn Christen im Dialog mit Andersgläubigen oder auch Ungläubigen für den Logos ihrer Hoffnung „Rede und Antwort stehen" (1 Petr

3,15), wähnen sie sich nicht im dinghaften (verabsolutierten) Besitz einer Wahrheit, mit der sie andere übertrumpfen könnten. Sie fühlen sich nicht anderen überlegen, unterlegen oder gleichartig in der religiösen Erfahrung und Weltdeutung. Sie finden sich selbst zu dem je größeren Dienst an den Menschen gesandt, weil nicht sie sich selbst den Mittler gewählt haben, sondern weil er sie erwählt und bestimmt hat, „daß sie sich aufmachen" (Joh 15,16). Sie „müssen" (1Kor 9,16) bezeugen, daß Gott nicht nur ein vager, sich immer entziehender Horizont ist, auf den wir unsere religiösen Vorstellungen und ethischen Handlungsziele projizieren. Christen stehen für die Wahrheit, daß Gott uns Menschen in der unüberbietbaren Konkretheit unseres Lebens, unseres Sterbens und unserer Hoffnung, nämlich im Leben, Sterben und in der Auferstehung Jesu *hier und heute* nahegekommen ist. Die Welt ist der Kontext menschlicher Suche nach dem erlösenden Wort Gottes, aber noch mehr ist Gott der Kontext, in dem sich die menschliche Situation aufhellt.

3. Das von der pluralistischen Religionstheologie eingeforderte Programm einer „Deabsolutierung der Christologie" ist von den dort implizierten Voraussetzungen her schon überholt: Das Christusbekenntnis versteht sich nicht als die Verabsolutierung einer subjektiven religiösen Meinung über Jesus oder einer sich zufällig an ihm festmachenden religiösen Erfahrung der Wirklichkeit im Medium einer regional und kulturell begrenzten religiösen Tradition. Der Christusglaube ist zu verstehen als ein von Jesus Christus und dem Geist Gottes getragenes Zeugnis, ja als Sendung zum Zeugnis, zum Zeugnis mit dem eigenen Leben bis in den Tod, und zur Darstellung des je konkreten Heilswillens Gottes gegenüber jedem Menschen bis zum Kreuztragen des Unverstandenseins und zum blutigen Martyrium.

4. Da die Christen im Weltmaßstab wie auch in den meisten Staaten in einem multireligiösen und weltanschaulich pluralistischen Kontext leben und überdies auch für Europa seit 500 Jahren von einer homogenen christlichen Kulturwelt nicht mehr die Rede sein kann, ist für die Mentalität jedes Gläubigen in der Angefochtenheit des Pluralismus säkularistischer und andersgläubiger Lebensentwürfe ein inneres Zusammenspiel zu finden von Identität in bezug auf Christus und Offenheit im Bezug auf die Adressaten des Evangeliums.

Auf diese Weise können die Extreme eines agnostischen Relativismus (gerade auch frommer Spielart, wonach Gott so fern gewähnt wird, daß ihm jede Möglichkeit der Selbstoffenbarung und der Ankunft beim Menschen abgesprochen wird) einerseits und eines auf bloß subjektivistischer Selbstverabsolutierung beruhenden Fundamentalismus andererseits vermieden werden.

5. Der Konvergenzpunkt des interreligiösen Dialogs, auf den hin der interreligiöse Dialog zu führen ist, kann nur die Anthropologie sein, in der sich die Weltsituiertheit und die Gottbezogenheit des Menschen artikulieren. Die Unterschiede auf der Bekenntnisebene lassen sich durch einen Dialog nicht überwinden. Das Ziel des interreligiösen Dialogs kann denn auch nicht die Herstellung einer Einheitsreligion sein oder die Entdeckung, daß alle Unterschiede nur die äußerlich verschiedenen Artikulationen einer Grundreligiosität sind.

Wenn die Inhalte des Bekenntnisses nicht die Produkte religiöser Ahnungen des Absoluten und religionsphilosophischer Gedankenbildung sind, sondern das Medium der Selbstvergegenwärtigung des WORTES Gottes sein wollen, dann kann sich die Einheit der Bekenntnisinhalte nur als Reflex auf das gleiche Offenbarungsereignis und nicht als eine vom Menschen entworfene theologisch-philosophische Konzeption ergeben. Mit Hilfe religiöser Gefühle und theologischer Begriffe wäre eine Öffnung für das Wort Gottes nicht zu erreichen, wenn das WORT den Glaubenden nicht aufgrund seiner eigenen Dynamik in die (dialogisch sich ereignende) Wahrheit verfügen würde (Joh 1,12).

Aus der Perspektive des christlichen Glaubens gehört aber die Anerkenntnis des Gnadenwirkens Gottes über den sichtbaren Bereich der Kirchengemeinschaft und des sakramentalen Vollzugs hinaus zum übernatürlichen Glauben hinzu. Daß Gott sich jedem Menschen schon ursprünglich mitgeteilt hat, indem er das Geschöpfen als Hörersein des Wortes und den Menschen im Status der Gottesgemeinschaft konstituiert, und daß der Mensch in seinem geistigen und sittlichen Vollzug gar nicht außerhalb des (der Ursünde zum Trotz) sich erneuernden Angebots der Gnade sich bewegen kann und daß die Realisierung des Menschseins durch die Konkretion religiöser Überzeugungen, sittlicher Urteile und keltischer Praxis geschieht, ist für den Christen nicht lediglich eine Frage großzügiger Anerkennung der anderen und der Ausweis einer tolerant offenen Gesinnung.

Diese Überzeugung gehört als ein Element zu dem sich auf Gott in Jesus Christus ausrichtenden Glaubensakt. Das bedeutet aber zugleich, daß die verschiedenen Religionen nicht über einen aus ihnen allen heraus abstrahierten Offenbarungsbegriff verbunden sind. Die Konkretion des Heilswillens Gottes in den einzelnen Religionen läßt sich nicht aus dem Begriff eines übergeordneten allgemeinen Heilswillens deduzieren. Die Religionen sind Ausdrucksweisen der geschichtlichen Wortoffenbarung, sondern soweit von ihr abhängig, als sie das Medium der religiösen Akte ihrer Anhänger darstellen, die sich in der konkreten Begegnung mit dem geschichtlichen Wortzeugnis von Christus zum Glaubensakt übersteigen.

Somit ist der in der Ewigkeit Gottes und der Erwählung aller Menschen im Sohn beschlossene (Eph 1,14) und in Jesus Christus eschatologisch verwirklichte und geschichtlich auf immer gegebene universale Heilswille Gottes, der die Essenz christlichen Glaubens ausmacht, die Ebene, auf der Bezug zur Selbstmitteilung Gottes durch die Medien der nichtchristlichen Religionen und Weltanschauungen formuliert werden muß.

6. Das christliche Bekenntnis zu Jesus dem einzigen Heilsmittler leistet den Menschen in allen Religionen einen unersetzlichen Dienst, indem es gerade die scheinharmonische Perspektive stört, nach der der angeblich selbe Gott nur auf verschiedenen Wegen erreicht werden soll. Von welchem Standpunkt her könnte ein Mensch sagen, daß die Religionen Wege sind, die zum gleichen Ziel hinführen, wenn niemand dieses Ziel kennt und damit auch die Verbindung des einen Ziels und der Vielheit der Wege rein hypothetischer Natur ist?

Das christliche Bekenntnis bringt nämlich unmißverständlich die Tatsache zur Geltung, daß wir Menschen Gott niemals erreichen geschweige denn in uns zur Erfahrung bringen könnten, wenn er sich nicht selbst im Diesseits der unhintergehbaren Kontingenz von Geschichte und menschlicher Existenz als die den Tod überwindende und lebenschaffende Macht offenbart hätte.

„Niemand hat Gott je gesehen. Der Einzige, der in des Vaters Schoß ist und der Gott ist, er hat es uns verkündigt (exegesato)" (Joh 1,18), und nur so kann er als der einzige Weg anerkannt werden, der zum Vater führt (Joh 14,6).

Durch religiöse Ideen oder eine religiöse Praxis kann kein Mensch sich selbst erlösen und damit aus eigener Initiative Gott in sich zur

Heilswirksamkeit bringen, wenn Gott nicht diese menschlichen Vollzüge (religiöse Rede, Kult) durch die Stiftung Christi und die Präsenz des Geistes zu Medien seiner Gnadenzuwendung qualifiziert hätte (Wortverkündigung, Sakramente, Koinonia).

7. Das Christentum darf sich im Kontext der vielen Weltreligionen und säkularistischen Daseinsdeutungen nicht als einzelne kulturell und regional begrenzte religiöse Weltanschauung verstehen wollen oder interpretieren lassen. Die Jüngergemeinschaft Jesu weiß sich in Zeugnis und Sendung zum Dienst an den Menschen ganz der Initiative Gottes verdankt.

Wenn Gott vielmals und auf vielerlei Weise durch die Propheten und zu den „Vätern" gesprochen hat, dann ist dies keine Relativierung der geschichtlich sich durchsetzenden Selbstoffenbarung Gottes in Jesus Christus, dem SOHN (Hebr 1,1-3) und WORT (Joh 1,1.14).

Es handelt sich bei den religiösen Vollzügen und Stiftergestalten außerhalb der biblischen Offenbarungsgeschichte zwar nicht um Medien der Selbstoffenbarung, so daß sie mit dem einzigen Offenbarungsmittler auf einer Seite uns gegenüberstünden, sondern um vom Geist Gottes getragene Bereitungen der Menschen für die Aufnahme des WORTES, das in sein Eigentum kommt, um allen die ihn aufnehmen, die Macht zu geben, Kinder Gottes zu werden (Joh 1,12). Sie stehen daher mit den Glaubenden, die sich in Wort und Tat zu Jesus dem Christus Gottes bekennen, auf der gemeinsamen anthropologischen Ebene in Bezug auf Gott als wirkliche und mögliche Hörer seines geschichtlich ergangenen WORTES.

Im doppelten Kontext der geschichtlich-eschatologischen Selbstmitteilung Gottes an alle Menschen und der Pluralität religiöser und philosophischer Suche nach der Wahrheit und dem Heil des Menschen geht um die *praeparatio evangelii* und damit schon um die Wirksamkeit des Evangeliums, das die Menschen in ihrer Bewegung zur Transzendenz hinführt zu dem *Menschen* Christus Jesus, den *einzigen Mittler* zwischen Gott und den Menschen (1 Tim 2,4f).

VII
Christologie im Kontext liturgischer Ästhetik

Josef Wohlmuth

1. Annäherung an die Problemstellung

„Hegels ‚Ästhetik' ist ganz explizit eine Theologie der griechischen Götter. Sie ist nach dem Urteil eines der bedeutendsten Mythenforscher, Karl Kerenyi, die weitaus beste Theologie der griechischen Götter. Das beweist, daß die Gestalten der griechischen Götter in die Formung der europäischen Kunst so eingegangen sind, daß eine Ästhetik der europäischen Kunst sich von der griechischen Götterlehre nicht trennen läßt. Für unser Thema, die Frage nach dem Verhältnis von Kunst und Mythos, haben deshalb die griechischen Mythen einen absoluten Vorrang. Man kann Adorno nicht ohne Hegel und Hegel nicht ohne die Götter der Griechen verstehen. Die Christen haben mit diesen Göttern in einem bis heute nicht geschlichteten Kampf gelegen. Eines der größten Wunderwerke griechischer Plastik, die Giebelfiguren in Olympia, sind auf Befehl des christlichen Kaisers Theodosius als heidnische Greuel zertrümmert worden. Das Bilderverbot ist von der Offenbarung auch des Neuen Testaments nicht zu trennen, und ohne das Bilderverbot ist diese Offenbarung nicht zu verstehen. Das bedeutet zugleich, daß diese Offenbarung unverständlich wird, wenn wir die Macht und den Sinn der Bilder nicht mehr begreifen. Deshalb ergibt sich für den Christen aus dem Bilderverbot die Tiefendimension einer Fragestellung, die Kunst und Mythos in denselben Zusammenhang rückt und damit vielleicht auch den fragwürdigen Singular im Gebrauch des Wortes ‚Mythos' rechtfertigen kann."[1]

Wer sich in der Kontextualisierung der Christologie auf „Ästhetik" bezieht und dabei einer Ästhetik ohne Bilderverbot das Wort reden wollte, müßte sich von vornherein auf den Vorwurf gefaßt machen, den griechischen Musen und Götterwelten zu verfallen. Wer umgekehrt den Zusammenhang von Kunst und griechischer Götterwelt – jedenfalls im europäischen Kontext – ignorieren würde, müßte sich dem Verdacht

---

[1] G. *Picht,* Kunst und Mythos, Stuttgart ⁴1993 [1986], 377f.

aussetzen, von jüdisch-christlicher Offenbarung nichts verstanden zu haben. Wenn ich in meinem folgenden Beitrag deshalb nicht nur Liturgie und Ästhetik, sondern eben auch und zuerst griechische Ästhetik und jüdisch-christliches Bilderverbot miteinander ins Gespräch bringen muß, geschieht eine Kontextualisierung von Christologie, Ästhetik und Anti-Ästhetik, die sich wie die Quadratur des Kreises ausnehmen könnte. Es wird wohl nicht möglich sein, Aporien zu vermeiden, zumal das jüdische Denken bis herein in die Gegenwart die Christologie ohnehin dahingehend beargwöhnt, sie stelle einen glatten Rückfall hinter das frühjüdische Bilderverbot in die griechische Götterwelt dar. Hat nicht etwa Franz Rosenzweig den entscheidenden Unterschied zwischen Judentum und Christentum darin gesehen, daß das Judentum bereits in der Ewigkeit lebt, das Christentum aber in der Zeit, weshalb die Kunst nur zum Christentum als ewigem Weg, nicht aber zum Judentum als dem ewigen Volk gehört? Kunst also nicht nur eine Rückkehr zu den griechischen Göttern, sondern auch ein Indiz der Entzweiung, Ausdruck der Unerlöstheit? Kunst schließlich, die nach aller Enttäuschung am christlichen Wegprogramm folgerichtig als „Religion im Erbe" eine wirkliche Erlösung verspricht und gerade so erneut den Kontakt mit den scheinbar ohnmächtig gewordenen Göttinnen und Göttern der vorchristlichen Zeiten knüpft, um schließlich doch noch den Eintritt ins Allerheiligste zu ermöglichen, ohne Christologie und Soteriologie zu bemühen, wie etwa bei Schelling?[2]

---

[2] Vgl. *L. Sziborsky*, Übereinstimmungen und Divergenzen in der Kunstphilosophie Schellings und Adornos, in: PhJb 103 (1996) 138-150. Die Verfasserin zitiert aus Schelling folgende Sätze: „Die Kunst ist eben deswegen dem Philosophen das Höchste, weil sie ihm das Allerheiligste gleichsam öffnet, wo in ewiger und ursprünglicher Vereinigung gleichsam in Einer Flamme brennt, was in der Natur und Geschichte gesondert ist, und was im Leben und Handeln ebenso wie im Denken ewig sich fliehen muß." (*Sziborsky*, ebd. 140, zitiert aus *Schelling*, Werke III 628). – Sziborsky betont mit Recht, daß bei beiden, Schelling und Adorno, die Werkästhetik eine bedeutende Rolle spielt. Daß Kunstschaffen nicht nur „Expressionismus" des Subjektes und seiner Innerlichkeit ist, sondern mit Vorgaben und Materialien zu arbeiten hat, wird in meinen späteren Überlegungen noch zu vertiefen sein. In meiner kleinen Christologie ist Adorno einer meiner wichtigsten Gesprächspartner in aestheticis, obwohl er die Christologie unter den Verdacht der Remythologisierung gestellt hat. Das dort Ausgeführte behält seine Gültigkeit, weil sich gerade an diesem Verdacht zeigt, daß eine liturgische Ästhetik auch im Kontext der Christologie nur bestehen kann, wenn sie sich diesem Verdacht

Cordula Hufnagel hat in ihrem lesenswerten Buch über Franz Rosenzweig seine Verbindungslinien zu Schelling aufgezeigt.[3] Rosenzweig folgt einerseits der Programmatik Schellings bezüglich der Weltalter, wenn die drei Größen Schöpfung, Offenbarung und Erlösung mit den drei Zeitmodi Vergangenheit, Gegenwart und Zukunft zusammengebracht werden, wenngleich Schelling mit seiner Einschätzung des Judentums nicht entscheidend anders gedacht haben dürfte als der frühe Hegel.[4] Aber Rosenzweig kommt auf jeden Fall zu einer anderen Einschätzung von Kunst und Ästhetik. Nach ihm bleibt jeder Christ immer auch halber Heide, so auch Schelling. Dies hat u.a. die Konsequenz, daß der Heide im Christen so etwas wie die Verendlichung des Unendlichen in der Menschwerdung Gottes denken könne, was dem Juden versagt ist. Die christliche Inkarnationslehre wäre danach eine „Folge der Verabsolutierung des heidnischen Rests im Christentum".[5] So zeigen sich also auch in Rosenzweigs Kritik an christlicher Ästhetik zugleich deutliche Verbindungslinien hin zur Christologie, die nicht völlig überraschen werden.[6]

Wäre man also mit dem Schelling der „Philosophie der Kunst" davon überzeugt, daß die Christologie in einem Zwischenfeld zwischen historischer Individualisierung Jesu und mythologischer Universalisierung eines christologischen Symbols stehe, so würde sich ein so verstandener Christus zwar von den griechischen Göttern unterscheiden, stünde aber kaum auf der Höhe einer chalkedonischen Christologie, wie wir sie heute zu verstehen versuchen.[7] Kein Wunder, daß viele jüdische Auto-

stellt. Vgl. *J. Wohlmuth*, Jesu Weg – Unser Weg, Würzburg 1992, bes. 12-34.

[3] Vgl. *C. Hufnagel*, Die kultische Gebärde. Kunst, Politik, Religion im Denken Franz Rosenzweigs, Freiburg-München 1994, bes. 55-69.

[4] Vgl. *Hufnagel*, a.a.O. 56; G.W.F. *Hegel*, Der Geist des Christentums und sein Schicksal, in: WW (ed. suhrkamp) I (1971) 274-418.

[5] *Hufnagel* (s. Anm. 3) 60f (mit Bezug auf Schellings „Philosophie der Kunst" und Rosenzweigs „Stern der Erlösung" 388).

[6] „Zwischen der Zulassung der Möglichkeit einer Verendlichung des Unendlichen, der Menschwerdung Gottes, und ihrer Negation kann es keine Vermittlung geben. Rosenzweigs Stigmatisierung der Kunst als Schein hat ein hartes theologisches Fundament, das auch nicht die teilweise Aufweichung duldet, zu der christliche Theologen immer bereit sind" (*Hufnagel* [s. Anm. 3] 61).

[7] Vgl. *F.W.J. Schelling*, Philosophie der Kunst. Unveränderter photographischer Nachdruck der aus dem handschriftlichen Nachlaß herausgegebenen Ausgabe von 1859, Darmstadt 1980, bes. 75-77. Mit Bezug auf die Darstellung

ren dem Christentum eine gewisse „Vermischungschristologie" unterstellen, die den Verdacht der Remythisierung und somit der Zerstörung des Bilderverbots erhärten. Wie immer die Beziehung Rosenzweigs zu Schelling zu beurteilen sein wird, so führt jedenfalls das Verständnis von jüdischer Liturgie bei Rosenzweig über die Problemstellung idealistischer Ästhetikkonzeptionen hinaus, wie bei Cordula Hufnagel in einem eigenen Kapitel über das Gebet kurz und treffend zusammengefaßt ist.[8]

Müßte ich also angesichts der Kritik einer möglichen Kontextualisierung von Liturgie und Ästhetik hier nicht eigentlich abbrechen? Behält die Kunst für das Christentum nur deshalb bleibende Bedeutung, weil das (griechische) Heidentum nicht völlig abgeschüttelt werden kann? Wenn in Kunst und Staat nach Rosenzweig „jene ewigen Götter des Heidentums" bis zum Ende fortleben"[9], müßte dann eine christliche Ästhetik nicht auf alle Kontextualisierung mit der philosophischen

---

Jesu als Kind in der Kunst spricht Schelling von einer „Mischung der göttlichen und menschlichen Natur" (77). Der menschgewordene Gott ist keine bleibende, ewige Gestalt wie die griechischen Götter, „sondern nur eine von Ewigkeit zwar beschlossene, in der Zeit aber vergängliche Erscheinung" (76), die vom „Geist" abgelöst wird. Letzterer ist „das ideale Princip, welches vielmehr das Endliche ins Unendliche und zum Unendlichen führen soll" (76).

[8] *Hufnagel* (s. Anm. 3) 70-84. Das Gebet, das nach Rosenzweig die Weltordnung stiftet, ist als Schrei der Seele Gebet um das Kommen des Reiches. Diesem Schrei der Seele nach Erlösung entspricht die Bedürftigkeit der Welt. Nach Rosenzweig kann aber die Versöhnung von Schöpfung und Offenbarung schon in die Weltzeit vorgezogen werden, gefeiert in der Liturgie mit dem Höhepunkt des Yom Kippur, realisiert in der Liebe. Gleichwohl liegt die endgültige Versöhnung allein in Gottes Hand und kann vom Menschen nicht himmelstürmerisch vorweggenommen werden. Aber Gebet ist eben auch nicht einfach Entweichen in die jenseitige Welt. Vielmehr ist dem Gebet im Kult Ort und Zeit angewiesen. Im Kult wird Ewigkeit vorweggenommen, die Ewigkeit ins Heute hereingezogen. Das kultische Gebet ist für Rosenzweig das Gebet eines „Wir", Gebet des Volkes. In ihm wird das „Triumphgeschrei der Ewigkeit" bereits laut. – Wie Gershom Scholem ist auch Rosenzweig der Überzeugung, daß das Christentum die Erlösung als Innerlichkeit denkt, wobei Rosenzweig noch hinzufügt, dem Christentum fehle die Gemeinschaft, da es kein christliches Volk gibt. Die Zerrissenheit zwischen erlöster Seele und unerlöster Welt ist ein Problem des christlichen Denkens. Dem Judentum ist dies unbekannt.

[9] *Hufnagel* (s. Anm. 3) 60, zitiert aus: Der Stern der Erlösung 468. Vgl. zu Rosenzweig auch *J. Wohlmuth*, Im Geheimnis einander nahe, Paderborn u.a. 1996, 159-165.

Ästhetik, sofern sie eine Philosophie der (griechischen) Kunst betreibt, ganz verzichten und höchstens mit einer Ästhetik ins Gespräch kommen, die sich im ursprünglichen Sinn als reine Wahrnehmungslehre versteht?

2. Einblick in die Programmatik einer Kontextualisierung von Christologie und liturgischer Ästhetik

Die folgenden Überlegungen versuchen zu zeigen, daß die philosophische Ästhetik den Aspekt der Wahrnehmung nicht verleugnet. Eher im Gegenteil. Auch wenn seit Hegel die Kunst das vornehmliche Phänomen darstellt, dem sich die philosophische Ästhetik zuwendet, so wird gerade auch im Bereich der Kunst am eindrücklichsten aufweisbar, was „Wahrnehmung" bedeutet. Insofern besteht zwischen Ästhetik als Wahrnehmungslehre und Ästhetik als Kunstphilosophie heute nicht notwendigerweise ein Gegensatz. Deshalb wird, ehe ich mich der Kontextualisierung von Liturgie und Christologie zuwende, zu zeigen sein, in welchem genaueren Sinn die Liturgie als ästhetisches Phänomen zu verstehen ist. Dann erst ist die Frage zu behandeln, ob die Kontextualisierung von Christologie und Liturgie deren gegenseitige Dynamisierung erwarten läßt. Werden beide aus der Kontextualisierung unverändert hervorgehen, als hätte man diese auch bleiben lassen können?[10] Dabei wird es für das Verständnis von Liturgie wichtig sein zu wissen, was man unter Christo*logie* versteht, wenn man zu sagen versucht, wie sie sich im liturgischen Kontext ausnimmt. Christologie im Kontext der Liturgie darf ganz gewiß das logische Element der Jesusinterpretation nicht verleugnen. Christologie muß den „Diskurs mit der Menschheits-

---

[10] Der Versuch, Christologie im Kontext der Liturgie zu entwickeln, könnte dahingehend verharmlost werden, daß man die Liturgie auf christologisch relevante Texte durchforstet und damit die allseits bekannten dogmatischen und theologiegeschichtlichen Texte, aus denen die Christo*logie* geformt wird, auffüllt. Natürlich gibt es diese christologisch relevanten Texte in den liturgischen Büchern der Christenheit. Es ist auch nicht bestreitbar, daß sie aus dem liturgischen Kontext herausgelöst werden können wie eine Arie aus der Gesamtoper. In gewisser Weise gibt es ja auch den umgekehrten Prozeß, daß ein christologischer Text in die Liturgie Eingang findet, ja dies ist sogar wünschenswert.

Logik" aufnehmen, wenn sie wert sein soll, im „Triumphgeschrei der Ewigkeit" der betenden christlichen Gemeinde laut zu werden. Sobald aber solche Christologie in der Feier der Liturgie laut wird, erhält sie zusätzlich einen noch anderen Charakter, der sich nicht in der „Logik" erschöpft. Darüber hinaus wird eine von der Christologie her bestimmte *liturgische* Ästhetik anders zu verstehen sein, als wenn sie nur mit der philosophischen Ästhetik kontextualisiert würde.[11]

Es ist deshalb zu erwarten, daß die Kontextualisierung von Christologie und Liturgie letztere vor aller verflüchtigenden Ästhetisierung, erstere vor kalter Rationalisierung bewahrt. Darüber hinaus habe ich in meiner kleinen Christologie die These vertreten, eine liturgische Ästhetik könne deshalb mit Th.W. Adornos ästhetischer Theorie ins Gespräch treten, weil die Liturgie (zumal in der Feier der Eucharistie) sehr prinzipiell den eschatologischen Vorbehalt mit Adorno teilt.[12] Die Gefahr, daß damit das Liturgieverständnis selbst in die Zerreißprobe idealistischer und adornoscher Kunsttheorie gerät, muß gesehen werden. Adornos eschatologischer Vorbehalt und Rosenzweigs Prolepse des Ewigen müssen in Balance gehalten werden.

3. Liturgie als ästhetisches Phänomen

Zunächst muß vor dem Mißverständnis gewarnt werden, als sei das Ästhetische der Liturgie ästhetizistisch zu verkürzen. Letzteres bestünde

---

[11] Dies bedeutet aber, daß der Christologie eine Christo-Ästhetik beigegeben sein muß, die sich nicht im Logischen erschöpft. Sie besteht natürlich durchaus nicht nur in der Liturgie, sondern im gesamten Bereich dessen, was man als die Wort-, Bild- und Klangwerdung Jesu in der christlichen Darstellungswelt bezeichnen könnte. Die Liturgie greift sie auf, „komponiert" sie zu einer ästhetischen Ganzheit und radikalisiert sie bis hin zur eucharistischen Realpräsenz, die ihrerseits noch einmal von der Christologie her bestimmt ist.

[12] „Die in jenem [sc. Adornos] Wahrheitsbegriff avisierte Versöhnung weist darauf hin, daß sich hier weniger eine erkenntnistheoretische als vielmehr eine eschatologische Dimension eröffnet: ‚Wahrheit' bezeichnet nicht die *Qualität* eines Bezugnehmens auf Realität, sondern ein quasi heilsgeschichtliches *Ziel*" (*M. Asiáin*, Theodor W. Adorno: Dialektik des Aporetischen. Untersuchungen zur Rolle der Kunst in der Philosophie Theodor W. Adornos, Freiburg-München 1996, 147). Diese Bonner Dissertation vermittelt einen guten Gesamteinblick in die Ästhetische Theorie Adornos.

darin, die ästhetischen Elemente der Liturgie in ihrem Wert danach zu beurteilen, ob sie gleichsam zuerst für das „imaginäre Museum" oder für die konzertante Aufführung und damit für den bloßen Kunstgenuß taugten. Damit hätte man einen ästhetischen Maßstab an die Liturgie angelegt, der weder der Liturgie, noch der Christologie, noch der philosophischen Ästhetik, noch schließlich auch einer Theorie qualifizierter ästhetischer Wahrnehmung der Kunst gerecht würde. Mit Georg Pichts Vorlesungen über „Kunst und Mythos"[13] vertrete ich die These, daß schon die Kunst selbst nicht ästhetizistisch vom imaginären Museum her verstanden werden darf. Wenn Picht der Überzeugung ist, „daß der Zwiespalt zwischen Kunst und christlichem Glauben das innere Schicksal der gesamten europäischen Kunst seit der Spätantike bestimmt" (11), wobei sich in der Kunst des 20. Jahrhunderts gezeigt habe, daß sie, um wahr sein zu können, „sich selbst bis an die äußersten Grenzen des Möglichen vorgetrieben" habe – die moderne Kunst sei überhaupt nur noch „von ihren theologischen Ursprüngen her zu verstehen" (11), – dann ist umso entschiedener zu fragen, welche Form von liturgischer Ästhetik aus einer Christologie hervorgetrieben wird, die nicht im griechischen Mythos gründet.[14] Dies hat dann entsprechende Konsequenzen für eine liturgische Ästhetik, die sich, wie Pichts Ästhetik insgesamt, nicht vom „imaginären Museum" her verstehen möchte.[15] Deshalb erscheint es mir lohnend, danach zu fragen, welche Ele-

---

[13] Vgl. *Picht*, Kunst und Mythos (s. Anm. 1) 195: „Der Versuch, die Kunst unter dem Schein der Autonomie in das imaginäre Museum zu bannen, hat das Gegenteil von dem bewirkt, was beabsichtigt war."
[14] Daß das Theologische der Kunst bei Picht dann doch nicht in der jüdisch-christlichen Theologie, sondern im Bereich des griechischen Mythos anzusetzen ist, zwingt zur Auseinandersetzung. Die außerordentlich kritischen, ja bitteren Anmerkungen zur Stellung der Theologie in den anstehenden Fragen, die sich bei *Picht* ([s. Anm. 1] 7-11) finden, sind ohne Zweifel ernst zu nehmen, auch wenn zunächst ein ganz undifferenzierter Mythosbegriff verwendet wird.
[15] Zu dem von André Malraux geprägten Ausdruck und seiner kunsttheoretischen Bedeutung vgl. *Picht* (s. Anm. 1) 186-193; zum Ausbruch der modernen Kunst aus dem imaginären Museum ebd. 193-197. Es ist das erstaunliche Faktum, daß der Tempel der Ästhetik nach seiner Errichtung eine anti-ästhetische Kunst hervorruft. Vgl. dazu auch *A. Stock*, Zwischen Tempel und Museum. Theologische Kunstkritik. Positionen der Moderne. Paderborn u.a. 1991, 213-217. Stock weist darauf hin, daß Malraux seine kulturtheoretische

mente aus Pichts Konzeption für eine liturgische Ästhetik erhellend sein könnten, wenngleich sie christologisch der kritischen Weiterführung bedürfen. Es klingt fast wie ein cantus firmus in der zeitgenössischen philosophischen Ästhetik, daß eine an der Phänomenologie orientierte Ästhetik aus den Fesseln des Transzendentalismus befreit werden müsse. Nachdem ich dies an anderer Stelle für Levinas schon aufgezeigt habe,[16] will ich mich hier vor allem an G. Picht abarbeiten, um den Horizont eines möglichen christlichen Ästhetikdiskurses zu erweitern.[17] Wäre nicht E. Levinas zu sehr Philosoph und G. Picht – wie oben aus dem Einleitungszitat hervorgeht – auch Christ, könnte man fast sagen, in beiden Denkstilen ließe sich exemplarisch aufzeigen, wie sich eine heutige philosophische Ästhetik von ihrem jeweiligen Hintergrund, dem jüdischen bzw. griechischen, unterscheidet. Doch dies bedürfte grundlegenderer Analysen.[18]

3.1 Georg Picht als Gesprächspartner

Primärer Gegenstand philosophischer Ästhetik ist auch für Picht die Kunst, zumal die des 20. Jahrhunderts. Er versteht Kunst sehr grundsätzlich (1.) als *„transzendentales Phänomen"*, wenngleich er entschieden in den Chor jener einstimmt, die das transzendentale Subjekt entthronen möchten. Trotz der bedeutenden Rolle der menschlichen Ein-

---

Summe „Geist der Kunst" unter den Originaltitel „La métamorphose des dieux" gestellt hatte. „Die Herausbildung des imaginären Museums erscheint darin nicht nur als kunst- und kulturgeschichtlicher, sondern zugleich als religionsgeschichtlicher Vorgang" (ebd. 215).

[16] Vgl. *J. Wohlmuth*, Bild- und Kunstkritik bei Emmanuel Levinas und die theologische Bilderfrage, in: W. Lesch (Hg.), Theologie und ästhetische Erfahrung. Beiträge zur Begegnung von Religion und Kunst, Darmstadt 1994, 25-47.

[17] Die Zahlen in Klammern im folgenden Text beziehen sich auf das in Anm. 1 notierte Werk von Georg Picht.

[18] Die Beschränkung auf nur wenige philosophische Positionen, zumal auf die von Picht, kann ich nur verantworten, wenn ich diesen Beitrag als weiteres Beispiel eines möglichen theologischen Ästhetikdiskurses vorlege, den ich anderweitig begonnen habe und sicher mit diesem Beitrag nicht abschließen will. Ich konnte mir für einen zeitlich recht begrenzten Rahmen dieses Vortrags auch nicht das Ziel setzen, die neuere Literatur insgesamt zu sichten und vorzustellen.

bildungskraft im Kunstschaffen darf nach Picht die Kunst dennoch nicht auf subjektive „Expression" reduziert werden. Vielmehr liegen der Kunst Phänomene zugrunde, die sich dem Subjekt von sich her zeigen, ja gerade in der Kunst werde erst so recht die Phänomenalität der Phänomene deutlich.[19] „Transzendental" seien die Phänomene nur, insofern sie in ihrer „Unverfügbarkeit" ganz und gar „transsubjektiv" sind (134).[20] In Auseinandersetzung mit der philosophischen Tradition bestimmt Picht das Phänomen als „Erscheinung", die weder Gegenstand noch Ding ist. „Wir können vom Phänomen nicht sprechen, ohne im Kern dessen, was sich uns zeigt, eine Potenz anzunehmen, die sich von sich aus zeigt. Aber diese Potenz bleibt im Phänomen verborgen. Sie verbirgt sich gerade dadurch, daß sie sich zeigt" (250; vgl. 203 und 209). Zum Objekthaften der Phänomene käme man gleichsam erst durch eine „Operation", die alles Nicht-Eindeutige vom Phänomen wegschneidet. Die Kunstwerke hingegen lassen als Nicht-nur-Objekte das Phänomensein der Phänomene transparent werden.[21] In der Kunst

---

[19] Nach Picht müssen wir darauf gefaßt sein, daß die Kunst von heute nicht mehr wie zur Zeit Hegels die Selbstbestätigung eines Denkens ist, das zuletzt auch die Kunst noch seiner Herrschaft unterwirft. Die Philosophie der Kunst müsse „vielmehr darauf vorbereitet sein, daß sie in der Sphäre der Kunst Phänomenen begegnet, durch die, was wir gewohnt sind, ‚Denken' zu nennen, gesprengt wird" (132f).

[20] Vgl. die zusammenfassende Darstellung S. 247-269. Da sie den ganzen ersten Teil in nuce rekapituliert, empfiehlt sich ihre Lektüre besonders. Auch die Auseinandersetzung mit dem Phänomenbegriff bei Kant, worauf hier nicht eingegangen werden kann, wird auf einen kurzen Nenner gebracht. Ich greife die wichtigsten Gesichtspunkte von dort auf.

[21] Die Phänomene, die sich von sich her zeigen, stehen ihrerseits in einem Licht, das erst die Strahlkraft der Phänomene bewirkt (vgl. 161). Das Phänomen, das von sich aus zum Vorschein kommt, ist nicht an sich gegeben, sondern zeigt sich immer in einem Horizont. Picht spricht von einem Welthorizont (198). (Vielleicht müßte man zunächst phänomenologisch strenger vom Horizont unseres Bewußtseins sprechen, von dem her sich uns ein Zeit-Raum erschließt.) Jedes Kunstwerk ist ein realisierter Gedanke, aber nicht in der Gestalt des Begriffes. Wenn sich die Phänomene von sich aus zeigen, so ist dies nur die Bedingung dafür, nach ihrer Existenz und Wahrheit zu fragen. Jedes Phänomen, das die Wirklichkeit spiegelt, kann trügen, verfälschen, kann Erscheinung oder bloßer Schein sein. Zum Phänomen gehört die ganze Skala von Schein und Erscheinung, von Lüge und Wahrheit. Hier steht Picht in klarer Nähe zu Adorno. Phämomene sind aber auch nicht einfach Objekte. Deshalb kann das Kunstwerk nicht mit den Mitteln des Begriffes und der

findet vor unseren Augen ein Schauspiel statt, in dem sich die Phänomene samt ihrer Aura entfalten. Die unverkürzte Phänomenalität, nicht
eine aller Phänomenalität entkleidete Idee, führt nach Picht zur Wahrheit. Die Kunst eröffnet somit einen anderen Zugang zur Wahrheit als
die Logik.[22] Im Anschluß an Kant und in dessen Weiterführung[23] bedeutet für Picht die Kunst als transzendentales Phänomen die Zertrümme-
rung aller Subjektivität. Kunst versetzt uns „ins Universum", „in die
unbekannte und drohende Tiefe der Welt, in der wir leben" (255). Der
Raum, in dem sich alles zeigt, was wir durch die Sinne wahrnehmen

rationalen Logik allein verstanden werden. So gilt schon von aller Sprache,
daß sie etwas anderes ist als das, wovon in ihr die Rede ist. Das Wort „Turm"
besteht nicht aus Steinen, aus denen der Kirchturm gebaut ist. Während aber
im allgemeinen Bereich der Phänomene unseres Bewußtseins die Phänomenalität verdeckt bleibt, gelangt nach Picht im Kunstwerk die Phänomenalität als
solche zur Erscheinung. „Die Phänomenalität der Phänomene überhaupt ist
das Thema der Kunst" (211).

[22] „Kunst projiziert die von ihr entdeckte Wahrheit in den Darstellungsraum
der Phantasie" (154). – Die Wahrheitsfrage der Kunst hat bekanntlich sowohl
bei Heidegger als auch bei Adorno eine zentrale Stellung, wenn auch bei
letzterem in entschieden negativer Version gegenüber Heidegger. Läßt sich
die Wahrheit entdecken, als würde sie aus ihrem Versteck hervortreten? Bei
Levinas gehört die Wahrheit ebenso zu den messianischen Phänomenen, die
den Horizont des menschlichen Bewußtseins sprengen, wie schon die Schöpfung und wie insbesondere auch das „Sagen", in dem sich das inspirierte
Subjekt leibhaftig, d.h. nicht mit leeren Händen, sondern mit dem Herzen,
mitteilt. Insofern kennt Levinas keine ästhetischen Zugänge zur Wahrheit.

[23] Wenn Kant drei Formen unterscheidet, in denen uns die Phänomene in der
Anschauung gegeben werden – die reine Anschauung in Raum und Zeit, die
sinnliche Anschauung der empirischen Phänomene im allgemeinen Horizont
von Raum und Zeit und die Phänomene, die in den Affekten auftreten – so
käme es heute darauf an, diese zerstückelte Sicht der Phänomene zu überwinden, indem man sie nicht mehr aus dem transzendentalen Subjekt ableitet,
„sondern umgekehrt die Bedingungen der Möglichkeit von Subjektivität aus
der Phänomenalität begreiflich zu machen" versucht (254). Der Blick auf die
Kunstwerke führt nach Picht dazu, daß „die Unterscheidung zwischen Denken
und Anschauung sowie die Unterscheidung zwischen reiner Anschauung,
sinnlicher Anschauung und den Affekten, also auch die Unterscheidung
zwischen Denken und Affekten" überwunden wird. Im Umgang mit Kunst
wird deutlich, daß „die gesamte Skala der Organe, durch die wir Wirkliches
aufzufassen vermögen, sich zu einer inneren Anschauung entfaltet..., die
Intellektualität und Intuition nicht mehr trennt ..." (254).

können, ist der physikalische Raum, ohne daß allerdings alles Erscheinende nur quantitativ wäre.[24] Die Zeit ist nicht nur der Horizont dessen, was im Raum erscheinen kann, sondern auch die Vorstellungen und Affekte spielen in der Zeit. Die Einbeziehung der Affekte in die Ästhetik ist überhaupt ein Proprium in Pichts Überlegungen. „Die Sinne zeigen uns, was gegeben ist, die Affekte zeigen uns, daß dieses Gegebene sich im Spielraum von Möglichkeiten bewegt, daß es also hinter der Außenfläche, die uns die Sinne zeigen, Potenzen verbirgt" (257). So tut sich Zukunft auf. Phänomene sind eben nicht nur dadurch Phänomene, daß wir sie denken, wie bei Kant, und die Affektgeladenheit ist zugleich jenes Element, das gerade auch in der modernen Kunst zeigt, wie sehr sie – wie alle europäische Kunst – in der griechischen Mythologie gründet.[25] Wer also die Dimensionen der Phänomenalität der Kunst aufsucht, entdeckt über Kant hinaus einen „gemeinsamen Horizont für Raum, Zeit und Nichts" (259), der nicht aus der Konstitution des Subjekts ableitbar ist.

Mit dem, was Picht über die Kunst als transzendentales Phänomen sagt, hängt ein weiteres Element seiner Ästhetikkonzeption zusammen, das für unseren Zusammenhang wichtig erscheint. Kunst ist (2.) *„Darstellung"*. „Darstellung hat eine Eigenschaft, die dem Objekt *per definitionem* nicht zukommen kann: Darstellung verweist über sich hinaus, genauer gesagt: hinter sich zurück. Sie hat ihr Wesen darin, aus sich

---

[24] Der Versuch, alles Qualitative auf die Quantität zurückzuführen und die Qualitäten als bloß subjektive Beigabe zu betrachten, weil nur das Quantifizierbare objektiv sei, ist nach Picht eine typische Verkürzung der Neuzeit. In Wirklichkeit ist der Horizont der Qualitäten mit dem euklidischen Raum nicht identisch.

[25] In diesem Zusammenhang legt Picht das Theologumenon von der „creatio ex nihilo" aus. Es ist ihm wichtig zur Ortsbestimmung des modernen Menschen. Wenn sich der Mensch von der Freiheit und Willensmacht Gottes her versteht, die eine außerkosmische Größe darstellt, so stellt sich der Mensch ebenfalls außerhalb des Kosmos, gerät aber dadurch zugleich in Widerspruch zu seiner Geschöpflichkeit. „Dazu verurteilt, Gott ebenbildlich zu sein, ohne Gott zu sein, hat er seinen Ort nun weder in der Natur noch in Gott. Der Raum des ‚Ich-denke' ist jenes Nichts, aus dem Gott die Welt geschaffen hat" (259). Die Auslegung ist ohne Zweifel gewagt, will aber soviel besagen, daß die neuzeitliche Emanzipation des Menschen von der Natur und von Gott den Menschen ins Nichts stößt. Darauf kann hier nicht näher eingegangen werden. Interessanterweise erhält das Theorem der „creatio ex nihilo" in der Philosophie von E. Levinas einen geradezu systematischen Stellenwert.

selbst heraus die nackte Faktizität ihres bloßen Gegebenseins aufzuheben." Deshalb wird in der „Mimesis" der Kunst etwas „zur Darstellung gebracht, was ohne diese Darstellung überhaupt nicht sichtbar würde" (261). Schon an früherer Stelle hatte Picht am Beispiel der Musik ausgeführt: „Musik läßt erklingen, was unhörbar ist; Malerei und Plastik machen das Unsichtbare sichtbar; Dichtung ist die Kunst, das Unsagbare zu sagen" (139). Kunst als Darstellung kopiert nicht das ohnehin schon Bekannte.[26] *„Darstellung ist die primäre und für alle übrigen Formen des Wissens konstitutive Form der Erkenntnis von Wahrheit"* (151). Ohne Zweifel wird hier ein erkenntnistheoretisches Konzept deutlich, das der Kunst wahrheitserschließende Funktion zuspricht, ja sie zum primären, wenn auch nicht einzigen Ort der Wahrheit bestimmt. In diesem Zusammenhang kommt Picht zu weitreichenden Folgerungen, wenn er davon spricht, daß die künstlerische Darstellung nicht Reproduktion, sondern Produktion mit Hilfe der Einbildungskraft ist.

---

[26] Die Kunst des 20. Jahrhunderts hat sich nicht von ungefähr immer deutlicher von den Realitäten der Industriegesellschaft abgesetzt und ist immer mehr in Bereiche vorgestoßen, die etwas darzustellen ermöglichen, „obwohl es von sich aus unsichtbar, unhörbar und unsagbar ist" (140). Kunst als Darstellung bietet eine Form von Erkenntnis der Wahrheit an, die sich auf keine andere Form der Wahrheitserkenntnis reduzieren läßt. Kunst „deckt Zusammenhänge des Wirklichen auf, die weder Theorie noch Praxis zu Gesicht bekommen, und von denen unsere alltägliche Erfahrung nichts weiß" (141). Diese Form von Erkenntnis sei möglich dank der Phantasie oder der Einbildungskraft, die heute nicht gerade in hohem Ansehen stehe. In diesem Zusammenhang entwickelt Picht sein erkenntnistheoretisches Konzept, wonach sich die Welt im Subjekt so selbst darstellt, daß das sich Darstellende im Bewußtsein einen Reflex hinterläßt, eine Rückspiegelung bewirkt, und zwar im Raum ihrer Einbildungskraft. Dabei ist uns die Rekonstruktion dessen, was ist, im Horizont der Phantasie nur dadurch möglich, daß uns die primären Formen des Sich-Darstellens schon vorgegeben sind, ehe wir mit ihnen produktiv verfahren. „Die Einbildungskraft ist demnach mehr als ein bloßes Vermögen der Reproduktion" (149). Entsprechend versteht Picht unter Kunst „die Gesamtheit der uns erschlossenen Möglichkeiten, Phänomene im Einbildungsvermögen zu rekonstruieren" (149). Darstellung durch Begriffe ist dann nichts anderes als eine Spezialform der Kunst. Am Beispiel der Bühne gibt Picht zu bedenken, daß jede Aufführung auf einer Bühne, die nicht ins bloß Theaterhafte abgleitet, einen Spiegel aufstellt, „der Reflexe von verschiedenen Seiten her auffängt und ineinanderspiegeln läßt" (151). Als Subjekte spielen wir alle eine „Rolle", die nur dadurch möglich ist, daß uns die Welt als Bühne erscheint, „auf der wir etwas ,darzustellen' haben" (151).

Gerade an der Kunst zeige sich, daß der Mensch durch die Einbildungskraft aus sich herausversetzt ist und sich so als exzentrisches Wesen erweist. Kunst als Darstellung verlangt – dies wäre ein weiterer Aspekt – (3.) den *Darstellungsraum*.[27] Er ist so universal, daß Picht (mit Mallarmé) die These vertritt, in jedem Kunstwerk stelle sich uns „die Universalität des Universums" dar (243).[28] Grundsätzlich gilt für Picht, daß der Raum dessen, was dargestellt wird, unterschieden ist von dem Raum, in den hinein dargestellt wird. „Wenn die musikalische Darstellung sich im Medium der Klänge bewegt, so kann das in der Musik Dargestellte nur etwas Unhörbares sein. Was Malerei und Plastik sichtbar machen, kann selbst nur ein Unsichtbares sein. Das, was die Dichtung ausspricht, muß unsagbar sein" (262). Musik, Malerei und Plastik arbeiten mit Geräuschen, Tönen, Farben und räumlicher Ausdehnung. Diese Medien sind unseren Sinnen zugänglich, woher es ja auch rührt, daß man die Philosophie der Kunst als „Ästhetik" im Sinn der *Wahrnehmungslehre* beschreibt und warum die Kunstästhetik zum Paradigma allgemeiner Ästhetik der Wahrnehmung werden kann. Aber Wahrnehmung deckt sich nicht mit sinnlicher Wahrnehmung; denn die Dichtung gehört nach Picht nicht in die Sphäre der Sinnlichkeit, auch wenn sie in Rhythmus, Klang und Ton der Sprache immer noch eine sinnliche Dimension hat.

---

[27] Es gibt den Darstellungsraum in der Sphäre der Optik, der Akustik und der Szenik. Es gibt keine Kunst, an der die Sinne nicht beteiligt wären. „Die Übersetzung dessen, was dargestellt wird, in die Darstellungsräume ist deshalb immer eine Versinnlichung von solchem, was von sich aus sinnlich nicht sein kann. Aber Versinnlichung ist nicht Verdinglichung – so hat es erst die Industriegesellschaft verstanden und damit die Sinne ihrer Sprache beraubt" (225). Das Ersticken der Sinne hat die Kunst unseres Jahrhunderts dazu geführt, sich gegen die Sinnlichkeit der künstlerischen Darstellung aufzulehnen. Kunst ist „abstrakt" geworden und provoziert gerade erst so die Sinne. Wenn in der Poesie der primäre Darstellungsraum nicht im Bereich der Sinne liegt, so gilt doch auch von ihr, daß sie ohne sinnlichen Klangleib nicht auskommt.

[28] Auch wenn die menschliche Wahrnehmung des Kosmos heute überwältigend wirkt, so versucht der Mensch doch, durch seine Denkmodelle die unvorstellbaren Dimensionen des Universums zu durchdringen. Mit den Naturwissenschaften nimmt also auch die Kunst an der Universalität des Erkennens teil, woraus auch ihr gesellschaftskritischer Aspekt entspringt. In diesem Zusammenhang zitiert Picht ein Wort Baudelaires: „Nichts von dem, was ewig und universal ist, hat es nötig, akklimatisiert zu werden" (245f).

Ja, der genuine Darstellungsraum der Dichtung ist die Einbildungskraft, in den auch die übrigen Künste irgendwie eingebettet sind (vgl. 264). Deshalb schließen sich die verschiedenen Künste auch nicht hermetisch gegeneinander ab.

Neben dem Darstellungs*raum* erhält (4.) auch die *Zeit* einen wichtigen Stellenwert in Pichts Ästhetik. Da die Einbildungskraft nicht einfach als subjektives Vermögen anzusehen ist, sondern einen Reflex der Horizonte darstellt, die sich uns auftun, hängt nach Picht die Zeiterfahrung in Erinnerung und Zukunft wesentlich von der Einbildungskraft ab. Wir stellen sogar dar, was es noch nicht gibt, und verwenden so die Einbildungskraft zur Produktion, die sich aber nicht in einem Feld freier Willkür abspielt, sondern in allen Sparten der Kunst nach genauen Gesetzlichkeiten verläuft. Letztere gehen nach Picht noch über das hinaus, was in den Naturwissenschaften an Vorgaben und Gesetzlichkeiten zu beachten ist. Dabei zeigt sich gerade in der Einbildungskraft, daß der Mensch ein „aus sich hinausversetztes, ein exzentrisches Wesen ist" (267).

Wie der Raum, so hat bei Picht auch die Zeit eine universale Dimension. Die Künstler hätten das Auge des Todes, das viele erst an der Grenze des Lebens haben, immer (vgl. 246): Intensivform von Zeiterfahrung. So sehr die Kunstschaffenden die Zeitgrenze erfahren, so entscheidend sei es aber, daß ein gelungenes Kunstwerk dem flüchtigen Augenblick Dauer verleiht. „Es ist durch seine reine Form in die Sphäre einer ewigen Gegenwart entrückt" (268). Die Metaphysik sprach hier von Transzendenz und vom Absoluten. Picht möchte – mit Mallarmé – lieber von der Universalität sprechen und vertritt die These, die Universalität des Universums beruhe auf der Einheit der Zeit, woraus sich ergibt: „Die Einheit der Zeit erscheint dem Menschen als jene ewige Gegenwart, in die durch die künstlerische Form der flüchtige Augenblick entrückt wird. Diese Entrückung geschieht nämlich dann, wenn die Intuition des Künstlers im Augenblick selbst den Reflex der Einen Zeit erkennt, der er angehört, wenn also der Augenblick die Einheit der Zeit repräsentiert" (269). So läßt sich die Einheit der Zeit als immanente Wahrheit des Kunstwerkes erkennen, und das sei nichts anderes als seine Schönheit (269).[29]

---

[29] An dieser Stelle zeigt sich die Differenz zu E. Levinas besonders deutlich. Für Levinas ist es geradezu der Inbegriff der Idolisierung, daß die Kunst Ewigkeit vorgibt, da doch alles Lebendige der Vergängnis unterworfen ist.

Indem Picht also aufzeigt, daß eine heutige Ästhetik sich nicht von der Konstitutionsproblematik des transzendentalen Subjekts her verstehen darf, eröffnet er einerseits einen weiten Raum, in dem die Kunst „welthaltig" wird. Anderseits ergibt sich aus dieser Konzeption das Problem, daß auch eine so verstandene Ästhetik im Horizont von „Sein und Zeit" verläuft und zur Darstellung jener Mächte und Affekte führt, die in der griechischen Mythologie artikuliert werden. Gibt es deshalb, so ist im folgenden zu fragen, eine Ästhetik im Raum des Christlichen, die sich aus den mythologischen Zusammenhängen löst und dennoch ästhetische Qualität behält? Oder zeigt der Rückbezug auf die griechische Mythologie, den Picht im zweiten Teil seiner Vorlesung an einzelnen Beispielen vornimmt – darauf kann hier nicht eingegangen werden – daß das Christentum via Christologie jenes Heidentum, das das Judentum nach Rosenzweig immer schon hinter sich gelassen hat, so sehr rezipiert hat, daß alles Ästhetische im Raum der christlichen Liturgie nur Ausdruck dieser Remythologisierung der Christologie wäre?

3.2 Konsequenzen für das Verständnis liturgischer Ästhetik

3.2.1 Liturgie als ästhetisches Phänomen

Daß die Liturgie in ihrem rememorialen, repräsentativen und prognostischen Charakter als Schöpfung des Heiligen Geistes viele Dimensionen mit dem teilt, wie Georg Picht in seiner Ästhetik als „transzendentales Phänomen" deutet, dürfte unbestritten sein. Obwohl die Liturgie von ihrer Geschichte her auch schon einer vorästhetischen Zeit angehört, in der es noch keine Kunstdebatte im modernen Sinn gab, so zeigt sich doch im Nachhinein, daß die Liturgie – trotz anfänglichem Zögern – von der Frühzeit bis heute auf ästhetische Ausdrucksformen nicht verzichtet hat. Doch damit muß sie noch nicht einfach auf eine idealistisch verstandene Ästhetik reduziert werden. Liturgie ist ohne Zweifel ein ästhetisches Phänomen und teilt mit der Kunst die Phänomenalität, den Darstellungscharakter und zunächst auch die Universalität von Raum und Zeit. Insofern lohnt sich für eine liturgische Ästhetik das Gespräch mit Pichts Ästhetik. Aber christliche Liturgie erschöpft sich darin offensichtlich nicht. Von ihr gilt gewiß zunächst, was Picht von den Künsten sagt: In ihr wird hörbar, sichtbar, greifbar, was sonst in unserer Welt nicht hörbar, sichtbar und greifbar wäre. R. Guardini war in unserem Jahrhundert bekanntlich der erste entschiedene Befürworter des Kunstcharakters der Liturgie. Er nannte die Liturgie „kunstgewordenes Leben".[30] Ich werde weiter unten noch sagen, daß die Kontextualisierung der Liturgie mit der Christologie in die Verwandlung des Lebens hineindrängt. Hingegen hat Franz Rosenzweig die jüdische und christliche Liturgie trotz aller Hochschätzung aus den oben angedeuteten Gründen mit ästhetischen Kategorien zu fassen versucht.

3.2.2 Liturgie als sakrales Phänomen

Die Ästhetik von Picht macht die Liturgie als ästhetisches Phänomen faßbar, von dem allerdings noch mehr als von der modernen Kunst und im präzisen Sinn *christlicher* Theologie gilt, daß sie ohne theologische Dimensionen nicht auskommt. Deshalb ist die Liturgie als ästhetisches Phänomen über Picht hinaus mit einer weiteren Charakterisierung zu bestimmen, die Th. W. Adorno in deutlichem Bezug auf das Judentum und in Anwendung auf Arnold Schönbergs „Moses und Aron" mit dem Terminus der Sakralität umschrieben hat.[31] Damit schlage ich eine Brücke von einer mythologisch und kosmologisch verstandenen Universalität zu einer biblisch bestimmten Raum-Zeit, von der her die Liturgie noch tiefer zu verstehen ist, ohne deren Phänomenalität im eben umschriebenen Verständnis rückgängig zu machen. Adorno spricht von der Sakralität der Kunst in einem sehr spezifischen Sinn, wenn er schreibt: „Sakrale Kunstwerke ... behaupten von sich aus ihren

---

[30] Vgl. *R. Guardini*, Vom Geist der Liturgie. Nachwort von Hans Maier, Freiburg-Basel-Wien 1983 [1918], 109. Auch nach Levinas ist Kunst immer weniger als das lebendige Leben und der lebendige Atem. Keine Statue, mag sie künstlerisch noch so perfekt sein wie die griechische Göttergestalt, mit der Hegel die klassische Kunst charakterisierte, hat eine Zeit wie das lebendige Subjekt. Kunst lügt, weil sie Ewigkeit mimt, indem die Zeit versteinert wird. Plastik ist grundsätzlich Idol. Solche Kunst ist im Vergleich zur Realität nur Schatten. Aber auch Musik, die aus dem sakralen Raum kommt, befreit den Menschen nicht schon als solche zur Transzendenz, sondern verschließt ihn durch Trance und Rhythmus in sich selbst. Wo sich Menschen aber rauschhaft in sich selbst verschließen, sind sie transzendenzunfähig.
[31] Vgl. *Th.W. Adorno*, Sakrales Fragment. Über Schönbergs Moses und Aron, in: GS 16 ([2]1990) 454-475. Die Zahlen in Klammern im folgenden Text beziehen sich auf dieses Werk.

Gehalt als verpflichtend, jenseits von Sehnsucht und subjektivem Ausdruck; allein schon die Wahl biblisch kanonischer Vorgänge führt solchen Anspruch mit sich. Vollends lebt er in dem Pathos der Musik von Moses und Aron, deren Intensität in jedem Augenblick ein Wir verkörpert, ein der Einzelregung vorgeordnetes kollektives Bewußtsein, etwas wie Einverständnis einer Gemeinde" (456).

Schönberg widersetzte sich nach Adorno einem Vorurteil, wonach die säkulare Welt ein sakrales Kunstwerk kaum noch duldet, ohne sich traditionalistisch hinter der Zitation des Vergangenen zu verstecken, dort, wo Tradition nicht mehr gilt. Adorno scheut auch nicht den Vergleich mit der Kulthandlung, die mit dem sakralen Kunstwerk darin übereinkommt, daß sie Gesetze oberhalb des Geistes der Teilnehmenden vollzieht.[32] Nach Adorno muß freilich das sakrale Kunstwerk an den inneren Widersprüchen scheitern und deshalb Fragment bleiben. Zu groß sei die Gefahr, daß Musik als Totalität zum Gleichnis des Absoluten wird und der Erscheinung des Absoluten ähnelt, „selbst dann noch, wenn sie wie Schönbergs theologische Reflexion, und anders als die große Philosophie, verneint, daß das Wesen erscheinen könne" (461). Selbst also in der flüchtigsten aller Künste, der Musik, droht immer noch ein „Standbild" des Absoluten aufgerichtet zu werden, und dem widersetzt sich Schönberg von seinem ganzen denkerischen Ansatz her, so daß die Musik ab einer bestimmten Stelle zu schweigen habe.

Präzisierend könnte also jetzt gesagt werden, die Liturgie sei als ästhetisches Phänomen sui generis ein *sakrales Kunstwerk der Kirche*, zu dessen Eigentümlichkeit es gehört, daß sie Darstellung des Heiligen in der Raum-Zeit des Universums ist, und zwar mit Mitteln der Darstellung und der Formgesetze, auf die auch die Künste nicht verzichten können. Liturgie vollzieht sich zugleich in einem Horizont, der sich nicht auf die Subjektivität der liturgiefeiernden Gemeinde oder der Gesamtkirche reduzieren läßt, wenngleich die liturgische Realisierung

---

[32] „Wie die Kulthandlung, nach der Idee eines in der wahren Sprache sich Enthüllenden und nicht bloß Vermeinten, einer Gesetzlichkeit gehorchte, die sich oberhalb des Geistes derer vollzieht, die an ihr teilhaben, so soll die musikalische Konstruktion, zu der das Subjekt keines anderen bedarf als der eigenen Kraft und des präformierten Materials, von sich aus die Subjektsphäre überschreiten. Die Reinheit des Verfahrens will ausscheiden, was immer der Musik vom Einzelnen bloß eingelegt sei. Das ist die innerste und, fast überflüssig zu sagen, selbst objektive, dem Komponisten verborgene Absicht seines Werkes" (457).

auf die Darstellungsräume und die Aufführungssubjekte angewiesen ist. Keine Liturgie kann ohne die synthetisierende Zeiterfahrung, in der die rememoriale und prognostische Dimension im Jetzt ihren „Ort" findet, gefeiert werden. Auch basiert ihre Realisierung, wie man gewiß nach Picht sagen kann, auf der Imagination. Könnte ich mich beim „Ite missa est" nicht mehr des „Kyrie" erinnern, wäre ich nicht wirklich Mitfeiernder. Darüber hinaus werden im Großraum der Liturgie, dem Kreislauf des Kirchenjahres, die kosmischen Zusammenhänge von Zeit konkret an den Lauf der Gestirne gebunden, die unseren irdischen Lebensraum als kosmischen Raum erfahrbar machen. Aber der Kreislauf der Zeit im liturgischen Jahr kann nicht darüber hinwegtäuschen, daß wir in der Liturgie nicht nur die kreisförmige Dauer, sondern auch das Vergehen, den Zeitlauf, den Verfall der Zeit bis zum Tod feiern. Diesbezüglich hat die Liturgie eher ein noch kritischeres Zeitbewußtsein als die Künstler, die im Bewußtsein des nahen Todes arbeiten. Dies hängt ohne Zweifel mit dem Großkontext zusammen, in dem die christliche Liturgie das Todesgeschick Jesu von Nazareth feiert. Und dieser Großkontext, so ist über Picht hinaus mit Adorno zu sagen, ist der biblisch-kanonische Darstellungsraum der jüdisch-christlichen Tradition. Er ist gleichwohl auch der kosmische Raum unserer Lebenszeiten. Insofern könnte ich hier an ein Zitat K. Rahners erinnern, mit dem ich meine kleine Christologie abgeschlossen habe, wonach das Sakrament „zeichenhafte Erscheinung der Liturgie der Welt" sei. Es ist eine Umschreibung, die auf die gesamte Liturgie ausgedehnt werden kann. In ihrer Phänomenalität ist Liturgie kosmische Liturgie. Sie erschöpft sich nicht in bloßer Selbstdarstellung, weder der einzelnen Gemeinde noch der Gesamtkirche, sondern sprengt sie und stellt auch die Kirche hinein in die universalen Zusammenhänge von Schöpfung, Offenbarung und Vollendung des Kosmos, der sich mehr und mehr in seiner evolutiven Unbegreiflichkeit vor unserem Auge auftut. Dies aber geschieht nicht auf die Weise der „*Logie*", in handhabbarer Begrifflichkeit und faktisch-objektiver Dinglichkeit, sondern in produktiver Gestaltung im Darstellungsraum der Welt, zu der die Kirche auf ihrer Pilgerschaft gehört. Damit hat die Liturgie gewiß auch an den Mächten und Affekten teil, die sich nach Picht gerade in der modernen Kunst als schöpferische Wirkkräfte offenlegen. Insofern teilt die Liturgie auch die Ambivalenz der Künste, die dem Menschen zur Verführung werden, als seien die Mächte und Affekte, die ins Spiel kommen, die absolute Transzendenz selbst und nicht nur die Widerspiegelungen kosmischer Potenzen. Hier kann offensichtlich nur eine Rückbindung der Liturgie an eine Christologie weiterhelfen, die ihrerseits den Verdacht der Remythisierung ausgeräumt hat. Auf einen Rekurs auf die Götter Griechenlands ist die Liturgie deshalb nicht angewiesen. Ihre universalen Bezüge ergeben sich aus der Christologie selbst. Aber vielleicht ist die Liturgie auch noch viel mehr Fragment, als uns normalerweise bewußt ist, so daß sie als ästhetisches Phänomen an jener Gebrochenheit sakraler Kunst teilnimmt, die noch genügend Signale gegen die mythologisierenden Bilderverehrungen und Vereinnahmungstendenzen setzt.

3.2.3. Abgrenzung von einem ritualistischen Verständnis der Liturgie

Wenn ich die Liturgie auf solche Weise ästhetisch interpretiere, so setze ich mich vom Interpretationsmodell der Ritualität ab. Letztere teilt zwar mit dem ästhetischen Phänomen die strenge Form und die Einbindung in Raum und Zeit; indem der Ritus aber durch Wiederholung bis hin zum Wiederholungszwang[33] unser Verhalten festlegt, ist er zu ausschließlich „archäologisch" orientiert. Ritus kann, zumal wenn er ritualistisch enggeführt wird, zum Tod der produktiven Imagination werden, durch die der Gottesgeist in der Liturgie von Zeit zu Zeit auch neue ästhetische Möglichkeiten erschließt.[34] Versteht man also die Liturgie

---

[33] Vgl. *G. Bader*, Symbolik des Todes Jesu. Tübingen 1988, 191: „Denn Kult ist fast reiner, nur durch Szenlichkeit und Zeremonialität ermäßigter – Wiederholungszwang."

[34] Die betonte Kritik an der Ritualität hat im Gespräch zu vielen Rückfragen Anlaß gegeben. Insbesondere hat mich Edmund Arens freundschaftlich auf reiche, zumal englischsprachige Literatur aufmerksam gemacht, in der die Ritualität gerade nicht negativ vom Wiederholungszwang her verstanden wird. Dies wäre ohne Zweifel zu beherzigen. Vgl. *E. Arens*, Konturen einer praktischen Religionstheorie, in: ders. (Hg.), Anerkennung der Anderen (QD 156), Freiburg-Basel-Wien 1995, 138-166, bes. 145-152; *ders.*, Religion und Ritual, in: ThRv 91 (1995) 105-114. – Abgesehen davon, daß ich den Kult im Verständnis Schaefflers sehr viel näher an meiner Konzeption ansiedeln könnte als den Ritus, würde ich dennoch gerne bis zum Erweis des Gegenteils an meiner These dahingehend festhalten, daß das unterbreitete Konzept eine Perspektive eröffnet, die den positiven Aspekt des Ritus nicht ausschließt und dennoch eine neue Perspektive darüber hinaus eröffnet: Wie die Kunst darf

unter dem Paradigma der Ästhetik, so kann sie auf keinen Fall ihrer ästhetischen Phänomenalität entkleidet und zum bloß wiederholbaren *Objekt* degradiert werden, das sich jeder Neuinszenierung versagt und den Schein erweckt, die bloße Wiederholung garantiere bereits den sakramentalen Erfolg.[35] Es ist deshalb eine Grundannahme liturgischer Ästhetik, daß sich die schöpferische Phantasie in der Kirche kraft des Heiligen Geistes nicht erschöpft, wenngleich die liturgische Improvisation wegen der strengen ästhetischen Vorgaben, die die Liturgie mit der Kunst teilt, nicht zum vorrangigen oder gar einzigen Kriterium erhoben werden kann.[36] Auch wenn wir also die Liturgie nicht rituell verstehen, darf sie nicht der dilettantischen Phantasie der einzelnen Liturgen oder Gemeinden überlassen werden, wenn sie den Anspruch ästhetischer Phänomenalität im obigen Sinn entsprechen soll; denn wie die Kunst

---

auch die Liturgie nicht einfach der Beliebigkeit anheimfallen und ist an Formgesetze gebunden, die von nicht geringerer Strenge sind als die der Künste; auch die Liturgie muß das Gespräch mit der eigenen Tradition ernstnehmen wie die Kunst, wo eine Epoche auf die andere aufbaut und so gerade auch in den ästhetischen Revolutionen die genuinen Anliegen der vorausgehenden Traditionen fortleben und neue Wahrnehmungsmöglichkeiten der ästhetischen Phänomene eröffnet werden. Deshalb macht das Gespräch mit der Ästhetik auf einen Paradigmenwechsel im Bereich der Liturgie aufmerksam, so daß man zumindest sagen kann, die Liturgie erschöpfe sich nicht darin, daß sie „Ritus" sei. Die rituellen Elemente werden also dem ästhetischen Phänomen unter-, nicht übergeordnet.

[35] Gleichwohl ist bis hinein in die Feier der Eucharistie das improvisatorische Element an bestimmten Stellen der Liturgie nicht nur zugelassen, sondern sogar erwünscht.

[36] Hier wäre auch der Ort, die klassische Frage der Sakramententheologie nach unveränderlicher Substanz und kirchlicher Gestaltungsmöglichkeit liturgieästhetisch aufzugreifen. Weder die rememoriale noch die prognostische Dimension dürfte von der je gegenwärtigen Aktualisierung aufgesogen werden, als gäbe es liturgisch bereits den reinen Augenblick des Ewigen. – Auch für Picht ist die Zeit nicht nur kantianisch der subjektive Horizont, in dem die Phänomene erscheinen (427). Vielmehr ist die Zeit „der universale Horizont von Welt" (431). Was deshalb in den Phänomenen sich zeigt, ist das manifestierende Medium selbst, die Zeit. Diese These ermöglicht dann zu sagen, daß in den einzelnen Phänomenen die Tiefendimension der Welt wahrgenommen werden kann. Die Welt selbst können wir nicht wahrnehmen, „sie wird zu den Wahrnehmungen hinzugedacht" (429). „Die Wahrnehmung selbst versetzt uns in den universalen Horizont der Zeit, und der Horizont der Zeit ist der Horizont der Welt" (434).

hat auch die Liturgie gestalterische Gesetzmäßigkeiten, die zu studieren und in die Praxis der liturgischen Feier umzusetzen sind.

4. Christologie und liturgische Ästhetik

Thesenhaft zusammengefaßt orientieren sich meine bisherigen und folgenden Überlegungen an einer dreigliedrigen Leitlinie: (1.) Als ästhetisches Phänomen gehört die Liturgie in den Kontext der Ästhetik im dargelegten Sinn; (2.) als sakrales Phänomen sprengt sie ihre Situierung im griechischen Göttermythus und gehört (wie das sakrale Kunstwerk nach Adorno) in den Darstellungsraum der biblisch-kanonischen Überlieferung. In den christologischen Kontext hineingestellt, so gilt im folgenden zu zeigen, erweist sich die Liturgie näherhin (3.) als sakramentales Phänomen, das den kosmisch universalen Zeit-Raum sprengt und „Ewigkeit" aufleuchten läßt.

Die Liturgie bleibt – dies impliziert das eben Gesagte – auch dann ein ästhetisches Phänomen, wenn wir sie präzisierend als sakrales und schließlich als *sakramentales* Phänomen verstehen. Ohne hier auf sakramententheologische Einzelheiten eingehen zu können, verwende ich hier einen (erweiterten) Sakramentsbegriff, wonach mit H. Vorgrimler Sakrament und Liturgie engstens zusammenzusehen sind.[37] Die folgenden Überlegungen konzentrieren sich auf das zentrale Sakrament und seine Liturgie, die der Eucharistie. Zur Kontextualisierung von eucharistischer Liturgie und Christologie will ich folgende Elemente herausstellen:

(1.) Die „Erscheinung" Jesu in der Feier der eucharistischen Liturgie hebt im liturgischen Klangraum an, in dem die biblische Literatur der beiden Testamente und deren aktualisierende Auslegung zur Darstellung kommt. Die Liturgie ist der primäre „Lese"- bzw. Darstellungsraum der biblischen Texte. Im Wortgottesdienst, in dem auch die Texte des Ersten Testaments „erklingen", wird Jesus immer wieder hineingestellt in die Zusammenhänge Israels und der Kirche. Im synthetisierenden Zeitmodus erschließt sich Jesus in der Liturgie als Phänomen der Geschichte, d.h. als rememoriale Größe der Vergangenheit, als reprä-

---

[37] Vgl. *H. Vorgrimler*, Sakramententheologie, Düsseldorf 1987, bes. 86-97.

sentierte Größe der Gegenwart und als prognostische Größe der Zukunft. Auf diese Weise kommt Jesus zur Darstellung, wird er ästhetisches Phänomen, indem er in den Raum der Affekte und Imaginationen der Hörenden „eintritt". Mit dem liturgischen Wortgeschehen hebt bereits das Sakrament an.

Trotz des kanonischen Rahmens der biblischen Schriften zeigt ein Blick in die Geschichte, daß die liturgische Darstellung Jesu starken Veränderungen unterlag. Keine Darstellung hat den Charakter historischer Objektivität, und keine Darstellung darf zur ausschließlichen Norm erhoben werden. Die Liturgie, die selbst ein Geschehen in der Zeit ist, umfaßt nicht nur die Christusikonen und all die bildnerischen Ausgestaltungen der liturgischen Räume im Stil der jeweiligen Zeit, läßt nicht nur das Gotteslob erklingen in den verschiedenen musikalischen Stilen der Jahrhunderte, sondern gibt mit ihrem Riesenarchiv an Rollenbüchern und Partituren auch Anweisung zur produktiven Innovation der Liturgie, wenn der Geist es den Gemeinden sagt. Wie die verschiedenen Phasen des christlichen Bilderstreits gezeigt haben, droht das Jesusbild um so leichter zum idolischen Standbild zu werden, je mehr es sich aus dem Kontext des eucharistischen Geschehens löst. Nicht von ungefähr befaßte sich der große Bilderstreit des 8. Jahrhunderts mit der Frage, ob die Feier der Eucharistie als solche das angemessenere, wenn auch sehr viel „abstraktere" Christusbild darstellt als die gemalte Ikone.[38] So führte auch der Streit um die Christusikone Ende des ersten Jahrtausends noch einmal in die Mitte der Christologie. Tatsächlich läßt die Liturgie mit ihren Mitteln der Textinszenierung und Interpretation die Jesusgestalt gleichsam nur „vorbeihuschen". Nur die gläubige Phantasie vermag sie ins Bild zu bannen und setzt sie damit all jenen Gefahren aus, denen griechische Ästhetik erlegen ist, indem sie glaubte, den Göttinnen und Göttern Gestalt verleihen zu können. Insofern stellt die transitorische Liturgie immer auch einen gewissen Kontrapunkt dar, indem sie Jesus jeweils nur im flüchtigen Wort oder Ton hörbar werden läßt.

(2.) Hypostatische Union und eucharistische Transsubstantiation möchte ich im Rahmen dieser Überlegungen als Indizien dafür verstehen, daß

---

[38] Vgl. J. Wohlmuth (Hg.), Streit um das Bild. Das Zweite Konzil von Nizäa (787) in ökumenischer Perspektive, Bonn 1989, bes. 112-117.

die Liturgie – von ihrem Zentrum, der Eucharistie, her verstanden – das Sakrament unterscheidbar macht von allen anderen ästhetischen Phänomenen, obwohl es nach obiger Überlegung selbst zu den ästhetischen Phänomenen gehört. Zu dieser Unterscheidung muß gewiß das Sakrament in seiner phänomenalen Gestalt selbst Anlaß geben. Aber diese allein wird vermutlich nicht ausreichen. Ersteres durchzuführen, würde eine ganze Kulturgeschichte von Mahl und Opfer und deren Zusammenhang mit der Entwicklung der europäischen Kunst verlangen. Letzteres erforderte eine einander zugeordnete Analyse der Christologie und der Eucharistietheologie und ihrer historischen Entfaltung. So verfolge ich hier nur die eine und einzige Frage, ob sich vom Sakrament in anderer Weise als vom Kunstwerk und somit vom Empfang des Sakraments in anderer Weise als von der qualifizierten Wahrnehmung der Kunst sagen läßt, es stelle nicht nur ein ästhetisches Phänomen im universalen Kontext von Zeit und Raum und Geschichte dar, sondern es sprenge ihn und somit alle Kontexte möglicher Kontexte, in denen wir uns sonst als Menschen bewegen. Der Horizont unseres Zeit-Raum-Bewußtseins wird in der Feier des Sakraments durchbrochen. Es gibt auch in der christlichen Liturgie den Einbruch der Ewigkeit in die Zeit, wie ihn Rosenzweig für die jüdische Liturgie reklamiert, wobei die Ewigkeit nicht einfach die Einheit der Zeit ist, sondern deren Transzendenz.[39] Die Ausarbeitung dieser These würde ein spezielles Exerzitium der Kontextualisierung von Liturgie und Christologie verlangen, die hier nicht durchgeführt werden kann. Für eine sakramentale Ästhetik der Liturgie,

---

[39] Man könnte sagen, E. Levinas setze die bei Rosenzweig initiierte Kritik einer auf dem griechischen Mythos basierenden Ästhetik fort, um zu einer „Transzendenz" vorzustoßen, die nicht noch einmal in den Zeit-Horizont des menschlichen Bewußtsein – sei es auch kosmisch konnotiert – eingeordnet wird, ohne bei einer rein negativen Theologie zu landen. Dann aber muß alle Ontologie phänomenologisch auf eine tiefere Dimension reduziert werden, die nicht mehr dem Verdikt unterliegt, nur Ausdruck des „Logos" zu sein. Voraussetzung dafür ist nach Levinas, daß die drei synthetisierenden Zeitmodi auf das „passive Zeitbewußtsein" reduziert werden, die uns im unverfügbaren Älterwerden gegeben sind. Dann könnte auch die Rede von der „creatio ex nihilo" in jene „Unvordenklichkeit" weitergedacht werden, die alle mythologische Einheit und auch noch den Welt-Raum sprengt. Vgl. *J. Wohlmuth*, Zeiterfahrung. Eine phänomenologisch-theologische Problemanzeige, in: M. Beintker / E.Maurer / H. Stoevesandt / H.G. Ulrich (Hg.), Rechtfertigung und Erfahrung. Für Gerhard Sauter zum 60. Geburtstag, Gütersloh 1995, 246-268.

die den Namen verdient, wäre dies freilich notwendig. Sonst wäre zu befürchten, daß im Bereich der Liturgie[40] gerade das nicht gelingt, was nach Samuel Becket die modernen Autoren immer wieder versucht haben, nämlich die Zeit anzuhalten, „indem sie sie darstellen"[41]. Warum also soll gerade die christliche Liturgie die synchrone Welt-Raum-Zeit durchbrechen können? Nehmen wir etwa in der Tiefe liturgischer Zeiterfahrung wahr, daß wir zwar aktiv Liturgie gestalten, singend, betend, darbringend, dankend, empfangend, aber in Wirklichkeit an den Abgrund der Ewigkeit geraten, zutiefst ahnend, daß mit Jesus, dem Christus, auch wir selbst auf dem kosmischen Altar liegen, um geopfert zu werden? Warum feiern wir dies und wehren uns nicht dagegen? Bedanken wir uns schließlich noch dafür, daß wir Opfer der Zeit werden?

Bei der Suche nach einer Antwort kommt die Kontextualisierung von Liturgie und Christologie an den entscheidenden Punkt. Vorauszusetzen wäre dabei, daß der oftmals erhobene jüdische Einwand – zuletzt von J.-F. Lyotard geäußert[42] – entkräftet werden kann, wonach nämlich die Christologie tatsächlich nichts anderes sei als die Rückgängigmachung

---

[40] In einem lesenswerten kleinen Aufsatz hat Michael Theunissen über „Ästhetisches Anschauen als Verweilen" nachgedacht. Er vertritt dort die These, solches Verweilen komme zustande, indem der Betrachter sich auf Gegenwart zurücknimmt und gerade dadurch seine Glückserfahrung macht. In solcher Gegenwart als Verweilen geschieht das Plötzliche, der Einbruch des Ewigen, der ja nach Platon in keiner Zeit geschieht. Solche Gegenwart des Verweilens habe allerdings nichts zu tun mit dem Jetzt, das in die linear fortschreitende Zeitlinie gehört. Die Ewigkeitserfahrung der Plötzlichkeit sei auch nicht im Sinne Platons zu verstehen, wo zwischen Jetzt und Jetzt sich das Zeitlose ereignet (ein Gedanke, den ganz offensichtlich E. Levinas aufgegriffen hat!). Die Gegenwart des Verweilens besteht auch nicht im synthetisierenden Akt, durch den Vergangenheit und Zukunft zusammengehalten werden. Von aller Synthetisierung hebt sich die Gegenwart des Verweilens dadurch ab, „daß sie in keiner Weise dem Subjekt eignet. Sie ist die Gegenwart des Anderen. (...) Empirisch verifizierbar ist diese Ewigkeit nicht. Sie ist die Perspektive, in welche die Kunst das Andere rückt. Und es scheint, als würde die Kunst das Andere eben dadurch retten, daß sie sich dagegen wehrt, es auf seine Vorhandenheit zu fixieren" (*M. Theunissen*, Freiheit von der Zeit. Ästhetisches Anschauen als Verweilen, in: *ders.*, Negative Theologie der Zeit, Frankfurt a.M. 1991, 285-295, Zit. 295).
[41] Vgl. *Theunissen* (s. Anm. 40) 297.
[42] Vgl. *J.-F. Lyotard*, Ein Bindestrich – Zwischen ‚Jüdischem' und ‚Christlichem', Düsseldorf-Bonn 1993.

des frühjüdischen Bilderverbots und somit einen Rückfall in die griechische Mythologie bedeutet. Thesenhaft sei hier nur festgehalten, daß die chalkedonische Christologie in ihrer formalen Struktur sehr wohl eine Antwort darauf darstellt.[43] Ich stelle die These auf, daß die hypostatische Union, die wir von Jesus Christus aussagen, der Grund dafür ist, daß die Christologie weder den jüdischen Monotheismus zerstört hat, noch eine Fortsetzung des griechischen Göttermythos darstellt. Die christologische Leitlinie der chalkedonischen Christologie – das τέλειος ἐν ἀνθρωπότητι und τέλειος ἐν θεότητι – verbietet alle Verschmelzungsvorstellungen zwischen endlich und unendlich und kann deshalb auch nicht dem Verdikt verfallen, hier werde ein gottmenschliches Zwischenwesen kreiert, das den griechischen Göttern gleicht. Die altkirchliche Christologie hat bekanntlich sogar darum gestritten, daß Jesus nur als Mensch leiden konnte und daß nur durch die hypostatische Einigung der Menschheit Jesu mit dem Logos auch vom Logos überhaupt erst gesagt werden kann, er sei vom Leiden betroffen. Die hypostatische Union löst also die Trennung zwischen Gottheit und Menschheit nicht auf und verwandelt nicht die eine in die andere. Anderseits muß freilich die ἕνωσις, wie K. Rahner ausführt, so intensiv verstanden werden, daß sie nicht nur zwei eigenständige Naturen formal zusammenführt, sondern „daß hier Eigenstand *und* radikale Nähe in gleicher Weise auf ihren einmaligen, qualitativ mit anderen

---

[43] Die Wirkungsgeschichte des Horos von Chalkedon sowie der späteren christologischen Texte des zweiten und dritten Konstantinopolitanums auf die Liturgie ist meines Wissens nur indirekt. An der Schnittlinie zwischen lehrhafter Christologie und narrativ-ästhetischer Christologie liegen jene altkirchlichen Symbole, die aus den Gemeinden und ihrer Taufpraxis hervorgegangen sind. Diese haben von den einfachsten Melodien bis zu den großen Vertonungen im zweiten Jahrtausend einen wundersamen Klangraum des Glaubens ermöglicht, viele Affekte geweckt, aber auch manchen Zweifel provoziert. Feuerwerk in der Nacht als Zeichen der Hoffnung – oder Schein, der in sich zusammenbricht? Wahrheit oder Lüge? Die Liturgie selbst gibt darauf keine Antwort. Die diskursive Christologie kann allerdings auf eine Antwort nicht verzichten. Müßte, was Hans Blumenberg bezüglich der Matthäuspassion bedacht hat, auch für das Credo gefragt werden, ob nämlich hier, wo in poetischer Verkürzung buchstäblich alle Räume und Zeiten von Himmel und Erde durchmessen werden, der Verdacht laut werden könnte, es werde zu viel bekannt, zu früh gesprochen, der Schein durch den Gestus des Bekennens verdeckt?

Fällen inkommensurablen Höhepunkt kommen, der aber doch eben der einmalige Höhepunkt eines Schöpfer-Geschöpf-Verhältnisses ist".[44] Nur unter dieser christologischen Voraussetzung kann das ganze Gewicht einer Kontextualisierung einer so verstandenen chalkedonischen Christologie mit der liturgischen Ästhetik ermessen werden.

(3.) Hypostatische Union und eucharistische Transsubstantiation: Um den letzten Schritt der Kontextualisierung zu tun, will ich nun die hypostatische Union mit der eucharistischen Transsubstantiation in Verbindung bringen und damit eine Perspektive eröffnen, die auf das Gesamtverhältnis von Christologie, Sakramententheologie[45] und Liturgie anzuwenden wäre. Ich beschränke mich auf folgenden Aspekt: Das Konzil von Trient unterscheidet die hypostatische *Union* von der eucharistischen Transsubstantiation, die als „admirabilis conversio", nicht aber als Union des „totus Christus" mit den Substanzen von Brot und Wein verstanden werden dürfe. Ästhetisch gesprochen bedeutet die Transsubstantiation deshalb zunächst die Herausstellung der Phänomenalität der eucharistischen Feier; denn die eucharistischen Gaben von Brot und Wein werden in einem strengen Sinn in ihren Zeichenstatus versetzt. Sie können den „totus Christus" nur zur Erscheinung bringen. Insofern ist die Eucharistie in anderer Weise „Phänomen", als es die Menschheit beim irdischen Jesus war. Aber zugleich besagt Transsubstantiation, daß die Eucharistie in ihrer ästhetischen Phänomenalität als Sakrament dennoch die kosmische Raum-Zeit transzendiert; sie ist nicht auf das Universum begrenzt wie die Kunst nach dem Verständnis von Picht. Sonst könnte die eucharistische Feier nicht jenen „gewahr" werden lassen, der als der Auferstandene die Welt überwunden hat. Aber mit Picht ist festzuhalten: Das Geschehen der Transsubstantiation bedeutet auch, daß nichts so subjektiviert werden darf, als sei die eucharistische Feier nur unsere eigene imaginative Umdeutung, die letztlich nur Ausdruck unserer Machtansprüche und Affekte wäre. Ästhetisch übersetzt, besagt Transsubstantiation, daß in der eucharistischen Feier das, was „von sich her" zum Phänomen wird, von unseren eigenen ima-

---

[44] *K. Rahner*, Probleme der Christologie von heute, in: Schriften zur Theologie I (1960) 169-222, hier: 183.
[45] Vgl. *Th. Freyer*, Sakrament – Transitus – Zeit – Transzendenz. Überlegungen im Vorfeld einer liturgisch-ästhetischen Erschließung und Grundlegung der Sakramente, Würzburg 1995.

ginativen Kräften unterschieden werden kann. Phänomen aber, das sich von sich her zeigt, so wäre die Transsubstantiationslehre ästhetisch zu übersetzten, ist Jesus Christus in seiner leibhaftigen Hingabe, die den ganzen Kosmos vor dem Geheimnis Gottes erschauern läßt. Kein Wunder, wenn es in den Trienter Texten heißt, die „admirabilis conversio" geschehe „virtute" oder „potestate divina", wofür liturgisch die Epiklese zeugt, in der die verwandelnde Kraft des Gottesgeistes angerufen wird.[46] Wenn schon die Kunst nicht einfach Leistung der Imaginationskraft des Künstlers ist, so ist die reale Gegenwart des Auferstandenen noch viel weniger durch die affektive oder imaginative Kraft der Glaubenssubjekte, seien sie auch transzendental verstanden, zustandezubringen. Gleichwohl ist die liturgische Feier der Eucharistie „Darstellung" (repraesentatio) des Heilsgeschehens „remanentibus speciebus". Die ästhetische Phänomenalität bleibt erhalten.

Die Hände, die nach den heiligen Gaben greifen und der Mund, der sie genießt, gelangen nur im Glauben, der sich am christologischen und sakramentalen Verstehen orientiert, zu einem „affectus pietatis", in dem Seligkeit erfahren wird, die zugleich in das unendliche Mysterium hinein offensteht. Man könnte sagen, ästhetisch gesprochen gründe der Glaube – über die christologischen Zusammenhänge hinaus – auf der Priorität des Hörens gegenüber dem Sehen. Was nicht sinnlich geschaut werden kann, ist immerhin so hörbar, daß ein Glaube geweckt wird, der die Hörenden vernehmen läßt, auf dem Altar geschehe die wirkliche Gegenwart Jesu als des Auferstandenen, in dessen „Leib" sie verwandelnd einbezogen werden. Dabei soll die Verwandlung auch die Mitfeiernden selbst betreffen, wie es in den epikletischen Herabrufungen des Gottesgeistes nicht nur auf die Gaben, sondern auch auf die Gemeinde ausgesprochen wird.

Wird hier, so ist immer wieder eingewandt worden, eine „Potenz" beschworen, deren Wirkkraft das Kunstschaffen nur ahnen kann? Oder geschieht das trügerischste „Hocuspocus" aller Zeiten? Die Liturgie selbst in ihrer Phänomenalität gibt darauf keine Antwort. Sie muß die Frage offen lassen, ob Erscheinung oder Schein des Heiligen geschieht. Der christologische Diskurs hingegen darf auf eine Antwort nicht verzichten. Wenn man von Pichts Analysen her die Eucharistie zu ver-

---

[46] Vgl. als Textbasis vor allem Kanon 2 der Sessio XIII (DH 1652), dessen genauere Analyse ich in meiner Dissertation vorgelegt habe (Realpräsenz und Transsubstantiation im Konzil von Trient, 2 Bde, Frankfurt 1975).

stehen versucht, dann dürfen die ästhetische Wahrnehmung und der christologische Wahrheitsdiskurs nicht – und schon gar nicht auf Dauer – heillos auseinanderbrechen, wenngleich beide Weisen, Wahrnehmung und Erkenntnis Jesu als des Christus, nicht einfach aufeinander reduziert werden dürfen. Die Christologie ist dem Menschen eine Antwort auf die Frage schuldig, ob die eucharistische Feier nur falscher Schein oder wahres Aufscheinen der Göttlichkeit auf dem Antlitz Jesu von Nazareth ist. Die Liturgie als ästhetisches Phänomen hält dabei den christologischen Diskurs offen auf die eschatologische Wahrheit hin. Wenn die Liturgie Jesus als die wahrnehmbare und als solche wahre Erscheinung der Güte und Menschenfreundlichkeit Gottes darstellt, so drängt sie ihrerseits zugleich auf verantwortliche Lebensgestaltung, in der aufleuchtet, daß die Liebe stark ist wie der Tod (warum sie sich auch diesbezüglich bei Rosenzweig einfinden kann, für den Hld 8,6 bekanntlich zum Konstruktionspunkt seines „Stern der Erlösung" geworden ist).

5. Thesenhafte Zusammenfassung

Zusammenfassend möchte ich folgende Gesichtspunkte festhalten:
1. Die Kontextualisierung von philosophischer Ästhetik und Liturgie erweist die christliche Liturgie in ihrer ästhetischen Phänomenalität zunächst nicht als himmlische, sondern als ganz und gar irdische und kosmische Größe. Bezüglich ihrer Phänomenalität teilt sie die Ausdrucksformen und -gesetze mit jenen Künsten, in deren „Medien" sie sich ausdrückt. Dadurch wird Liturgie freilich auch verwechselbar mit den übrigen ästhetischen Phänomenen und muß deshalb als ästhetisches Phänomen sui generis aufgezeigt werden. Dies geschieht durch die Steigerungsform: Phänomenalität, Sakralität, Sakramentalität.
2. Zum Erweis der Liturgie als ästhetisches Phänomen sui generis ist ihre christologische Rückbindung unerläßlich. An der Christologie findet die Imagination des Glaubens eine verbindliche Orientierung, die aber nicht das Ende aller liturgischen Ästhetik bedeutet, sondern deren spezifische Gestalt erst ermöglicht.
3. Obwohl ohne christologische Rückbindung die Liturgie nicht als ein ästhetisches Phänomen sui generis erwiesen werden kann, ist die Liturgie bis hinein in das zentrale Sakrament der Eucharistie als ästhetisches Phänomen immer auch noch ein Phänomen der Mehrdeutig-

keit. Der Einbruch des Ewigen in die Zeit geschieht bei aller ästhetischen Wahrnehmbarkeit und Ausdruckskraft der Liturgie in einer Phänomenalität, deren Wahrnehmung die Sinne in einen nicht schlichtbaren Streit zwingt, der nur im Glauben bestanden werden kann.

4. Die Kontextualisierung von philosophischer Ästhetik, Liturgie und Christologie erweist die christliche Liturgie zuletzt als ein ästhetisches Phänomen der Diachronie. Es klafft der Hiatus zwischen Gott und Welt. Solche Liturgie ist für die Bewohner eines Zeit-Raum-Kosmos offensichtlich keine Selbstverständlichkeit. Die mit ihr kontextualisierte Christologie ist wie sie selbst „unzeit-gemäß".

VIII
Gottes Weisheit lebt mit uns

Christologie im Kontext von Frauenerfahrungen

Dorothea Sattler

1. Betrachtungen eines (Vor-)Bildes

a. Christus Jesus – eine „Gebärende"

Die christliche theologische Tradition stellt uns eine bildhafte Vorstellung vom Geschehen der Erlösung vor Augen, die beim ersten Hinsehen Verwunderung auslösen könnte: Jesu Tun ist dem Handeln und Erleiden einer werdenden Mutter vergleichbar; „Erlösen" ist wie „Gebären". Anselm von Canterbury nahm diese metaphorische Rede in seiner vor 1085 datierten „Oratio ad sanctum Paulum" in Anspruch, um von der lebenstiftenden Sterbebereitschaft Jesu zu sprechen: „Und du, Jesus, liebster Herr, bist du nicht auch Mutter? Wahrlich du bist eine Mutter, die Mutter aller Mütter. Du hast den Tod geschmeckt, in deinem Wunsch, deinen Kindern Leben zu geben"[1]. Die Erinnerung an die Erfahrung gebärender Frauen, in den Wehen des Todes zu liegen und diese Wehen zu bejahen in der liebenden Bereitschaft, sich selbst schmerzvoll den Leib zerreißen lassen zu wollen, damit das lange getragene Leben ans Licht kommen und schreiend sein Dasein zu Gehör

---

[1] Diese deutsche Übersetzung eines Ausschnittes aus einem Gebet des Anselm findet sich in: Sybille Fritsch / Bärbel von Wartenberg-Potter (Hg.), Die tägliche Erfindung der Zärtlichkeit. Gebete und Poesie von Frauen aus aller Welt, Gütersloh ³1990, 19. Das lateinische Original lautet in seinem Zusammenhang: „Sed et tu Iesu, bone domine, nonne et tu mater? An non est mater, qui tamquam gallina congregat sub alas pullos suos? Vere, domine, et tu mater. Nam et quod alii parturierunt et pepererunt, a te acceperunt. Tu prios illos et quod perererunt parturiendo mortuus es et moriendo peperisti. Nam nisi parturisses, mortem non sustinuisses; et nisi mortuus esses, non peperisses. Desiderio enim gignendi filios ad vitam mortem gustasti, et moriens genuisti. Tu per te, illi iussi et adiuti a te. Tu ut auctor, illi ut ministri. Ergo tu, domine deus, magis mater" *(Anselm von Canterbury*, Oratio ad sanctum Paulum, in: Franciscus Salesius Schmitt [Hg.], S. Anselmi Cantuariensis Archiepiscopi Opera Omnia T. 2, Vol. 3, Oratio 10, Stuttgart/Bad Cannstatt 1968, 33-41, hier 40).

bringen kann, illustriert die theologische Rede von der soteriologischen Relevanz des Todes Jesu und verleiht ihr Aussagekraft.

Anselm von Canterbury steht mit seiner Bildrede von der Mütterlichkeit Jesu in einer breiten Tradition patristischer und mittelalterlicher Soteriologie.[2] Diese metaphorische Sprechweise hat biblische Wurzeln[3], sie ist sowohl in der östlichen als auch in der westlichen Väterliteratur belegt[4], und sie blieb im Mittelalter insbesondere in der zisterziensischen Frömmigkeit – vor allem in den Schriften des Bernhard von Clairvaux – präsent[5].

---

[2] Vgl. *André Cabassut*, Une dévotion médiévale peu connue: la dévotion à Jésus notre mère, in: Revue d'Ascétique et de Mystique 25 (1949) 234-245; *Balthasar Fischer*, „Jesus, unsere Mutter". Neue englische Veröffentlichungen zu einem wiederentdeckten Motiv patristischer und mittelalterlicher Christusfrömmigkeit, in: Geist und Leben 59 (1985) 147-156.

[3] Im Hintergrund der christologischen Verwendung des Bildes der lebenschenkenden Geburt stehen entsprechende biblische Bildreden von Gottes „Mütterlichkeit" in seinem schöpferischen Gebären und Nähren (Num 11,11-13; Dtn 32,18; Hos 11,1-11; Jes 66,13): Vgl. *Marie-Theres Wacker*, Gott als Mutter? Zur Bedeutung eines biblischen Gottes-Symbols für feministische Theologie, in: Concilium 25 (1989) 523-528; *Helen Schüngel-Straumann*, Denn Gott bin ich, und kein Mann. Gottesbilder im Ersten Testament – feministisch betrachtet, Mainz 1996; *Virginia R. Mollenkott*, Gott eine Frau? Vergessene Gottesbilder der Bibel, München [3]1990, bes. 21-31; *Irmgard Kampmann*, Vom Gebären Gottes. Ein uraltes Symbol der Religionsgeschichte, sein Weg durch die christliche Theologie und sein neuer Ort in feministischer Spiritualität, in: Katechetische Blätter 121 (1996) 404-409; *Luzia Sutter-Rehmann*, „Geh, frage die Gebärerin...". Feministisch-befreiungstheologische Untersuchungen zum Gebärmotiv in der Apokalyptik, Gütersloh 1995. Balthasar Fischer verweist im Blick auf das neutestamentliche Zeugnis auf die auch von Anselm angesprochene Selbstdarstellung Jesu im Bild einer Henne, die ihre Küken unter ihre Flügel nehmen will (Mt 23,27): Vgl. *Balthasar Fischer*, „Jesus unsere Mutter" (s. Anm. 2) 148. Die neutestamentliche Bildrede von der Mütterlichkeit der Apostel (1 Thess 2,7; Gal 4,19) hatte Einfluß auf die Ausbildung der mittelalterlichen Vorstellung von der Mütterlichkeit der Äbte.

[4] Vgl. *Balthasar Fischer*, „Jesus, unsere Mutter" (s. Anm. 2) 150f.

[5] Vgl. *Caroline Walker Bynum*, Jesus as Mother and Abbot as Mother. Some Themes in Twelfth-Century Cistercian Writing, in: Harvard Theological Review 70 (1977) 257-284; *dies.*, Jesus as Mother, Berkeley 1982; *Ulrike Wiethaus*, Gott als Mutter in mittelalterlicher Spiritualität. Methodologische Überlegungen zu Caroline Walker Bynums Buch „Jesus as Mother", in: Marie-Theres Wacker (Hg.), Der Gott der Männer und die Frauen, Düsseldorf 1987, 93-100.

In der feministischen Forschung ist die Aufmerksamkeit auf das Bild des Gebärens bei der Darstellung der soteriologischen Bedeutung des Christusereignisses in zweifacher Weise motiviert:

(1) In diesem Zusammenhang zeigt sich exemplarisch, daß der eigene Beitrag von Frauen zur Bildung der christologisch-theologischen Tradition lange Zeit in Vergessenheit geraten war und erst durch entsprechend motivierte Studien von Frauen heute wiederentdeckt wird. Ein Anliegen von Frauen in der theologischen Forschung ist es, einen Dienst der Erinnerung an das Gedankengut jener Theologinnen zu tun, das die Geschichtsschreibung zu bewahren versäumte. Insbesondere die Verwendung des Mutterbildes in der Rede von Gott und von Jesus bei der Mystikerin Juliana von Norwich im ausgehenden 14. Jahrhundert hat in der Forschung Interesse geweckt.[6] Juliana lebte als Inklusin an der Kirche St. Julians bei Norwich. Ihre Schrift „Revelations of Love" ist eine Nachschrift ihrer 16 Visionen von Gottes Gottsein.[7] Das Motiv des „Mutterseins" Jesu ist in den Visionen der Juliana reich entfaltet: Die „gebärende Mutter Christus Jesus" erlöst die Menschheit von ihrer Dunkelheit und bringt sie ans Licht; die „nährende Mutter Jesus" gibt sich den Dürstenden und Hungernden selbst zur Speise des Lebens; die „umsorgende Mutter Jesus" hilft der fallenden Menschheit wieder auf.

---

[6] Vgl. *Claudia Kolletzki*, Christ is our true mother. Feminine Konnotationen für Christus im Denken der Juliana von Norwich, Frankfurt 1997 (Lit.!); *dies.*, „Christus ist unsere wahre Mutter". Metaphorische Gottesrede bei Juliana von Norwich, in: Geist und Leben 70 (1997) 48-62; *Kari Elisabeth Børresen*, Julian of Norwich: a Model of Feminist Theology, in: dies. / Kari Vogt (Hg.), Women's Studies of the Christian and Islamic Traditions, Dordrecht/Boston/London 1993, 295-314; *Brant Pelphrey*, Love was His Meaning. The Theology and Mysticism of Julian of Norwich, Salzburg 1992; *Jennifer P. Heimel*, God is our Mother. Julian of Norwich and the Medieval Image of Christian Feminine Divinity, Salzburg 1982; *Irene Leicht*, Die Vorstellung von Erlösung im theologischen Denken der Julian of Norwich, in: Béatrice Acklin-Zimmermann (Hg.), Denkmodelle von Frauen im Mittelalter, Freiburg/Schweiz 1994, 173-204; *Margaret Collier-Bendelow*, Gott ist unsere Mutter. Die Offenbarung der Juliana von Norwich, Freiburg 1989.

[7] Vgl. A Book of Showings to the Anchoress Julian of Norwich. Ed. by Edmund Colledge and James Walsh, 2 Bde., Toronto 1978; *Julian of Norwich*, Showings. Translated from the critical text with an introduction by *Edmund Colledge* and *James Walsh*. Preface by *Jean Leclerq,* New York-Ramsey-Toronto 1978.

(2) Die Erfahrung des Gebärens wird auch in zeitgenössischen Beiträgen zur feministischen Soteriologie herangezogen, um die Argumentation anschaulich zu machen. So greift etwa Mary Grey auf diese metaphorische Redeweise zurück, um Gottes Willen, das Schwache und Kleine zum Wachsen und Erstarken zu bringen, darzustellen.[8] Grey konzentriert ihren Gedanken auf die Frage, ob das Bild des Gebärens geeignet erscheint, den erlösenden Übergang vom Tod ins Leben gedanklich zu erfassen. Drei Aspekte sprechen nach Grey für eine solche Verwendung dieser Metaphorik: Im Gebären erfahren Frauen, daß nur durch ein Entlassen ins Eigene die Verbundenheit mit dem Kind bewahrt bleiben kann, nur durch Schmerzen hindurch Freude sich einstellt, und jeder Stillstand, jede Ruhepause, erfüllt ist von der Erwartung des Kommenden.[9] Das Bildwort des Gebärens gilt als eines, anhand dessen sich mehrere Anliegen der feministischen Christologie und Soteriologie exemplarisch verdeutlichen lassen: die Sensibilität für den Zusammenhang zwischen Gottes schöpferischem und seinem erlösenden Handeln, die Wahrnehmung des Leidens als Weg zur Freude und die betonte Rede von „Leben" und „Lebendigkeit"[10] als Zielgestalt heilvollen Daseins.

---

[8] Vgl. *Mary Grey*, Redeeming the Dream. Feminism, Redemption and Christian Tradition, London 1989.

[9] Vgl. ebd., 146-150.

[10] Eine meiner Frauen-Erfahrungen bildet den Kontext, in dem ich die theologische Aussage, daß diejenigen Jesus Christus nachfolgen, die anderen Leben schenken, höre und ausspreche. Bereit zu sein, vom Eigenen zu sprechen, gilt als ein Kennzeichen der von Frauen betriebenen Theologie. Mit vielen Frauen erfahre ich meine Zeit als rhythmisiert durch die zyklisch wiederkehrende Abfolge von empfängnisbereiter Offenheit und unter Schmerzen durchlittener, erneuter Unfruchtbarkeit. Das Einsetzen der Blutungen beendet die oft schweren Tage, in denen auf bedrängende Weise das Empfinden Bewußtsein wird, wieder einmal alleine, ohne eine Frucht im Leib zurückzubleiben, die zu nähren dem eigenen Dasein Sinn stiftete. Was ich mit meinen Worten umschreibe, nennen Psychologen eine zyklisch wiederkehrende „prämenstruale Depression", die vor allem ungewollt kinderlose Frauen mit großer Intensität erfahren. Mein Frau-sein ermöglicht mir einen spezifischen Zugang zu dem, was es heißen kann, vom Eigenen geben zu wollen, sich danach zu sehnen, sich verschenken zu können, damit das Andere, das Blutsverwandte und doch ganz Fremde, leben kann. Wahrlich, Jesus ist die „Mutter aller Mütter", und er ist in seiner Mütterlichkeit das geschichtlich von Frauen und Männern erlebte Ebenbild des unsichtbaren Gottes.

b. Rahmenvorstellungen

Christologie und Soteriologie gehören zu jenen Themen der systematischen Theologie, denen die feministische Theologie große Aufmerksamkeit schenkt. Zahlreiche Einzelentwürfe liegen vor, deren Gemeinsamkeiten und Differenzen in zusammenfassenden Beiträgen diskutiert werden.[11]

Die Frage nach der „Kontextualität" der eigenen Beiträge zur Christologie und Soteriologie begegnet in der feministischen Theologie in doppelter Weise: Zum einen als Frage nach den spezifisch weiblichen Zugängen zu christologischen Aussagen sowie nach den Widerständen gegen christologische Positionen in der christlichen Tradition. Zum anderen als Frage nach den unterschiedlichen sozialen und kulturellen Kontexten, in denen Frauen leben, die sich zu christologischen Fragen äußern. Die Christologie ist innerhalb der feministischen Theologie zu einer Thematik geworden, anhand derer die Frauenforschung exemplarisch lernt, daß das Frausein (nur) ein Kontext innerhalb verschiedener Kontexte ist, die allesamt das theologische Denken prägen.

---

[11] Vgl. Doris Strahm / Regula Strobel (Hg.), Vom Verlangen nach Heilwerden. Christologie in feministisch-theologischer Sicht, Freiburg/Schweiz 1991; Renate Jost / Eveline Valtink (Hg.), Ihr aber, für wen haltet ihr mich? Auf dem Weg zu einer feministisch-befreiungstheologischen Revision von Christologie, Gütersloh 1996; *Julie Hopkins*, Feministische Christologie. Wie Frauen heute von Jesus reden können, Mainz 1996; *Lucia Scherzberg*, Grundkurs Feministische Theologie, Mainz 1995, 159-174; *Pamela Dickey Young*, Diversity in Feminist Christology, in: Studies in Religion / Sciences Religieuses 21 (1992) 81-90; *Elizabeth A. Johnson*, Redeeming the Name of Christ. Christology, in: Catherine Mowry LaCugna (Hg.), Freeing Theology. The Essentials of Theology in Feminist Perspective, San Francisco 1993, 115-137; *Barbara Darling-Smith*, A Feminist Christological Exploration, in: Ruy O. Costa (Hg.), One Faith, many Cultures. Inculturation, Indigenization, and Contextualization, Cambridge-Maryknoll 1988, 71-80; *Geoffrey R. Lilburne*, Christology. In Dialogue with Feminism, in: Horizons 11 (1984) 7-27; *Eleanor McLaughlin*, Feminist Christologies. Re-dressing the Tradition, in: Maryanne Stevens (Hg.), Reconstructing the Christ Symbol. Essays in Feminist Christology, New York 1993, 118-149; *Martina Blasberg-Kuhnke*, Jesus – wie Frauen ihn sehen. Jesusbilder und christologische Aspekte feministischer Theologie, in: Diakonia 23 (1992) 24-32; *Elisabeth Moltmann-Wendel*, Frauen sehen Jesus. Ansätze einer feministischen Christologie, in: Jürgen Thomassen (Hg.), Jesus von Nazaret. Neue Zugänge zu Person und Bedeutung, Würzburg 1993, 23-37; *Doris Strahm*, Bibliographie Feministische Christologien, in: Schlangenbrut 53 (1996) 27-29.

Das Wort „Kontext" wird in theologischen Beiträgen in unterschiedlicher Weise verwendet.[12] Ich fasse diesen Begriff im Zusammenhang meiner Fragestellung (im Sinne einer „Arbeitsdefinition") recht weit und verstehe unter „Kontexten" jegliche Gestalt einer bewußtseinsprägenden Lebenssituation. Diese „Kontexte" des „Textes Leben" sind zum einen die sozialen, wirtschaftlichen und politischen Lebensumstände, zum anderen die auf das Empfinden, Denken und Sprechen einwirkenden, kulturell geprägten Traditionen bei der Deutung des Lebens.

In Form einer Übersicht über die unterschiedlichen christologischen Entwürfe in der Frauenforschung möchte ich zunächst deren Vielgestalt vor Augen führen und nach den Gründen für diese fragen. In einem nächsten Schritt werde ich drei Themenbereiche detaillierter darstellen, die insbesondere in der nordamerikanischen und europäischen feministisch motivierten Theologie intensiv erforscht werden: die Sophia-Christologie, die Kreuzeskritik und die relationale Soteriologie. In einem eigenen Abschnitt möchte ich die Anliegen der Frauenforschung bei ihrer Behandlung christologischer und soteriologischer Fragen zusammenfassend charakterisieren und kritisch-engagiert würdigen. Abschließend diskutiere ich die Tragweite des Kontextbegriffs bei seiner Verwendung in feministisch-theologischen Fragen und gehe auf die Leitfrage des vorliegenden Buches ein: Ist der Kontext „Frausein" (lediglich) eine weitere Begründung für die immer ausschnitthafte Wahrnehmung von Fragen der Christologie und Soteriologie, oder nötigt dieser Kontext (auch) zu einer neuen Gesamtsicht des inhaltlichen Gehaltes dieser Fragen, welche dann auch in anderen Kontexten Beachtung finden müßte?

2. Feministische Christologien: Eine Übersicht

a. Selbst-bewußt gewordene Kontextualität feministischer Theologien

„Nicht *die* Christologie in ihrer dogmatischen Form ist der Bezugspunkt feministisch-christologischer Konzepte, sondern die Frage, was Heil/Befreiung/Erlösung, christlich-theologisch gesprochen Christus, für Frauen konkret in den unterschiedlichen Kontexten bedeutet. Feministi-

---

[12] Vgl. die von *Peter Beer* zusammengestellte „Auswahlbibliographie" zur „Kontextuellen Theologie" in: Theologie und Glaube 86 (1996) 181-194.

sche Christologien können demnach nicht systematisch-theologisch am Schreibtisch erarbeitet werden, sondern werden in der lebendigen Begegnung unterschiedlicher Frauen in ihren viel-dimensionalen Unterdrückungsgeschichten sichtbar. Nicht die Suche nach einer einheitlichen, universalen Heilsauffassung wäre dann das Ziel der gemeinsamen theologischen Arbeit, sondern die Mit-teilung des konkreten Verlangens nach Heil"[13]. Manuela Kalsky formuliert zusammenfassend das Ergebnis eines längeren Diskussionsprozesses innerhalb der theologischen Frauenforschung, die sich eingestehen mußte, die unterschiedlichen sozialen, politischen und kulturellen Kontexte des jeweiligen Frau-Seins in der Anfangsphase der feministisch-theologischen Theoriebildung zu wenig beachtet zu haben. Selbstkritische Reflexionen über die Gefahr einer „Romantisierung der Schwesternschaft" setzten einen Lernprozeß in Gang, im dem sich die Überzeugung von der Kontextualität jedes feministisch-theologischen Beitrags festigte.[14]

Die Tatsache, daß die Diskussion um die Kontextgebundenheit feministisch-theologischer Positionen erst recht spät einsetzte[15], ist durch die zu Beginn der Bewegung weithin gegebene kulturelle und

---

[13] *Manuela Kalsky*, Vom Verlangen nach Heil. Eine feministische Christologie oder messianische Heilsgeschichten?, in: Doris Strahm / Regula Strobel (Hg.), Vom Verlangen nach Heilwerden (s. Anm. 11) 226; Hervorhebung im Original.

[14] Vgl. Renate Jost / Ursula Kubera (Hg.), Befreiung hat viele Farben. Feministische Theologie als kontextuelle Befreiungstheologie, Gütersloh 1991; *Themenheft* „Feministische Theologie weltweit" = Concilium (D) 32 (1996) H.1; Ursula King (Hg.), Feminist Theology from the Third World. A Reader, London-Maryknoll 1994; Virginia Fabella / Mercy Amba Oduyoye (Hg.), Leidenschaft und Solidarität. Theologinnen der Dritten Welt ergreifen das Wort, Luzern 1992.

[15] Vgl. zur Geschichte der feministischen Theologie in den unterschiedlichen Kontexten: *Lucia Scherzberg*, Grundkurs Feministische Theologie (s. Anm. 11) 11-20 (Lit.!); *Hedwig Meyer-Wilmes*, Rebellion auf der Grenze. Ortsbestimmung feministischer Theologie, Freiburg-Basel-Wien 1990, bes. 19-53; *Ruth Ahl*, Eure Töchter werden Prophetinnen sein... Kleine Einführung in die Feministische Theologie, Freiburg-Basel-Wien 1990, 22-29; *Rita Burrichter / Claudia Lueg*, Aufbrüche und Umbrüche. Zur Entwicklung feministischer Theologie in unserem Kontext, in: Christine Schaumberger / Monika Maaßen (Hg.), Handbuch Feministische Theologie, Münster ³1989, 14-35; Christel Voss-Goldstein / Horst Goldstein (Hg.), Schwestern über Kontinente. Aufbruch der Frauen: Theologie der Befreiung in Lateinamerika und Feministische Theologie hierzulande, Düsseldorf 1991.

soziale Homogenität ihrer Trägerinnen zu erklären. Die feministische Theologie war zunächst eng mit der allgemeinen Frauenbewegung und mit der ökumenischen Bewegung verbunden. Weiße Frauen aus Nordamerika und Europa prägten ihre Erscheinung in der Anfangsphase. Inzwischen melden sich auch Frauen aus Asien, Afrika und Lateinamerika zu Wort.[16] In Amerika schlossen sich schwarze Theologinnen zu der eigenen Gruppierung der „Womanist Theology"[17] zusammen, die sich in einzelnen theologischen Fragestellungen und Antworten deutlich von der lange Zeit vorherrschenden Sicht weißer Frauen aus der gesellschaftlichen Mittelschicht abgrenzt – und dies insbesondere in Fragen der Christologie und Soteriologie[18].

b. Christologische Konkretionen in den Kontexten von Frauen

Die im weltweiten Horizont innerhalb der feministischen Christologien festzustellenden Unterschiede[19] betreffen im wesentlichen drei Fragebereiche: (1) die Diskussion um das Mann-Sein Jesu; (2) den Streit um die soteriologische Relevanz des Leidens Jesu und (3) den Stellenwert pneumatologischer Argumentationen.

---

[16] Vgl. Letty M. Russell (Hg.), In den Gärten unserer Mütter. Religiöse Erfahrungen von Frauen heute. Mit einem Vorwort von Dorothee Sölle, Freiburg-Basel-Wien 1990. Dieses Buch sammelt Beiträge, in denen Frauen aus unterschiedlichen Kulturkreisen in Form von autobiographischen Erzählungen die Wurzeln ihres weiblichen Lebensempfindens aufspüren.

[17] Vgl. *Katie G. Cannon*, Black Womanist Ethics, Atlanta 1988; *Roundtable Discussion*: Christian Ethics and Theology in Womanist Perspective, in: Journal of Feminist Studies in Religion 5 (1989) 83-112; *Christine Schaumberger*, Art. „Womanistin/womanistisch", in: Elisabeth Gössmann u.a. (Hg.), Wörterbuch der feministischen Theologie, Gütersloh 1991, 438-440.

[18] *Jacquelyn Grant*, White Woman's Christ und Black Woman's Jesus. Feminist Christology and Womanist Response, Atlanta 1989; *Manuela Kalsky*, Vom Verlangen nach Heil (s. Anm. 13) 218f; Virginia Fabella / Mercy Amba Oduyoye (Hg.), Leidenschaft und Solidarität (s. Anm. 14). Insbesondere die in diesem Band gesammelten theologischen Stimmen von Afrikanerinnen und Asiatinnen nehmen vorrangig zu Fragen der Christologie Stellung.

[19] Vgl. *Manuela Kalsky*, Christaphanien. Ein Beitrag zur Re-Vision der Christologie aus feministisch-theologischer Sicht, in: Renate Jost / Eveline Valtink (Hg.), Ihr aber, für wen haltet ihr mich? (s. Anm. 11) 124-146 (Lit.); *dies.*, Vom Verlangen nach Heil (s. Anm. 13); *Lucia Scherzberg*, Grundkurs Feministische Theologie (s. Anm. 11) bes. 163-167.

(1) Befreiungstheologisch motivierte afrikanische und lateinamerikanische Frauen betrachten die in der westlichen feministischen Theologie situierte Streitfrage, ob die Vorstellung, von einem Mann erlöst worden zu sein, eine für Frauen annehmbare sei[20], als Ausdruck der Gefangenschaft in den Stricken der Kritik am gesellschaftlichen Patriarchat. Frauen dagegen, die nicht die Herrschaft des Mannes über die Frau als Ursache der größten Übel betrachten, sondern vor allem andere Formen der Unterdrückung beklagen, sehen in Jesus einen „personal friend"[21], der die Sache der Entrechteten vertritt: „Jesus stands out in Scripture as a critic of the status quo, particularly when it engenders social injustices and marginalization of some in society. This is the kind of Christ whose ‚function' of ‚iconoclasm' is thought by many participants in the African independent churches to be ‚incarnated' in their founder members whom they sometimes hail as ‚Black Messiahs'. These prophetic leaders in Africa have emerged in continuity with the prophetic role of Christ as the champion of the cause of the voiceless, and the vindicator of the marginalized in society"[22]. Mercy Amba Oduyoye und Elizabeth Amoah, zwei Theologinnen aus Ghana, formulieren ihre Bereitschaft, die

---

[20] Als Protagonistinnen dieser Diskussion gelten Mary Daly und Rosemary Radford Ruether: Vgl. *Mary Daly*, Jenseits von Gottvater, Sohn & Co. Aufbruch zu einer Philosophie der Frauenbefreiung, München [4]1986, bes. 88-117; *Rosemary Radford Ruether*, Sexismus und die Rede von Gott. Schritte zu einer anderen Theologie, Gütersloh 1985, bes. 145-170. Während für Daly Jesu Mann-Sein unvereinbar ist mit der ihm zugedachten Rolle eines Erlösers aller Menschen, betrachtet Ruether die Männlichkeit Jesu als unbedeutend angesichts seines befreienden Einsatzes für die Armen und Marginalisierten. Virginia Fabella problematisiert die Aufmerksamkeit, die die westliche feministische Theologie dem Mann-Sein Jesu schenkt: „Während der asiatischen Frauenkonferenz in Manila war die Tatsache, daß Jesus ein Mann war, kein Thema, weil er niemals so gesehen wurde, daß er sein Mannsein gebraucht habe, um Frauen zu unterdrücken oder zu beherrschen. Auch führt die Tatsache seines Mannseins nicht notwendig zu dem Schluß, daß Gott männlich sei" (*Virginia Fabella*, Eine gemeinsame Methodologie verschiedener Christologien?, in: dies. / Mercy Amba Oduyoye [Hg], Leidenschaft und Solidarität [s. Anm. 14] 183).
[21] *Teresa M. Hinga*, Jesus Christ and the Liberation of Women in Africa, in: Ursula King (Hg.), Feminist Theology from the Third World (s. Anm. 14) 266.
[22] Ebd., 267. Manuela Kalsky weist darauf hin, daß aus der Sicht afrikanischer Frauen gerade das Mann-Sein Jesu ihm die Chance biete, Männern einen alternativen Lebensstil vorzuleben: Vgl. *Manuela Kalsky*, Vom Verlangen nach Heilwerden (s. Anm. 13) 220.

Solidarität Jesu mit den leidenden Frauen anzuerkennen, mit den Worten: „Gott hat ein menschliches Gesicht in Christus, und Gott leidet in Christus zusammen mit den Frauen Afrikas"[23].

(2) Die theologische Diskussion über die Frage, ob es angemessen sei, zwischen einem „unterdrückenden" und einem „erlösenden" Leiden zu unterscheiden, wird zwar auch innerhalb des westlichen Kontextes der feministischen Theologie kontrovers geführt[24], diese Fragestellung bekommt aber in anderen gesellschaftlichen Zusammenhängen ganz neue Bedeutung: Afrikanische und lateinamerikanische Theologinnen thematisieren das Leiden der Gerechten als Weg zur Befreiung.[25] Asia-

[23] Elizabeth Amoah / Mercy Amba Oduyoye, Wer ist Christus für afrikanische Frauen?, in: Virginia Fabella / Mercy Amba Oduyoye (Hg.), Leidenschaft und Solidarität (s. Anm. 14) 84f. Bezogen auf die afrikanische Lebenswirklichkeit begründen die beiden Theologinnen ihre besondere Aufmerksamkeit auf den leidenden Christus in folgender Weise: „In Afrika, wo physisches Leiden zum Leben zu gehören scheint, wo Hunger und Durst Bestandteil der alltäglichen Erfahrung von Millionen von Menschen sind, geht vom leidenden Christus eine starke Anziehungskraft aus. Dabei wird er allerdings mehr wie ein Gefährte gesehen, der nicht davon ausgeht, daß Not und Entbehrung unabwendbares Los und Schicksal der Menschen sind, sondern der vielmehr in seinem Tun und Handeln gezeigt hat, daß solches Leiden nicht Gottes Plan entspricht. (...) Durch sein Leben hat Jesus Christus dem Leben eine neue Kraft und Dimension gegeben, wo es vorher vom Tod überschattet wurde. Er hat sogar das Leben neu erweckt, wo der Tod vorzeitig eingetreten war. In der Mitte der Christologie der charismatischen Kirchen erscheint Christus daher als der große Heiler" (ebd. 76).
[24] Vgl. Lucia Scherzberg, Grundkurs Feministische Theologie (s. Anm. 11) 167.
[25] Vgl. Thérèse Souga, Das Christusereignis aus der Sicht afrikanischer Frauen. Eine katholische Perspektive, in: Virginia Fabella / Mercy Amba Oduyoye (Hg.), „Leidenschaft und Solidarität"? (s. Anm. 14); 59f; Louise Tappa, Das Christus-Ereignis aus der Sicht afrikanischer Frauen. Eine protestantische Perspektive, in: ebd. 66f. Eine Theologin aus Nicaragua schreibt: „Aus der Erfahrung heraus, am Leid unseres Volkes Anteil zu haben und sich in ihrem eigenen Kampf abzumühen, entdeckt die Frau ein neues Bild von Jesus: Jesus, der Bruder und Schwester ist, solidarisch auf dem Weg zur Befreiung, zu jener des ganzen Volkes und zu ihrer eigenen; Jesus, der Genosse beim Aufbau der neuen Gesellschaft. Das Gesicht Jesu zeigt sich in allen Männern und Frauen, die sich für die anderen abmühen und ihr Leben einsetzen" (Luz Beatriz Arellano, Gotteserfahrungen von Frauen im Aufbruch einer neuen Spiritualität, in: ebd. 210).

tische Theologinnen sprechen von einem selbst gewählten, aktiven Leiden, das erlösende Qualität habe.[26]

(3) Eine große Nähe zwischen Soteriologie und Pneumatologie ist insbesondere in Beiträgen von afrikanischen[27] und asiatischen Theologinnen gegeben. Letztere identifizieren Gottes Geist mit der in ihrer kulturellen Tradition vertrauten (weiblichen) Gestalt der „Shakti": „The life experience of voiceless, faceless, powerless women of Asia who search for their organized power is essentially a spirituality. (...) Women's attempts to draw out their suppressed creativity, their songs, and their stories of struggle and liberation are deeply spiritual. It is a spirituality that would say ‚yes' to life and ‚no' to forces of death. It is life affirming, nurturing, creating spirituality (...) In sisterhood, in communal selfhood, in solidarity with all other oppressed people, in the simplicity of the lifestyle of the women's movement, and in their commitment to heal a wounded creation and wounded world, women are expressing an Asian feminist spirituality. Shakti, the feminine energy force, our liberator God, has re-emerged in splendour – to her we turn for a new vision of a new world order"[28].

---

[26] Die auf den Philippinen beheimatete Theologin Virginia Fabella macht darauf aufmerksam, daß es innerhalb der asiatischen Christologien erhebliche Differenzen gibt: Vgl. *Virginia Fabella*, Eine gemeinsame Methodologie verschiedener Christologien? (s. Anm. 20) 171f. Für den philippinischen Lebenskontext gilt: „Wie Jesu Leiden, so hat das aktive Leiden der Frauen einen erlösenden Wert, denn aus der Perspektive des Glaubens gehört jedes Leiden, ob persönlich oder stellvertretend, das wegen des Engagements für eine gerechte Welt erfahren wird, zur Heilsgeschichte. Dieser historisch-erlösende Prozeß fand seinen Höhepunkt im Kommen Jesu Christi, der das Reich Gottes feierlich einsetzte. Alles Leiden, Hoffen und Kämpfen erhält vom Standpunkt des Reiches Gottes, das Jesus ankündigte, eine endzeitliche Bedeutung. Die Zusicherung, daß das Reich Gottes in seiner Fülle kommen wird, ist der gekreuzigte und auferstandene Jesus Christus, der Anker der Hoffnung ist (Hebr 6,19). Auf den Philippinen geht Christus heute mit dem Kampf der Frauen gleichzeitig durch seine Agonie, die Kreuzigung und das Leben, von der Gefangenschaft hin zu einer vollen Menschenwürde in einer gerechten und gleichen Gesellschaft" (ebd. 175f).
[27] Vgl. *Teresa M. Hinga*, Jesus Christ and the Liberation of Women in Africa (s. Anm. 21) 266f.
[28] *Aruna Gnanadason*, Women and Spirituality in Asia, in: Ursula King (Hg.), Feminist Theology from the Third World (s. Anm. 14) 359f.

3. Ausgewählte Einzelfragen

a. Sophia-Christologie

„Der Verlust der weisheitlichen Dimension ist die eigentliche Krise der Gegenwart"[29]. Dieser Diagnose von Walter Kasper stimmen viele Theologinnen zu. Zugleich gilt jedoch gerade die Weisheits-Christologie als ein Bereich, über deren möglicherweise nur begrenzte Akzeptanz in der feministischen Theologie noch diskutiert wird[30]: „Frau Weisheit" scheint vor allem in der westlichen und nordamerikanischen Welt der sozial höher gestellten Frauen auf Interesse zu stoßen. Die Entdeckung der lange Zeit unerkannten Bedeutung der alttestamentlichen Weisheitstheologie für das Verständnis der neutestamentlichen Christologie ist das Ergebnis von exegetischen und zunehmend auch von systematisch-theologischen Studien von Frauen und Männern.[31]

---

[29] *Walter Kasper*, Gottes Gegenwart in Jesus Christus. Vorüberlegungen zu einer weisheitlichen Christologie, in: Walter Baier u.a. (Hg.), Weisheit Gottes – Weisheit der Welt. FS für Joseph Kardinal Ratzinger, St. Ottilien 1987, 320.
[30] Vgl. *Lucia Scherzberg*, Grundkurs Feministische Theologie (s. Anm. 11) 168-170. Scherzberg weist darauf hin, daß das Weisheitsmotiv in biblischer Zeit im Lebenskontext der gebildeten Oberschicht der hellenistischen Welt situiert ist. Die Frage, inwieweit es angemessen ist, die Gestalt der Weisheit auch als solidarisch mit den Armen und Entrechteten zu erklären, ist in der Frauenforschung strittig.
[31] Vgl. *Silvia Schroer*, Jesus Sophia. Erträge der feministischen Forschung zu einer frühchristlichen Deutung der Praxis und des Schicksals Jesu von Nazaret, in: Doris Strahm / Regula Strobel (Hg.), Vom Verlangen nach Heilwerden (s. Anm. 11) 112-128; *dies.*, Der Geist, die Weisheit und die Taube. Feministisch-kritische Exegese eines neutestamentlichen Symbols auf dem Hintergrund seiner altorientalischen und hellenistisch-frühjüdischen Traditionsgeschichte, in: Freiburger Zeitschrift für Philosophie und Theologie 33 (1986) 197-225; *dies.*, Die Weisheit hat ihr Haus gebaut. Studien zur Gestalt der Sophia in den biblischen Schriften, Mainz 1996; *Elizabeth A. Johnson*, Jesus. The Wisdom of God. A Biblical Basis for Non-Androcentric Christology, in: Ephemerides theologicae Lovanienses 61 (1985) 261-294; *dies.*, Ich bin, die ich bin. Wenn Frauen Gott sagen, Düsseldorf 1994; *Elisabeth Schüssler Fiorenza*, Auf den Spuren der Weisheit – Weisheitstheologisches Urgestein, in: Verena Wodtke (Hg.), Auf den Spuren der Weisheit. Sophia – Wegweiserin für ein weibliches Gottesbild, Freiburg-Basel-Wien 1991, 24-40; *Felix Christ*, Jesus Sophia. Die Sophia-Christologie bei den Synoptikern, Zürich 1970; Bernd Janowski (Hg.), Weisheit außerhalb der kanonischen

Im Leben und im Sterben erweist sich Jesus als die inkarnierte Weisheit. Silvia Schroer[32] unterscheidet im Anschluß an Elizabeth A. Johnson[33] und Elisabeth Schüssler Fiorenza[34] zwischen drei Reflexionsstufen innerhalb der neutestamentlichen Sophia-Christologie: (1) Jesus wird als Bote der Weisheit betrachtet; (2) Jesu Tod wird in einen Zusammenhang gebracht mit dem Schicksal der Gesandten der Weisheit; (3) Jesus wird als inkarnierte Weisheit verkündigt.

(1) Zu den neutestamentlichen Texten, die Jesus als den Boten der Weisheit theologisch deuten, zählen jene Logien der Jesusüberlieferung, die in der Tradition der alttestamentlich-jüdischen Spruchweisheit stehen: „Nicht die Gesunden brauchen den Arzt, sondern die Kranken" (Mk 2,17); „Wer sucht, der findet, und wer anklopft, dem wird aufgetan" (Lk 11,10); „Wo dein Schatz ist, da wird auch dein Herz sein" (Lk 12,34). Die exegetische Forschung kann auf eine große Zahl solcher Jesusworte hinweisen, die die Nähe zwischen Jesu Verkündigung und weisheitlichem Denken ausweisen.

(2) Jesus teilt das Schicksal der Propheten und Prophetinnen der Weisheit: Er wird verfolgt, gegeißelt und getötet (vgl. Lk 23,34-38). Nicht zuletzt die Mahlfeiern Jesu mit Sünderinnen und Sündern und der darin implizierte Anspruch, neue Gemeinschaft zu stiften und Versöhnung zu wirken, wurden als Provokation erfahren und lösten Reaktionen aus. Seine Praxis, mit denen Mahl zu halten, die am Rand der Gesellschaft lebten, könnte auch der Anlaß gewesen sein, in ihm die ge-

---

Weisheitsschriften, Gütersloh 1996; *Hans-Josef Klauck*, „Christus, Gottes Kraft und Gottes Weisheit" (1 Kor 1,24). Jüdische Weisheitsüberlieferungen im Neuen Testament, in: Wissenschaft und Weisheit 55 (1992) 3-22; *Hermann von Lips*, Weisheitliche Traditionen im Neuen Testament, Neukirchen-Vluyn 1990; *ders.*, Christus als Sophia? Weisheitliche Traditionen in der urchristlichen Christologie, in: Cilliers Breytenbach / Henning Paulsen (Hg.), Anfänge der Christologie. FS Ferdinand Hahn, Göttingen 1991, 75-95; *William Gray*, Wisdom Christology in the New Testament. Its Scope and Relevance, in: Theology 89 (1986) 448-459; *Martin Hengel*, Jesus als messianischer Lehrer der Weisheit und die Anfänge der Christologie, in: Edmond Jacob (Hg.), Sagesse et Religion. Colloque de Strasbourg, Paris 1979, 147-188.

[32] Vgl. *Silvia Schroer*, Jesus Sophia (s. Anm. 31) 115-119.

[33] Vgl. *Elizabeth A. Johnson*, Jesus (s. Anm. 31).

[34] Vgl. *Elisabeth Schüssler Fiorenza*, Auf den Spuren der Weisheit (s. Anm. 31).

schichtliche Offenbarung der Weisheit Gottes zu erkennen.[35] In Sprichwörter 9,1-5 heißt es: „Die Weisheit hat ihr Haus gebaut, ihre sieben Säulen behauen. Sie hat ihr Vieh geschlachtet, ihren Wein gemischt und schon ihren Tisch gedeckt. Sie hat ihre Mägde ausgesandt und lädt ein auf der Höhe der Stadtburg. Wer unerfahren ist, kehre hier ein. Zum Unwissenden sagt sie: Kommt, eßt von meinem Mahl, und trinkt vom Wein, den ich mischte". Die nachösterliche Deutung des Handelns Jesu im Gleichnis vom Festmahl (vgl. Mt 22,1-14; Lk 14,15-24) ist nur vor dem Hintergrund der alttestamentlichen Weisheitstradition verständlich.

(3) Die inkarnierte Weisheit ist dem Leben zugewandt. In ihr wird Gottes Freude am Werk seiner Schöpfung erfahrbar. Sie symbolisiert Leichtigkeit und spielerische Lust am Dasein. Jesu einladender Aufruf, die mit den Mühen des Lebens Beladenen sollten zu ihm kommen, denn sein Joch drücke nicht, und die Lasten, die er auflege, seien leicht (vgl. Mt 11,28f), verspricht die Erfüllung jener Verheißung, die nach Sir 6,28-30 denen geschenkt ist, die die Weisheit gefunden haben: Bei ihr finden die Weisen Ruhe, und Lebensfreude erfüllt sie. Paulus verkündigt in den ersten Kapiteln des ersten Korintherbriefes Christus Jesus als Gottes Kraft und Gottes Weisheit (1 Kor 1,23f). Allgemein wird in der exegetischen Diskussion angenommen, der Johannesprolog verdanke sich „in Weltbild, Motivik und Sprache (...) der weitverzweigten jüdisch-hellenistischen Weisheitsspekulation"[36].

---

[35] Die Bezugnahme auf weisheitliches Denken bei der Analyse einzelner Kennzeichen der Jesusüberlieferung ist innerhalb der feministischen Theologie nicht unstrittig. Luise Schottroff hat die insbesondere von Elisabeth Schüssler Fiorenza angenommene Verbindung zwischen der Weisheitslehre und Jesu Sorge für die Armen und Kranken infrage gestellt, und diesen Aspekt der Jesusüberlieferung statt dessen der alttestamentlich-prophetischen Tradition zugewiesen: Vgl. *Luise Schottroff*, Wanderprophetinnen. Eine feministische Analyse der Logienquelle, in: Evangelische Theologie 51 (1991) 332-344, bes. 341; *Elisabeth Schüssler Fiorenza*, Zu ihrem Gedächtnis... . Eine feministisch-theologische Rekonstruktion der christlichen Ursprünge, München-Mainz 1988, 177-189. Vgl. zu dieser Auseinandersetzung: *Lucia Scherzberg*, Grundkurs Feministische Theologie (s. Anm. 11) 169f.

[36] *Jürgen Becker*, Das Evangelium nach Johannes. Kap. 1-10. ÖTK 4/1, Würzburg 1979, 71. Vgl. auch: *Jürgen Habermann*, Präexistenzaussagen im Neuen Testament, Frankfurt 1990, bes. 347-403; *Michael Theobald*, Im Anfang war das Wort. Textlinguistische Studie zum Johannesprolog, Stuttgart 1983; *ders.*, Die Fleischwerdung des Logos. Studien zum Verhältnis des

Da Einzelfragen der Sophia-Christologie noch unbeantwortet sind, gilt dieser Themenbereich als ein fruchtbares Forschungsfeld, auf dem insbesondere europäische und nordamerikanische Theologinnen und Theologen arbeiten. Deutlich ist zu erkennen, daß Frauen den weisheitlichen Zugang zum Verständnis des Christusereignisses in ihrer Spiritualität und Theologie schätzen gelernt haben.[37] Viele Frauen sehen in der Gestalt der „Frau Weisheit" eine Identifikationsfigur, die das vermeintlich allein männliche Gottesbild der jüdisch-christlichen Tradition bereichert. Die Weisheit ist eine Gestalt, die zur Lebensannahme einlädt und Lebensfreude verspricht. Frauen erkennen in der Sophia-Christologie eine Möglichkeit, die Soteriologie kosmologisch-schöpfungstheologisch zu weiten.

Angesprochen fühlen sich viele Frauen von der Einladung der Weisheit Gottes, mit ihr Mahl zu halten, so wie Jesus es mit Sünderinnen und Sündern tat. Nach Sir 24,21 sagt die Weisheit von sich: „Wer von mir ißt, wird weiter nach mir hungern, und wer von mir trinkt, wird weiter nach mir dürsten". Das Johannes-Evangelium (vgl. Joh 6,35) bezeugt die Erfahrung, daß diejenigen, die von Jesu Weisheit kosteten, nicht mehr hungern und dürsten. Jesus war weise – weiser, als es alle bis dahin als weise Bezeichneten waren.

b. Kreuzeskritik

Während die Zustimmung zur Bedeutung des Weisheitsdenkens als eines Schlüssels zum Verständnis des Christusereignisses unter westlichen Theologinnen weithin ungeteilt ist, gilt die Frage nach der soteriologischen Relevanz des Todes Jesu als die zentrale Streitfrage unter ihnen.[38] Herlinde Pissarek-Hudelist meinte, in diesem Zusammenhang

---

Johannesprologs zum Corpus des Evangeliums und zu 1 Joh, Münster 1988.
[37] Vgl. *Susan Cady / Marian Ronan / Hal Taussig*, Sophia. The Future of Feminist Spirituality, San Francisco 1986; *Verena Maria Kitz / Verena Wodtke*, „Frau Weisheit" durchwaltet voll Güte das All (Weish 8,1b). Zur Aktualität weisheitlicher Lebensgestaltung, in: Verena Wodtke (Hg.), Auf den Spuren der Weisheit (s. Anm. 31) 154-171.194-197.
[38] Vgl. einführend: Eveline Valtink (Hg.), Das Kreuz mit dem Kreuz. Feministisch-theologische Anfragen an die Kreuzestheologie – Ansätze feministischer Christologie, Hofgeismar ²1991; *Regula Strobel*, Feministische Kritik an traditionellen Kreuzestheologien, in: Doris Strahm / Regula Strobel (Hg.), Vom Verlangen nach Heilwerden (s. Anm. 11) 52-64; *Regula Strobel*,

einen signifikanten Einfluß des Lebensalters der sich zu dieser Frage äußernden Theologinnen auf ihre jeweilige Position feststellen zu können. Als eine „ältere Frau, die durch private Umstände an der Grenze leben muß"[39], nimmt sie das Todesgeschick Jesu anders wahr, als jüngere Kolleginnen es tun: „Ich sehe (...) mit Freude bei (...) jungen Theologinnen, wie sie sich der Lebendigkeit, dem Leben Jesu zuwenden, muß aber als ältere Frau sagen, daß auch Kreuz, Leid, Tod zu diesem Leben dazugehören"[40].

In deutschsprachigen Beiträgen zur feministischen Theologie ist eine intensivere Auseinandersetzung um die Bedeutung des staurologischen Ansatzes in der christlichen Erlösungslehre geschehen, als dies, soweit ich sehe, in anderen Sprach- und Kulturkreisen zu beobachten ist. Als exemplarische Vertreterinnen der unterschiedlichen Antworten auf die Frage, ob es ein für Frauen annehmbares Verständnis der soteriologischen Relevanz des Todes Jesu gäbe, können die katholische Theologin Regula Strobel[41] auf der einen und die evangelische Theologin Elisabeth Moltmann-Wendel[42] auf der anderen Seite gelten.

Regula Strobel faßt ihre Kreuzeskritik in folgender Weise zusammen: „Feministische Theologinnen distanzieren sich vom Gottes- und

Das Kreuz im Kontext feministischer Theologie, in: ebd., 182-193; *Luise Schottroff*, Der gekreuzigte Mensch aus Galiläa, in: *dies.*, Befreiungserfahrungen. Studien zur Sozialgeschichte des Neuen Testaments, München 1990, 284-290; *dies.*, Kreuz, Opfer und Auferstehung Christi. Geerdete Christologie im Neuen Testament und in feministischer Spiritualität, in: Renate Jost / Eveline Valtink (Hg.), Und ihr, für wen haltet ihr mich? (s. Anm. 11) 102-123; *Dorothee Sölle*, Der Erstgeborene aus dem Tod. Dekonstruktion und Rekonstruktion von Christologie, in: ebd., 64-77; *Sarah A. Edwards*, Christology and the Cross, in: Robert F. Berkey / Sarah A. Edwards (Hg.), Christology in Dialogue, Cleveland 1993, 157-172.

[39] *Herlinde Pissarek-Hudelist*, Frauen sehen Jesus an. Jesus Christus in der Sicht der feministischen Theologie, Speyer 1993, 15.

[40] Ebd. 16.

[41] Vgl. *Regula Strobel*, Feministische Kritik an traditionellen Kreuzestheologien (s. Anm. 38); *dies.*, Das Kreuz im Kontext feministischer Theologie (s. Anm. 38); *dies.*, Dahingegeben für unsere Schuld. Feministisch-theologische Bemerkungen zum Kreuz-Schuld-Sühne-Modell in der christlichen Tradition, in: Eveline Valtink (Hg.), Das Kreuz mit dem Kreuz (s. Anm. 38) 29-51.

[42] Vgl. *Elisabeth Moltmann-Wendel*, Gibt es eine feministische Kreuzestheologie?, in: Eveline Valtink (Hg.), Das Kreuz mit dem Kreuz (s. Anm. 38) 74-93.

Menschenbild, das den Kreuzestheologien zu Grunde liegt. Sie wollen das Kreuz und damit verbundene Erlösungsvorstellungen von Opfer, Gehorsam, Hingabe, Leiden nicht mehr zusammendenken, weil dies keine Erfahrungen sind, die Frauen, denen es um Befreiung aus Fremdbestimmung und Abhängigkeit geht, mit Erlösung verbinden können. Zu lange haben sie diese Erfahrung selbst gemacht, aber nichts von ihrer behaupteten erlösenden und befreienden Wirkung gespürt. Die mit der Kreuzestheologie vermittelten Werte von demütigem Gehorchen bis zur Selbstaufgabe, dienender und aufopfernder Liebe, wirken auf die gegenwärtige gesellschaftliche Machtverteilung stabilisierend und verschärfen die Unterdrückung von Frauen in einer patriarchalen Gesellschaft"[43]. Strobel sieht ihre Kritik in dreifacher Weise begründet: (1) durch die Zurückweisung des ihrer Überzeugung nach hinter der Kreuzestheologie stehenden Bildes eines Gottes, der Freude am Leiden seines Sohnes habe und Gewalt als einzigen Weg zur Erlösung propagiere; (2) durch die Ablehnung einer Anthropologie, die die Menschen allesamt als völlig verdorben durch die Sünde darstelle, die den Menschen Selbstannahme als Möglichkeit der Erlösung abspreche und die selbstzerstörerische Hingabe als „Opferbereitschaft" in der Nachfolge Jesu als alleinigen Weg der Erlösung kenne; (3) durch den Protest gegen die Annahme einer qualitativen Differenz zwischen dem Leiden Jesu und den Leiden der ungezählten, unbekannten Männer und Frauen vorher und nachher. Positiv gewendet, spricht sich Regula Strobel für die Anerkenntnis aller Bemühungen von Menschen aus, Gerechtigkeit zu leben und aus Not zu befreien. Dies ist für Strobel eine Lebensweise, für die auch Jesus von Nazaret Anerkennung verdient.

Evangelische Theologinnen scheinen sich schwerer zu tun, die „Theologia crucis" aufzugeben.[44] Neben Elisabeth Moltmann-Wendel[45]

---

[43] *Regula Strobel*, Feministische Kritik an traditionellen Kreuzestheologien (s. Anm. 38) 60.

[44] Vgl. *Roselies Taube / Claudia Tietz-Buck / Christiane Klinge*, Frauen und Jesus Christus. Die Bedeutung von Christologie im Leben protestantischer Frauen, Stuttgart-Berlin-Köln 1995, bes. 49-63; *Roselies Taube*, „Es könnte genauso auch eine Frau gewesen sein". Die Bedeutung von Christologie im Leben protestantischer Frauen nach ihrem eigenen Erzählen, in: Renate Jost / Eveline Valtink (Hg.), Und ihr, für wen haltet ihr mich? (s. Anm. 11) 10-28.

[45] Vgl. Elisabeth Moltmann-Wendel / Luise Schottroff / Dorothee Sölle, Art. „Kreuz", in: *Elisabeth Gössmann* u.a. (Hg.), Wörterbuch der feministischen Theologie (s. Anm. 17) 225-236.

haben sich vor allem Dorothee Sölle[46] und Luise Schottroff[47] um eine differenzierte Bewertung der Kreuzestheologie aus der Sicht feministischer Theologie bemüht. Elisabeth Moltmann-Wendel benennt drei Aspekte der Kreuzestheologie, die auch unter feministisch-theologischen Prämissen von bleibender Gültigkeit seien[48], unter der Voraussetzung, daß Jesu Sterben im Gesamtzusammenhang seines Lebens in Beziehung zu den Menschen betrachtet wird[49]: (1) Frauen erfahren eine große Gemeinsamkeit zwischen den Ursachen ihrer Leidensgeschichte und dem Leiden Jesu: Auch Frauen seien, so Moltmann-Wendel, oft ein Opfer „struktureller Sünde"[50]; gerade die Gerechten, die Liebenden, seien vom gewaltsamen Tod bedroht. (2) Die Frauen um Jesus haben dem Leidenden ihre Solidarität erwiesen. Die Jünger flohen, die Jüngerinnen blieben an der Stätte des grausamen Mordens. In Jesu Nähe erlebten sie den zum Leiden bereiten Gott und schöpften daraus neue Kraft. (3) Die Erfahrung der Frauen mit Jesu Sterben legt die spezifische Weise des Sündigens offen, die als für Frauen charakteristisch gilt: Als „Frauensünde" bezeichnet Moltmann-Wendel den Widerstand der Frauen gegen die Anerkenntnis der Eigenständigkeit und Freiheit des Gegenübers. Die Frauen um Jesus wollten den Sterbenden nicht loslassen; sie klammerten sich an einen Toten und verpaßten so die Möglichkeit, sich auf die eigenen Kräfte zu besinnen und in neuer

---

[46] Vgl. grundlegend: *Dorothee Sölle*, Gott denken. Einführung in die Theologie, Stuttgart 1990; *dies.*, Stellvertretung. Ein Kapitel Theologie nach dem „Tode Gottes", Stuttgart 1965; *dies.*, Leiden, Stuttgart 1973; *dies.*, Der Erstgeborene aus dem Tod (s. Anm. 38); *Luise Schottroff / Bärbel von Wartenberg-Potter / Dorothee Sölle*, Das Kreuz: Baum des Lebens, Stuttgart 1987.

[47] Vgl. *Luise Schottroff*, Die Kreuzigung Jesu. Feministisch-theologische Rekonstruktion der Kreuzigung Jesu und ihrer Bedeutung im frühen Christentum, in: Eveline Valtink (Hg.), Das Kreuz mit dem Kreuz (s. Anm. 38) 7-28; *dies.*, Der gekreuzigte Mensch aus Galiläa (s. Anm. 38); *dies.*, Die Crux mit dem Kreuz. Feministische Kritik und Re-Vision der Kreuzestheologie, in: Evangelische Kommentare 25 (1992) 216-218.

[48] Vgl. *Elisabeth Moltmann-Wendel*, Beziehung – die vergessene Dimension der Christologie. Neutestamentliche Ansatzpunkte feministischer Christologie, in: Doris Strahm / Regula Strobel (Hg.), Vom Verlangen nach Heilwerden (s. Anm. 11) 87-93.

[49] Vgl. ebd. 100-111.

[50] Ebd. 89.

Weise dem Lebendigen, dem Auferweckten, zu begegnen: „In der Frauenfluchtgeschichte sehe ich Parallelen zu vielen Frauenerfahrungen: Wir verzweifeln, wenn unsere Beziehungsnetze zusammenbrechen. Wir können alles hingeben, aber diese Welt der Hingabe, der Aufgabe muß halten. (...) Den Liebesverlust nicht aushalten können – das ist Gottverlassenheit von Frauen, die sie hindert, unabhängig, aufrecht und einzeln neue Räume zu betreten. Vielleicht gibt es unter uns eine Sucht nach Liebe und Leben, die nicht an der Kreuzessolidarität, aber an der Auferstehungsfähigkeit scheitert. Vielleicht ist die Suche nach Auferstehungssymbolen das eigentliche Frauenproblem, das wir heute auszudrücken lernen"[51]. Moltmann-Wendel weist darauf hin, daß nach Mk 16,8 die Frauen zunächst Schrecken und Entsetzen packt, als sie durch den weiß gekleideten Mann im leeren Grab erfahren, Jesus sei auferweckt worden, er lebe.

c. Relationale Soteriologie

Bei Elisabeth Moltmann-Wendel klingt im Zusammenhang ihrer Darstellung der Bedeutung des Todes Jesu für ein erlöstes Dasein bereits eine Thematik an, die vor allem in der nordamerikanischen[52] und angelsächsischen feministischen Theologie aufgegriffen wurde[53]: die

---

[51] *Elisabeth Moltmann-Wendel*, Gibt es eine feministische Kreuzestheologie? (s. Anm. 42), 91f.

[52] Vgl. *Hans Schwarz*, Die christologische Forschung in der gegenwärtigen nordamerikanischen Theologie, in: Neue Zeitschrift für systematische Theologie und Religionsphilosophie 25 (1983) 33-51.

[53] Vgl. *Rita N. Brock*, Journeys by Heart. A Christology of Erotic Power, New York 1988; *dies.*, The Feminist Redemption of Christ, in: Judith Weidmann (Hg.), Christian Feminism. Visions of a New Humanity, San Francisco 1984, 55-74.182-184; *Mary Grey*, Redeeming the Dream (s. Anm. 8); *dies.*, Jesus – einsamer Held oder Offenbarung beziehungshafter Macht? Eine Untersuchung feministischer Erlösungsmodelle, in: Doris Strahm / Regula Strobel (Hg.), Vom Verlangen nach Heilwerden (s. Anm. 11) 148-171; *dies.*, Claiming Power-in-Relation. Exploring the Ethics of Connection, in: Journal of Feminist Studies in Religion 7 (1991) 7-18; *Carter Heyward*, The Redemption of God. A Theology of Mutual Relation, Washington 1982; *dies.*, Speaking of Christ. A Lesbian Feminist Voice, New York 1989; *dies.*, Suffering, Redemption, and Christ. Shifting the Grounds of Feminist Christology, in: Christianity and Crisis 48 (1988) 381-386; *dies.*, The Power of God-with-Us,

Frage, welche Relevanz die Relationalität des menschlichen Daseins für die Bestimmung unheilen und heilen Daseins hat. Frauen erinnern in ihren Soteriologien an eine Dimension, die sie für eine von der Theologie vergessene halten: die Dimension der Beziehung.[54] Meines Erachtens trifft diese Einschätzung der Situation nicht zu, da auch viele Männer gegenwärtig in der Soteriologie von der erlösenden Wirkung der Begegnung mit Jesus und von seiner Weise, in Beziehung zu Gott und den Menschen zu sein und Gemeinschaft zu leben, sprechen.[55] Einzelne Frauen verbinden jedoch mit ihrer Rede von Beziehung im soteriologischen Zusammenhang besondere Anliegen.

Frauen betonen den personalen Einbezug der Erlösten in das Erlösungsgeschehen und sprechen in diesem Zusammenhang von einer menschlichen „Mitwirkung" bei diesem, ja sogar von einer gegebenen „Gegenseitigkeit" der erlösenden Beziehung zwischen Gott und der Schöpfung: „Einfach weil wir Menschen sind, sind wir fähig, mitschöpferisch Handelnde der Erlösung zu sein. Wir sind dazu berufen, den kreativen Charakter dessen, was wir sind, ernst zu nehmen – sowohl in Beziehung zueinander (Menschheit) als auch zur Macht in Beziehung selbst (Gott). Das Böse in uns liegt in unserer Sünde: in der Angst vor und in der Verleugnung der Macht, die wir gemeinsam haben. Die Erlösung der Welt, des menschlichen und göttlichen Lebens, unser selbst und der transpersonalen Bindung zwischen uns hängt von unserer Bereitschaft ab, Liebe/Gerechtigkeit in dieser Welt zu verwirklichen. Wenn wir das tun, handeln wir miteinander und mit Gott in einem Prozeß gegenseitiger Erlösung, das heißt der Befreiung sowohl Gottes als auch der Menschheit vom Bösen"[56].

Als Modell für die Möglichkeit, in einer gegenseitigen Beziehung Erlösung in Gestalt der Selbstannahme zu erfahren, gilt dabei die Wei-

---

in: Christian Century 107 (1990) 275-278; *Rosemary Radford Ruether*, Christian Quest for Redemptive Community, in: Cross Currents 38 (1988) 3-16.

[54] Vgl. *Elisabeth Moltmann-Wendel*, Beziehung – die vergessene Dimension der Christologie (s. Anm. 48); *dies.*, Frauen sehen Jesus (s. Anm. 11).

[55] Vgl. *Dorothea Sattler*, Beziehungsdenken in der Erlösungslehre. Bedeutung und Grenzen, Freiburg-Basel-Wien 1997, bes. 87-170.

[56] *Carter Heyward*, Und sie rührte sein Kleid an. Eine feministische Theologie der Beziehung, Stuttgart 1986, 44. Für weitere Arbeiten von Heyward s. Anm. 53.

se, wie Frauen und Jesus miteinander lebten[57]. Jesu heilvolles Handeln wird dabei nicht als ein solches betrachtet, das er alleine ohne die ihm Begegnenden hätte verwirklichen können: „Auch Frauen sind lange solchem Personenkult gefolgt. Der Jesus der Frauen, der sie interessierte, war der heilende, lehrende, helfende, gütige Herr, der Befreier, der der Aktive, Gebende, Interessante war. Inzwischen haben Frauen gemerkt, daß sie in einer männlichen Kultur leben, die Person und Werk eines Menschen ins Zentrum gerückt hat, und daß dabei eine entscheidende Dimension menschlichen Lebens fehlt: *die Dimension der Beziehung*"[58]. Elisabeth Moltmann-Wendel beschreibt Jesus als einen Menschen, „der Menschen braucht, der sich ängstigt, irrt, frustriert ist und nicht isoliert zu denken ist"[59]. Das Leben Jesu hat exemplarische Bedeutung für ein Zusammenleben von Frauen und Männern, das als ein gerechtes zu qualifizieren wäre: „Die Jesus-Frauengeschichte zeigt uns damit ein Modell neuen Lebensstils: das Modell von Gegenseitigkeit, dieses wechselseitige Nehmen und Geben, in dem jede(r) seine/ihre Würde behält, aber ohne die Beziehungen zum anderen nicht zu denken ist. (...) In ‚Gegenseitigkeit' (...) nimmt jeder/jede zunächst sich selbst wahr und wichtig und wird so aufmerksam auf den/die andere. In Gegenseitigkeit verwandelt sich unsere Persönlichkeit, können wir Autonomie entfalten und uns auch wieder selbst geben bis hin zum Selbstvergessen, bis hin zum (echten) Opfer. In Gegenseitigkeit können wir voneinander annehmen, ohne uns selbst aufzugeben"[60].

Gerade die Neigung von feministisch-theologisch orientierten Autorinnen, sich als Frauen zu den Marginalisierten und Entrechteten zu zählen, mit denen Jesus sich in besonderer Weise solidarisch erweist, bewirkt in der Frauenliteratur wache Aufmerksamkeit für Jesu Bezie-

---

[57] Vgl. *Elisabeth Moltmann-Wendel*, Frauen sehen Jesus (s. Anm. 11) 31.
[58] *Elisabeth Moltmann-Wendel*, Beziehung – die vergessene Dimension der Christologie (s. Anm. 48), 100; Hervorhebung im Original. Vgl. ganz ähnlich: *dies.*, Frauen sehen Jesus (s. Anm. 11), 27f; *dies.*, Frauen und Männer am Wege Jesu, in: Heinrich Schmidinger (Hg.), Jesus von Nazaret, Graz-Wien-Köln 1995, bes. 139-144; *dies.*, Gibt es eine feministische Kreuzestheologie? (s. Anm. 42), 111; *dies.*, Männlich und weiblich schuf Gott sie. Feministische Theologie und menschliche Identität, in: dies. (Hg.), Weiblichkeit in der Theologie, Gütersloh 1988, 24f.
[59] *Elisabeth Moltmann-Wendel*, Frauen sehen Jesus (s. Anm. 11) 29.
[60] Ebd. 31.

hungsleben. Die Sorge, dies könne zu einer Idealisierung eines Mannes und zu einer Stabilisierung ungleich-ungerechter Beziehungen zwischen den Geschlechtern führen, wird in der expliziten Betonung des aktiven Anteils der Begegnenden an der Gestaltung der entstehenden Beziehung aufgegriffen.

Hinsichtlich der thematisch-inhaltlichen Aspekte, die in der feministisch-theologischen Literatur mit Bezug auf Jesu Beziehungsleben behandelt werden, läßt sich eine Konzentration auf die erlösende Wende von der Selbstentfremdung zum Selbstsein erkennen. Dies ist eine spezifische Unheils- bzw. Heilserfahrung, die weiblichem Lebensempfinden offenbar in besonderer Weise nahe liegt. Relationales Denken erscheint Theologinnen gerade in soteriologischem Kontext von hoher Bedeutung, weil sie die Herstellung einer gerechten Ordnung zwischen den Geschlechtern als ein Hauptmotiv ihres theologischen Arbeitens betrachten und sich zudem als Frauen in besonderer Weise für die unheilvollen und heilenden Wirkungen von Beziehungen sensibilisiert meinen. Mary Grey schreibt: „Selbst wenn Frauen Beziehungsformen erlebten, die für ihr Selbstwertgefühl schädlich waren, so darf man einen Faktor nicht übersehen. Dadurch, daß sie den Wert von Beziehungen so hoch einschätzen, und durch ihre Fähigkeit sich einzufühlen, mitzufühlen und Anteilnahme zu zeigen, bezeugen Frauen eine Wahrheit über die Welt als Ganzes. Diese Wahrheit heißt: Die Welt besteht in ihrer innersten Grundstruktur aus Beziehungen"[61].

4. Kritische Würdigung

a. Zusammenfassende Charakterisierung der feministisch-theologischen Anliegen

Trotz aller Differenzen innerhalb der Frauenforschung lassen sich drei Gedanken formulieren, die die Entwürfe zu einer feministischen Christologie und Soteriologie miteinander verbinden:

(1) *Gott will das Leben der Welt.* Frauen verstehen die soteriologische Frage als eine nach der Möglichkeit des Heilwerdens des Kosmos. Die feministische Soteriologie kann damit als eine der neueren soterio-

---

[61] *Mary Grey*, Jesus – Einsamer Held oder Offenbarung beziehungshafter Macht? (s. Anm. 53) 153.

236

logischen Strömungen gelten, die an die im engeren Sinn theo-logische Gründung der Verheißung von Heilwerden erinnern.[62] Gottes schöpferische Zustimmung zum Leben der Welt ist eine Heilsverheißung – und Frauen trauen ihr. Lebensfreude soll allen Geschöpfen zuteil werden.

(2) *Jesus ist Heilender, der in einem personalen Beziehungsgeschehen wirkt.* Die christologische Frage darf nicht von der soteriologischen losgelöst werden. Frauen sind auf der Suche nach der Relevanz des Christusereignisses für ihr Leben. Erfahrungsnähe soll die Bedeutung der Glaubensaussagen im Alltag erschließen. Auch mit diesem Anliegen stehen die Frauen in der gegenwärtigen soteriologischen Diskussion nicht allein.[63]

(3) *Die Menschen sind gut – zumindest auch gut.* Frauen sind skeptisch gegenüber Modellen, die die menschlichen Fähigkeiten zum Guten leugnen. Gott und Mensch werden nicht als miteinander Streitende betrachtet, die voreinander fliehen, sondern als solche, die Sehnsucht nach gelingender Beziehung haben. Die Identifikation der Frau mit der sündigen Eva hat die feministische Theologie in besonderer Weise für die hamartologischen Implikationen der Soteriologie sensibilisiert.[64]

Die theologische Frauenforschung weist somit in Fragen der Christologie Eigenheiten auf, in denen spezifische Anliegen zum Tragen kommen, die auch in anderen Bereichen der theologischen Reflexion zu erkennen sind: Die feministische Theologie versteht sich als eine lebensnahe und erfahrungsbezogene Reflexion, die zwischen den systematisch-theologischen und den sozial-ethischen Argumentationen eine begehbare Brücke schlagen will.

b. Zustimmung und Anfragen

Meine Anfragen richten sich auf drei Aspekte der feministisch-theologischen Diskussion: (1) auf ihre Darstellung der soteriologischen Rele-

---

[62] Vgl. *Josef Ernst*, Das Heil der Schöpfung, in: Catholica 46 (1992) 189-206; *Hans Kessler*, Das Stöhnen der Natur. Plädoyer für eine Schöpfungsspiritualität und Schöpfungsethik, Düsseldorf 1990; *Philipp Schmitz*, Erlöste Schöpfung, in: Lebendige Seelsorge 37 (1986) 8-12.

[63] Vgl. *Dorothea Sattler*, Beziehungsdenken in der Erlösungslehre (s. Anm. 55) 88-92.

[64] Vgl. *Lucia Scherzberg*, Sünde und Gnade in der feministischen Theologie, Mainz 1991 (Lit.!).

vanz des Lebens Jesu, (2) auf ihren Umgang mit den christologischen und soteriologischen Konzepten in der theologischen Tradition und (3) auf die Rede von der „Gegenseitigkeit" in der (erlösenden) Beziehung zwischen dem in Christus Jesus offenbaren Gott und den Geschöpfen.

(1) Die feministische Soteriologie greift mit ihrer hohen Wertschätzung der erlösenden Dimension des Lebens Jesu ein Anliegen auf, das seit den 70er Jahren in der theologischen Diskussion mit Nachdruck formuliert wird.[65] Innerhalb der Frauenforschung löste das Bemühen, die ganz andere, ganz eigenartige Weise des Umgangs Jesu mit den Menschen herauszustellen, auch scharfe Gegenreaktionen aus: Insbesondere jüdische Theologinnen warfen den Kolleginnen vor, bei der Abgrenzung des Verhaltens Jesu von seinem jüdischen Umfeld antijudaistische Argumentationen vorzunehmen.[66] Nicht wenige Frauen reagierten auf diesen Angriff und modifizierten ihre Konzepte. Die für die Folgezeit festzustellende, stärkere Einbindung des Verhaltens Jesu in die ihn umgebende Gemeinschaft – in den Blick genommen wurde vor allem sein Leben mit den Frauen, die ihn begleiteten – ist auch eine Konsequenz der Diskussion um die vermeintlich antijudaistischen Tendenzen der feministischen Christologie. Allerdings setzen gerade solche Beiträge, die von der gelebten Gemeinschaft zwischen Jesus und den Frauen sprechen, ein geschichtliches Wissen vom Leben Jesu voraus, das einer Überprüfung mit den Mitteln der historischen Bibelkritik oft nicht standhalten kann.[67]

(2) Die Frauenforschung ist darum bemüht, die Soteriologie in den Zusammenhang der Gottes- und Schöpfungslehre zu stellen. Dieses Vorhaben, das auch in anderen Zusammenhängen verfolgt wird[68], kann

---

[65] Vgl. die Nachzeichnung der Diskussion bei: *Karl Hillenbrand*, Heil in Jesus Christus. Der christologische Begründungszusammenhang im Erlösungsverständnis und die Rückfrage nach Jesus, Würzburg 1982. Vgl. auch: *Dorothea Sattler*, Beziehungsdenken in der Erlösungslehre (s. Anm. 55) 49-59.

[66] Vgl. *Judith Plaskow*, Christian Feminism and Anti-Judaism, in: Cross Currents 28 (1978) 306-309; *Johanna Kohn-Roelin*, Antijudaismus – die Kehrseite jeder Christologie?, in: Doris Strahm / Regula Strobel (Hg.), Vom Verlangen nach Heilwerden (s. Anm. 11) 65-80 (Lit.); *Manuela Kalsky*, Christaphanien (s. Anm. 19) 130-132.

[67] Vgl. *Manuela Kalsky*, Christaphanien (s. Anm. 19) 128-130; *Lucia Scherzberg*, Grundkurs Feministische Theologie (s. Anm. 11) 162.

[68] Siehe oben Anm. 62.

nur dann mit Akzeptanz rechnen, wenn auch die Bereitschaft zu einem theologischen Diskurs besteht, bei dem die Erkenntnisse der trinitäts-theologischen und christologischen Tradition der ersten Jahrhunderte nicht außer Acht bleiben. Ich kann in Teilen der Frauenforschung wenig Offenheit erkennen, sich der Frage zu stellen, *wer* denn dieser Jesus ist, der so anders, so befreiend und erlösend lebte. Der weitgehende Ausfall einer (im strengen Sinn) christo-logischen Reflexion führt dann (konse-quenterweise) zu einem völligen Unverständnis der theologischen Rede von der soteriologischen Relevanz des Todes Jesu. Bei genauerem Hinsehen zeigt sich an vielen Stellen, daß die feministische Theologie insbesondere bei ihrer Opferkritik einem Mißverständnis der Tradition unterliegt – freilich einem sehr weit verbreiteten[69]. Weiterführend wäre eine Differenzierung zwischen den Anfragen, die sich auf die in der Tradition vorgetragenen, christologisch-soteriologischen Argumentatio-nen richten, und denen, die deren (oft den Gedanken verkürzende und verstellende) theologische Rezeption oder deren geschlechterspezifische Wirkungsgeschichte kritisch kommentieren.

(3) Viele feministische Soteriologien greifen bei der Beschreibung der erlösenden Wirksamkeit Jesu und bei der Darstellung der Gestalt des von ihm gelebten heilvollen Daseins auf Erfahrungen zurück, die Menschen in ihrem Leben in Beziehungen machen können. Das Erleb-nis, durch Begegnungen verwandelt zu werden, und das Empfinden, in Gemeinschaft geborgen zu sein, bilden den Hintergrund, vor dem das Christus-Ereignis und die Gemeinschaft der Jüngerinnen und Jünger in ihrer soteriologischen Relevanz beschrieben werden. Der Rekurs auf das Beziehungsdenken in der Erlösungslehre ist jedoch nicht unproble-matisch[70]: Zwar eröffnet eine in relationalen Begriffen redende Soterio-logie die Möglichkeit, erfahrungsnah von Unheil und Heil zu sprechen, das gesamte biblische Zeugnis in die Argumentation einzubeziehen und die pneumatologischen Defizite der herkömmlichen Soteriologie zu beheben, doch ist bei der Verwendung des Begriffes „Beziehung" auch

---

[69] Vgl. *Dorothea Sattler*, Erlösen durch Strafen? Zur Verwendung des Straf-begriffs im Kontext der christlichen Lehre von Heil und Erlösung, in: Ca-tholica 46 (1992) 89-113; *dies.*, Das Opfer Jesu Christi im eucharistischen Gedächtnis. Bemühungen um einen evangelisch-katholischen Konsens, in: Bibel und Kirche 49 (1994) 150-155.

[70] Vgl. *dies.*, Beziehungsdenken in der Erlösungslehre (s. Anm. 55) bes. 484-486.

Vorsicht geboten: „Beziehung" ist ein viel gebrauchtes und daher abgenutztes Wort. Die Tiefe der Gedanken, die die theologische und philosophische Tradition in ihrem Beziehungsdenken erreicht hat, wird in der Alltagssprache oft nicht erreicht. Im Zusammenhang der Rede von Gott provoziert die Verwendung des Begriffs „Beziehung" zudem Fehlverständnisse. Die Analogizität dieser Redeweise, die bei der Rede von Gottes „Beziehungen" beachtet werden muß, ist nicht durch die menschliche Erfahrung gedeckt. „Beziehungen" scheinen immer „gegenseitige" zu sein.[71] Dieses Vorverständnis verfehlt aber sowohl das mit der Rede von Gottes „innerer" trinitarischer Relationalität Gemeinte als auch die theologisch angemessene Vorstellung von Gottes Beziehung zur Schöpfung: Die Geschöpfe sind niemals „eigenständig" im Gegenüber zu Gott; Gott läßt sie teilhaben an seinem Leben. Gott ist sich selbst schenkende Gabe, und alles Erschaffene bleibt in jedem Augenblick verdanktes Dasein. Das Interesse an einem Entwurf, der den Begriff „Beziehung" in den Mittelpunkt rückt, ist darüber hinaus kontextuell begrenzt: Es ist der westlich geprägten Welt von heute eigen, in der Beziehungskrisen das Lebensgefühl bestimmen. Dieses Denken kann sich zwar öffnen für die Wahrnehmung des sozial-gesellschaftlichen Unrechts, des Hungers, der Arbeitslosigkeit und Wohnungsnot der vielen, es müßte dann aber eine andere Sprache sprechen und etwa von der „Solidarität" der Geschöpfe reden.

5. Bedeutungen des Kontextbegriffes
in der feministischen Christologie und Soteriologie

a. Frau-sein als Kontext in Kontexten

Es waren die Theologinnen der sogenannten „Dritten Welt", die nachdrücklich daran erinnerten, daß ihr Frau-Sein ohne die Berücksichtigung der kulturellen, sozialen und politischen Bedingungen ihres Le-

---

[71] Vgl. zur Verwendung des Begriffs „Gegenseitigkeit" in der feministischen Theologie: *Dorothee Sölle / Elisabeth Moltmann-Wendel*, Art. „Gegenseitigkeit", in: Elisabeth Gössmann u.a. (Hg.), Wörterbuch der feministischen Theologie (s. Anm. 17) 142-145 (Lit.). Vgl. die kritische Auseinandersetzung mit entsprechenden Entwürfen in der feministischen Soteriologie: *Dorothea Sattler*, Beziehungsdenken in der Erlösungslehre (s. Anm. 55) bes. 121-124.300-327.471-474.

bens nicht angemessen zu beschreiben ist: „Wie afrikanische Frauen Christus wahrnehmen und akzeptieren, ist sowohl von ihrem Frausein als von ihrem Afrikanerinsein mitgeprägt. Ihr Engagement aus dem Glauben heraus ist zugleich ein Engagement für ein volles Frausein (Menschsein), für das Überleben menschlicher Gemeinschaften, für das Gebären, Ernähren und Bewahren des Lebens, für liebevolle Beziehungen und für menschliches Leben, das von der Liebe genährt wird"[72]. Der afrikanische Kontext ist anders als der asiatische: „Asiatische Frauen haben sich mit den zwei verschiedenartigen aber sich gegenseitig beeinflussenden Kontexten zu befassen: ihr Asiatisch- und ihr Frausein. (...) Mit Frausein ist nicht eine bloße Mischung von biologischen oder psychologischen Faktoren gemeint, sondern das Bewußtsein über das, was es bedeutet, im heutigen asiatischen Kontext Frau zu sein. (...) In einem sich modernisierenden Land wie Indien sind die Frauen weiterhin Opfer des alten Mitgiftsystems, der Verbrennung von Ehefrauen, der genitalen Verstümmelung, sati (Witwenverbrennung) und in jüngster Zeit werden sie zu Opfern der Zwangssterilisation und der pränatalen Geschlechtsbestimmung. Frauen aller asiatischen Länder haben ihre eigene persönliche Geschichte mitzuteilen"[73].

Westliche, östliche und südliche Weisen einer Verbindung von Christologie und Frauenerfahrung haben das gemeinsame Anliegen, im jeweiligen biographischen Kontext nach der soteriologischen Relevanz des Christusbekenntnisses zu fragen. Eine Rezeption von Erkenntnissen der in den neueren Sozialwissenschaften betriebenen Biographieforschung geschieht in der theologischen Frauenforschung seit den 90er Jahren in verstärkter Weise.[74] Jede Lebensgeschichte ist eine eigene und unverwechselbare. In der autobiographischen Erzählung deuten die

---

[72] *Elizabeth Amoah / Mercy Amba Oduyoye,* Wer ist Christus für afrikanische Frauen? (s. Anm. 23) 85.
[73] *Virginia Fabella*, Eine gemeinsame Methodologie verschiedener Christologien? (s. Anm. 20) 181f.
[74] Vgl. *Monika Maaßen*, Biographie und Erfahrung von Frauen. Ein feministisch-theologischer Beitrag zur Relevanz der Biographieforschung für die Wiedergewinnung der Kategorie Erfahrung, Münster 1993; *Stephanie Klein*, Theologie und empirische Biographieforschung. Methodische Zugänge zur Lebens- und Glaubensgeschichte und ihre Bedeutung für eine erfahrungsbezogene Theologie, Stuttgart-Berlin-Köln 1994 (Lit.!). Vgl. in unserem Zusammenhang auch: *dies.*, Miteinander über Jesus Christus im Gespräch, in: Diakonia 26 (1995) 336-341.

Subjekte das ihnen Widerfahrende[75]: Sie stellen Zusammenhänge zwischen Fakten her; sie versuchen, das Gewordene zu verstehen, um Orientierung für die Gestaltung des noch Ausstehenden zu gewinnen. Der für jeden Menschen spezifische biographische Kontext setzt sich aus objektiven und subjektiven Faktoren zusammen: Die jeweiligen Lebenssituationen bilden den situativen Zusammenhang, auf den die deutenden Wahr-nehmungen bezogen sind. Der erzählerische, intersubjektive Austausch der Wahrnehmungen[76] hat angesichts der unvertretbaren, personalen Komponente bei der Deutung der Wirklichkeit immer auch Zeugnis-Charakter.

b. (Nur) Begründung ausschnitthafter Wahrnehmung
oder (auch) neue Sicht des Ganzen?

Wie läßt sich unter der Prämisse eines Begriffs von „Kontextualität", der unter dieser die bewußtseinsprägenden Lebenssituationen versteht, denen auch das theologische Denken ausgesetzt ist, die Frage beantworten, ob die unterschiedlichen Kontexte, in denen Christologie geschieht, lediglich zur Begründung des jeweiligen Ausschnittes dienen, die in dem vorausgesetzten Kontext als relevant betrachtet werden, oder ob die kontextuell betriebene Christologie auch von allgemeiner Bedeutung ist? Ich möchte in Form einer These und ihrer kurzen Erläuterung auf diese Frage antworten.

Die These: Jede Gestalt der Christologie ist perspektivisch, nimmt ausschnitthaft wahr und ist – bezogen auf den jeweiligen biographischen Kontext – immer eine „ganze" Christologie. Die immer kontextuell geprägte Form der Christologie hat in dem Maße universale Bedeutung, als es ihr gelingt, den normativen apostolischen Ursprung der Christologie – das personale Christus-Ereignis – in die sich wandelnden Lebenszusammenhänge zu übersetzen. Die Entscheidung über Gelingen oder Mißlingen der Aktualisierung des Evangeliums ist Aufgabe der Gemeinschaft der Kirche, die durch die Gegenwart des Heiligen Geistes Gottes – des Geistes Jesu Christi – wirksam an das Christus-Ereignis erinnert wird. Die Kirche ist in diesem Sinne eine

---

[75] Vgl. zum Ganzen: Walter Sparn (Hg.), Wer schreibt meine Lebensgeschichte? Biographie, Autobiographie, Hagiographie und ihre Entstehungszusammenhänge, Gütersloh 1990 (Lit.!).
[76] Vgl. *Manuela Kalsky*, Christaphanien (s. Anm. 19) bes. 141-143.

„Erzählgemeinschaft"[77], in der Frauen und Männer mit ihrem Christus-Zeugnis zu Wort kommen.

Zur Erläuterung: Jegliche Christologie ist allein schon durch die unabwendbare Notwendigkeit, sie sprachlich formen zu müssen, eine bedingte, eine relative, zeit- und kulturbezogene. Diese Relativität gilt auch für die ersten Erzählungen von der Bedeutung des Christus-Ereignisses: für die biblischen Christologien. Normativität in der Erzählgemeinschaft Kirche hat das biblische Christusbekenntnis, das sich trotz seiner kanonisch gewordenen Vielgestalt nicht in Widersprüchlichkeiten auflöst. Die in der kirchlich-theologischen Tradition geformten Sprachgestalten zur Deutung des Christus-Ereignisses sind allesamt Bemühungen, die Ursprungserfahrungen mit dem lebenden, sterbenden und auferweckten Christus Jesus in neuer Zeit erinnernd zu gegenwärtigen. An diesem Geschehen einer lebendigen Tradierung wirken alle mit, die nach der Bedeutung des Christus-Bekenntnisses in ihrem Lebenskontext fragen.

Frauen waren nach dem Zeugnis des Neuen Testaments ursprünglich am Geschehen der christlichen Traditionsbildung auf eine offenkundige Weise beteiligt. In späteren Zeiten blieben die im Kontext von Frauenerfahrungen situierten Christusbekenntnisse eher im Verborgenen. Ihnen widerfährt auch durch die wissenschaftliche Arbeit in jüngerer Zeit größere Gerechtigkeit: Frauen und Männer lernen lange Zeit lautlose Wahrnehmungen des Christus-Ereignisses kennen und werden herausgefordert, sich zu fragen, ob ihnen darin auch für sie relevante Deutungen der Person und des Handelns Jesu von Nazaret begegnen.

c. Identifikation der Relevanz des Christus-Ereignisses im Kontext von Frauenerfahrungen

Im Horizont der selbst erfahrenen Erlösungsbedürftigkeit erschließt sich die Relevanz des Christusereignisses. Die Erfahrungswelten stellen dem Denken Bildwelten bereit, auf die die identifizierende Rede vom Handeln Gottes angewiesen ist. In wenigen Sätzen, die weder in Anspruch nehmen, alle Frauenerfahrungen zu erfassen, noch postulieren, Erfahrungen aller Frauen zu thematisieren, möchte ich abschließend anhand zweier beispielhafter Gedanken formulieren, was ein Bezug auf den

---

[77] Vgl. die Beiträge in: Rolf Zerfaß (Hg.), Erzählter Glaube – erzählende Kirche, Freiburg-Basel-Wien 1988.

weiblichen Lebenskontext bei der Bestimmung der Relevanz und der Identität des Handelns Gottes in Christus Jesus leisten kann.

(1) Viele Frauen in Nordamerika und Mitteleuropa – auch in Afrika[78] – erfahren es als ihre spezifische Not, sich selbst nicht annehmen zu können; sie erfahren sich statt dessen als gemessen an Idealgestalten, bei deren Realisierung sie scheitern. Psychotherapeuten wissen von tiefen Schuldgefühlen zu berichten, die Frauen haben, weil sie dem Bild nicht entsprechen, von dem sie meinen, der mit ihnen in Beziehung lebende Mann oder die längst entfernt wohnende Mutter wünschte sie so. Erlösend ist in dieser Situation die Zusage: Es soll dich, dich Frau, geben. Du sollst so sein, wie du bist.

(2) Immer schon – in der biblischen und nachbiblischen Zeit der Traditionsbildung – war die Soteriologie auf Bildreden angewiesen, in denen zur Sprache kommt, was wir meinen, wenn wir von Erlösung sprechen. „Loskauf", „Rechtfertigung", „Freispruch", „Erziehung", „Teilhabe", „Sühnopfer", „Befreiung", „Gemeinschaft" sind solche Bilder für Erlösung, deren Verständnis die Kenntnis der dabei implizierten Erfahrungen im geschichtlich sich wandelnden menschlichen Miteinander voraussetzt. Alle Bildreden gelten nach der Regel der Analogie. Neben den Erfahrungswelten, die Männern und Frauen zugänglich sind, gibt es andere, die Frauen eigen sind: z.B. Empfangen, Gebären, Nähren. Vieles spricht dafür, daß Frauen sich – teils in Zustimmung zu Vorgegebenem, teils aus freier Entscheidung – in besonderer Weise dem werdenden und scheidenden Leben nahe wissen: den Kindern, den Alten und den Gebrechlichen. Frauen können der Ekklesia die Erfahrung der in Beziehung geschehenden „Sorge für das Leben" als Bild für Erlösung bereitstellen und auf diese Weise die Glaubensgemeinschaft durch ein erfahrungsnahes Bild für Gottes schöpferische Gewähr und für Gottes schöpferischen Erhalt des Lebens reicher machen.

Zwei afrikanische Theologinnen sollen das Schlußwort zu meinen Überlegungen sprechen: „Die anschaulichste Christologie [wird] immer diejenige sein, die still inmitten des Dramas des täglichen Lebens gelebt wird"[79].

---

[78] Vgl. *Louise Tappa*, Das Christus-Ereignis aus der Sicht afrikanischer Frauen (s. Anm. 25) 66.

[79] *Elizabeth Amoah / Mercy Amba Oduyoye*, Wer ist Christus für afrikanische Frauen? (s. Anm. 23) 86.

Autorenverzeichnis

Hallensleben, Barbara, Dr. theol., Professorin für Dogmatik an der Universität Fribourg (Schweiz).

Kessler, Hans, Dr. theol., Professor für Systematische Theologie an der Universität Frankfurt.

Kuschel, Karl-Josef, Dr. theol., Professor für Theologie der Kultur und des interreligiösen Dialogs an der Universität Tübingen.

Müller, Gerhard Ludwig, Dr. theol., Professor für Dogmatik an der Universität München.

Ohlig, Karl-Heinz, Dr. theol., Professor für Religionswissenschaft und Geschichte des Christentums an der Universität Saarbrücken.

Sattler, Dorothea, Dr. theol., Privatdozentin und Lehrstuhlvertreterin an der Freien Universität Berlin.

Wilfred, Felix, Dr. theol., Professor für Christian Studies an der staatlichen Universität von Madras (Indien).

Wohlmuth, Josef, Dr. theol., Professor für Dogmatik an der Universität Bonn.

Personenregister